| 이재헌 변호사의 |

상가임대차
분쟁 매뉴얼

이재헌 변호사의

상가임대차 분쟁 매뉴얼

상가임대차 분쟁을 해결하기 위한 법률조문, 판례, 사례들의 집합

상가임대차 분쟁 해결에 관한 거의 모든 것

좋은땅

머리말

통계청 경제활동인구조사에 따르면 2021년 기준으로 우리나라의 자영업자 수는 551만 명 정도 됩니다. 자영업자 수는 2002년 621만 명 정도로 최고치를 기록한 이후 감소추세에 있으나, 2017년에 우리나라 자영업자 비중은 25.4%로 OECD 회원국 중 5위이었습니다. 가장 최근 통계인 2021년 기준으로 자영업자 비중은 20.2%까지 줄어들었으나, OECD 회원국의 자영업자 비중이 평균 10% 초반인 점에 비추어 볼 때 여전히 높은 비율을 유지하고 있습니다.

그런 가운데 지난 10년 사이에 상가건물 임대차보호법에도 유의미한 변화들이 있었습니다. 먼저 2013. 8. 13.에는 환산보증금을 초과하는 임대차에 대하여도 계약갱신요구권을 인정하고, 계약갱신 시 상가건물에 관한 조세, 공과금, 주변 상가건물의 차임 및 보증금, 그 밖의 부담이나 경제사정을 고려하여 차임과 보증금 증감을 청구할 수 있게 되었습니다. 또한 임차인의 계약갱신 요구를 거절할 수 있는 철거 또는 재건축의 사유를 사전에 철거 또는 재건축할 계획을 고지하거나, 건물이 노후·훼손 또는 일부 멸실 등 안전사고의 우려가 있는 경우 또는 다른 법령에 따라 철거 또는 재건축이 이루어지는 경우로 한정하였습니다.

2015. 5. 13.에는 그동안 법의 보호 바깥에 있던 권리금을 상가건물 임대차보호법에 명문으로 규정하여 임차인에게는 권리금 회수기회를 보장하고, 임대인에게는 정당한 사유 없이 임대차계약의 체결을 방해할 수 없도록 방해금지의무를 부과하는 등 권리금에 관한 법적근거를 마련하였습니다. 또한 이해관계자에게 상가건물 임대차에 대한 확정일자 부여 등의 임대차 정보를 제공받을 수 있도록 하고, 상가건물 임대차계약에 관한 표준계약서와 권리금계약에 관한 표준권리금계약서를 마련하여 사용을 권장하도록 하는 등 상가임차인 보호를 더욱 강화하는 방향으로 개정이 이루어졌습니다.

2018. 10. 16.에는 상가건물 임차인이 계약갱신요구권을 행사할 수 있는 기간이 10년까지로 확대되었고, 임대인의 권리금 지급 방해행위 금지기간을 임대차 종료 6개월 전부터로 확대함으로써 임차인의 권리금 회수기회를 보다 강화하였으며, 전통시장을 권리금 적용 제외대상에서 제외하여 전통시장 내 영세상인의 권리금 회수기회를 보장하였습니다.

그리고 코로나19의 영향으로 국내 소비지출이 위축되고 상가임차인의 매출과 소득이 급감함에 따라 2020. 9. 29.에는 이후 6개월의 기간 동안 연체한 차임액은 계약의 해지, 계약갱신 거절 등의 사유가 되는 차임연체액에 해당하지 않는 것으로 보도록 함으로써 경제적 위기 상황 동안 임대인의 계약 해지 등을 제한하는 임시적 특례를 두는 한편, 차임 등의 증감청구권 사유에 제1급감염병 등에 의한 경제사정의 변동을 명시하고, 제1급감염병에 의한 경제사정의 변동으로 차임 등이 감액된 후 임대인이 증액을 청구하는 경우에는 증액된 차임 등이 감액 전 차임 등의 금액에 달할 때까지는 증액상한이 적용되지 않도록 하였습니다. 또한 2022. 1. 4.에는 임차인이 3개월 이상 감염병 예방을 위한 집합제한 또는 금지 조치를 받음으로써 발생한 경제사정의 중대한 변동으로 폐업한 경우에는 사정 변경을 이유로 임대차계약을 해지할 수 있도록 명문의 규정을 마련하였습니다.

이처럼 상가건물 임대차보호법은 지난 10년 사이에 우리나라 전체 취업자 중 20%에 달하는 자영업자 임차인을 보호하는 방향으로 꾸준히 변화해 왔습니다.

한편 이러한 상가건물 임대차보호법은 저에게 그리 익숙한 법률은 아니었습니다. 저는 법학과 학부와 법학전문대학원을 모두 경험했습니다만, 양쪽 모두에서 상가건물 임대차보호법은 그저 민법 교과서에 간단히 소개되어 있는 법률일 뿐이었고, 공부의 중요도에 있어서도 주택임대차보호법은 중요한 법률이었지만 상가건물 임대차보호법은 그다지 중요한 법률이 아니었습니다. 그러나 현장에 나와서는 오히려 반대였습니다. 주택임대차보호법은 규정이 비교적 단순하고, 이에 관한 분쟁이 상대적으로 적은 반면에 상가건물 임대차보호법은 여러 차례 개정으로 인해 규정 자체가 복잡하고, 이에 관한 분쟁이 많아 판례 또한 다양하게 형성되어 있으며, 각기 다른 사실관계에 이들을 적용하여 문제를 해결하는 일이 결코 쉽지 않았습니다.

하지만 지난 10년 동안 상가임대차 분쟁 사건과 집합건물 분쟁 사건을 수백 건 경험하면서 각기 다른 복잡한 분쟁을 해결하기 위해서 끊임없이 고민하고, 과감하게 도전하고, 치열하게 연구하는 과정에서 단단한 노하우를 만들어 갈 수 있었습니다. 그리고 이러한 노하우를 정리하여 상가임대차 분쟁 해결에 참고할 수 있는 매뉴얼을 만들면 좋겠다고 막연하게 생각만 하고 있었는데, 드디어 이번에 이것을 책으로 펴내게 되었습니다.

이 책을 펴내기까지 변호사로서 저의 성장에는 선·후배, 동료 변호사님들과의 협업 그리고 긍정적인 상호 작용과 의뢰인분들과의 끊임없는 소통이 큰 힘이 되었습니다. 저에게 늘 기회와 계기를 마련해 주시고, 아낌없이 조언해 주시는 법무법인 라움의 부종식 대표변호사님과 저에게 늘 든든한 울타리가 되어 주시는 법무법인 라움의 김성도 변호사님, 장민아 변호사님, 동효진 변호사님, 소리나 변호사님, 장명훈 변호사님, 황소영 변호사님, 조정근 변호사님, 김각궁 변호사님, 최준현 변호사님, 정관영 변호사님, 김용준 변호사님, 정경채 고문님께 항상 감사하다는 말씀을 드립니다. 또한 어려운 문제와 상황들을 저와 함께 헤쳐 나가 주신 의뢰인분들께도 진심으로 감사를 드립니다. 무엇보다 늘 저를 믿어 주고, 지지해 주는 가족들과 더할 나위 없는 아내에게 사랑과 감사의 마음을 전합니다.

2022년 9월
법무법인 라움에서
이재헌

목차

제2장 민법에 규정된 임대차

제1장

상가건물 임대차보호법

01. 목적(제1조)

이 법은 상가건물 임대차에 관하여 「민법」에 대한 특례를 규정하여 국민 경제생활의 안정을 보장함을 목적으로 한다.

　상가건물 임대차보호법(이하에서는 모두 '상가임대차법'이라 합니다)은 상가건물의 임대차에 관한 민법의 특별법에 해당합니다. 따라서 보증금액이 일정 금액 이하인 상가건물 임대차에는 상가임대차법이 민법보다 우선 적용되고, 상가임대차법이 우선 적용되지 않는 그 외의 일반적인 사항에 관해서는 민법 제618조 이하의 임대차에 관한 규정이 적용됩니다.

02. 적용범위(제2조)

① 이 법은 상가건물(제3조제1항에 따른 사업자등록의 대상이 되는 건물을 말한다)의 임대차(임대차 목적물의 주된 부분을 영업용으로 사용하는 경우를 포함한다)에 대하여 적용한다. 다만, 제14조의2에 따른 상가건물임대차위원회의 심의를 거쳐 대통령령으로 정하는 보증금액을 초과하는 임대차에 대하여는 그러하지 아니하다.

② 제1항 단서에 따른 보증금액을 정할 때에는 해당 지역의 경제 여건 및 임대차 목적물의 규모 등을 고려하여 지역별로 구분하여 규정하되, 보증금 외에 차임이 있는 경우에는 그 차임액에 「은행법」에 따른 은행의 대출금리 등을 고려하여 대통령령으로 정하는 비율을 곱하여 환산한 금액을 포함하여야 한다.

③ 제1항 단서에도 불구하고 제3조, 제10조제1항, 제2항, 제3항 본문, 제10조의2부터 제 10조의9까지의 규정, 제11조의2 및 제19조는 제1항 단서에 따른 보증금액을 초과하는 임대차에 대하여도 적용한다.

가. 상가임대차법이 적용되는 상가건물

상가임대차법에서 말하는 상가건물은 부가가치세법 제8조, 소득세법 제168조 또는 법인세법 제111조의 규정에 따른 사업자등록의 대상이 되는 건물을 말합니다. 이처럼 상가임대차법은 사업자등록의 대상이 되는 상가건물의 임대차에 대하여 적용되기 때문에 사업자등록을 할 수 없는 종중이나 종교단체 등과 같은 비영리단체의 건물 임대차에는 상가임대차법이 적용되지 않는 것이 원칙입니다.

그리고 이러한 상가건물 해당 여부는 공부상의 표시가 아닌 건물의 현황·용도 등에 비추어 영업용으로 사용하느냐에 따라 실질적으로 판단됩니다. 대법원 판례 중에는 단순히 상품의 보관·제조·가공 등 사실행위만이 이루어지는 공장·창고 등은 영업용으로 사용하는 경우라고 할 수 없으나 그곳에서 이러한 사실행위와 더불어 영리를 목적으로 하는 활동이 함께 이루어진다면 상가임대차법의 적용대상인 상가건물에 해당한다고 판단한 사례가 있습니다(대법원 2011. 7. 28. 선고 2009다40967 판결 참조).

나. 상가임대차법이 적용되는 임대차

상가임대차법은 원칙적으로 임대차보증금이 상가임대차법 제2조 제1항 단서와 시행령 제2조 제1항에서 정하는 보증금액 이하인 임대차에 대하여 적용됩니다. 보증금 외에 차임이 있는 경우의 차임액은 월 단위의 차임액에 100을 곱하여 환산한 금액을 포함하여 산정된 보증금액(이를 '환산보증금'이라 합니다)을 가지고 위 보증금액 이하인지 판단합니다. 즉, 차임이 있는 경우에는 보증금+(월 차임×100)으로 산정된 금액이 환산보증금이 되는 것입니다(상가임대차법 제2조 제2항, 상가임대차법 시행령 제2조 제2항 및 제3항).

$$환산보증금 = 보증금 + (월\ 차임 \times 100)$$

예를 들어 서울특별시에 있는 상가건물에 대해 보증금 1억 원, 차임 500만 원을 매월 지급하기로 약정한 경우 환산보증금은 6억 원{=1억 원+(500만 원×100)}이 되는 것입니다.

상가임대차법은 보증금액이 환산보증금 이하인 상가건물 임대차에 적용되고, 보증금액이 환산보증금을 초과하는 상가건물 임대차에 대해서는 상가임대차법이 아닌 민법이 적용되는 것이 원칙입니다. 그리고 임차인과 신규임차인 사이에서 주고받는 권리금은 임대인과 임차인 사이의 임대차계약상 보증금과는 관계가 없는 것이기 때문에 상가임대차법의 적용 여부를 결정하는 환산보증금을 산정하는 데 반영되지 않습니다.

상가임대차법 시행령에서는 상가임대차법이 적용되는 환산보증금을 지역별로 다르게 정하고 있는데, 구체적으로 다음 표와 같습니다.

지역	환산보증금
서울특별시	9억 원 이하
수도권정비계획법에 따른 과밀억제권역 (서울특별시 제외)* 및 부산광역시	6억 9천만 원 이하
광역시(수도권정비계획법에 따른 과밀억제권역에 포함된 지역과 군지역, 부산광역시는 제외), 세종특별자치시, 파주시, 화성시, 안산시, 용인시, 김포시 및 광주시	5억 4천만 원 이하
그 밖의 지역	3억 7천만 원 이하

* 과밀억제권역에 해당되는 지역은 인천광역시(강화군, 옹진군, 서구 대곡동·불노동·마전동·금곡동·오

류동·왕길동·당하동·원당동, 인천경제자유구역 및 남동 국가 산업단지는 제외), 의정부시, 구리시, 남양주시(호평동·평내동·금곡동·일패동·이패동·삼패동·가운동·수석동·지금동 및 도농동에 한함), 하남시, 고양시, 수원시, 성남시, 안양시, 부천시, 광명시, 과천시, 의왕시, 군포시, 시흥시(반월특수지역을 제외), (수도권정비계획법 제2조 제1호, 수도권정비계획법 시행령 제2조 및 별표 1).

다. 환산보증금을 초과하는 상가건물 임대차에 적용되는 상가임대차법 규정

1) 제3조(대항력 등) ▶ p. 24
2) 제10조(계약갱신 요구 등) 제1항, 제2항, 제3항 본문 ▶ p. 54

> **※ 5%를 초과해서 차임과 보증금 증액청구 가능.**
>
> 상가임대차법 제10조 제3항 단서에서는 갱신되는 임대차의 차임과 보증금은 상가임대차법 제11조에 따른 범위(현재는 5%)에서 증감할 수 있다고 규정하고 있는데, 환산보증금을 초과하는 상가건물 임대차의 갱신에는 이 단서 규정이 적용되지 않습니다. 따라서 환산보증금을 초과하는 상가건물 임대차의 갱신에는 5%를 초과해서 차임과 보증금을 증액청구할 수도 있는데, 다만 상가임대차법 제10조의2(계약갱신의 특례)에 따라 당사자는 상가건물에 관한 조세, 공과금, 주변 상가건물의 차임 및 보증금, 그 밖의 부담이나 경제사정의 변동 등을 고려하여 차임과 보증금의 증감을 청구할 수 있는 것입니다. ▶ p. 65
>
> **※ 묵시적 갱신된 임대차기간이 1년이 아님.**
>
> 환산보증금을 초과하는 상가건물 임대차에 상가임대차법 제10조 제1항, 제2항, 제3항 본문이 적용된다고 규정하고 있을 뿐이고, 묵시적 갱신에 관한 규정인 상가임대차법 제10조 제4항은 빠져 있기 때문에 환산보증금을 초과하는 상가건물 임대차의 경우 임대인이 갱신 거절의 통지 또는 조건 변경의 통지를 하지 않고 임대차기간이 만료된 때에는 상가임대차법 제10조 제4항에 따라 전 임대차와 동일한 조건으로 1년간 다시 임차한 것으로 보는 것이 아니라 민법 제639조 제1항에 따라 묵시적갱신이 되는 것입니다. 민법 제639조 제1항에 따른 묵시적갱신에 관해서는 ▶ p. 212

※ 2015. 5. 13. 신설된 상가임대차법 제10조의4 권리금 회수기회 보호조항은 시행일인 2015. 5. 13.을 기준으로 존속 중인 임대차이면 환산보증금을 초과하는 임대차에도 적용됨(대법원 2019. 9. 26. 선고 2017다228809, 228816 판결 참조).

Q 환산보증금을 정할 때 보증금 외에 차임이 있는 경우에는 그 차임액에 100을 곱하여 환산한 금액을 포함하여 환산보증금을 산정해야 합니다. 그렇다면 임대차계약에서 차임을 정하면서 '부가세 별도'라고 약정을 했을 경우 이러한 부가세도 '차임'에 포함시켜 환산을 해야 할까요?

A 그렇지 않습니다.

'부가세 별도'라는 약정은 임대용역에 관한 부가가치세의 납부의무자가 임차인이라는 점, 약정한 차임에 위 부가가치세액이 포함된 것은 아니라는 점, 나아가 임대인이 임차인으로부터 위 부가가치세액을 별도로 거래징수할 것이라는 점 등을 확인하는 의미로 해석해야 할 것입니다. 따라서 임대인과 임차인이 임대차계약에서 '부가세 별도'라고 약정을 했더라도 정해진 차임 외에 위 부가가치세액을 상가임대차법 제2조 제2항의 '차임'에 포함시켜 환산보증금을 정할 이유는 없는 것입니다(수원지방법원 2009. 4. 29. 선고 2008나27056 판결 참조).

Q 임차인이 집합건물 중 2개의 구분점포를 단일한 임대차계약서를 작성해 임차하여 벽체 등에 의한 구분 없이 하나의 사업장으로 사용한 경우, 각 구분점포에 관하여 각각 별도의 임대차관계가 성립했다고 보아 환산보증금을 정해야 할까요? 아니면 일괄하여 단일한 임대차관계가 성립한 것으로 보아 환산보증금을 정해야 할까요?

A 일괄하여 단일한 임대차관계가 성립한 것으로 보아 환산보증금을 정해야 합니다.

판례는 임차인이 임대인과 사이에 임대차목적물을 2층 201호, 202호, 보증금을 1억 원, 차임을 200만 원으로 기재한 단일한 계약서를 작성하여 임대차계약을 체결하고, 이를 인도받아 벽체 등에 의한 구분 없이 하나의 사업장으로 이용하면서 임대차계약서에 확정일자를 받은 사안에서, 각 구분건물인 201호와 202호에 관하여 각각 별도의 임대차관계가 성립한 것이 아니라 일괄하여 보증금 1억 원, 차임 월 200만 원인 단일한 임대차관계가 성립한 것으로 봄이 상당하다고 전제한 다음, 상가임대차법 제2조 제2항, 동법 시행령 제2조 제3항에 따라 환산한 금액을 포함하면 환산보증금이 3억 원이 되어 상가임대차법의 적용대상인 보증금액 한도를 초과하므로 임차인이 상가임대차법에서 정한 우선변제권 있는 임차인이라고 할 수 없다고 판단한 사례가 있습니다(대법원 2013. 10. 17. 선고 2013다207644 판결 참조).

Q 임차인이 집합건물 중 5개의 구분점포를 별개의 임대차계약서를 작성해 임차하여

벽체 등에 의한 구분 없이 하나의 사업장으로 사용한 경우, 5개 구분점포 각각에 관하여 별도의 임대차관계가 성립했다고 보아 환산보증금을 정해야 할까요? 아니면 일괄하여 단일한 임대차관계가 성립한 것으로 보아 환산보증금을 정해야 할까요?

A 일괄하여 단일한 임대차관계가 성립한 것으로 보아 환산보증금을 정해야 합니다.

판례는 임차인이 5개 구분점포 각각에 관하여 별개의 임대차계약서를 작성한 경우에도, 임차인이 여러 개의 구분점포를 동일한 임대인에게서 임차하여 하나의 사업장으로 사용하면서 단일한 영업을 하는 경우 등과 같이, 임차인과 임대인 사이에 구분점포 각각에 대하여 별도의 임대차관계가 성립한 것이 아니라 일괄하여 단일한 임대차관계가 성립한 것으로 볼 수 있는 때에는, 비록 구분점포 각각에 대하여 별개의 임대차계약서가 작성되어 있더라도 구분점포 전부에 관하여 상가임대차법 제2조 제2항의 규정에 따라 환산한 보증금액의 합산액을 기준으로 상가임대차법 제14조에 의하여 우선변제를 받을 임차인의 범위를 판단해야 한다고 하면서, 5개 구분점포 전부에 관하여 환산보증금의 합산액이 상가임대차법 시행령 제6조 제1호가 정한 금액을 초과하는 이상, 임차인은 그중 1개의 구분점포에 관하여도 상가임대차법 제14조에 의하여 우선변제를 받을 임차인에 해당하지 않는다고 판단한 사례가 있습니다(대법원 2015. 10. 29. 선고 2013다27152 판결 참조).

Q 2013. 8. 13. 법률 제12042호로 개정되어 같은 날부터 시행된 상가임대차법(이하 '구 상가임대차법') 제2조 제3항은 구 상가임대차법 제10조 제1항, 제2항, 제3항 본문이 대통령령이 정하는 보증금액을 초과하는 임대차에 대하여도 적용된다고 정하고, 부칙 제2조는 '이 법 시행 후 최초로 체결되거나 갱신되는 임대차부터 적용한다.'고 정하고 있습니다. 그렇다면 구 상가임대차법은 2013. 8. 13. 이후 최초로 체결되어 갱신되는 임대차부터 적용한다고 보아야 하는지요?

A 그렇지 않습니다.

구 상가임대차법 부칙 제2조의 '이 법 시행 후 최초로 체결되거나 갱신되는 임대차'는 구 상가임대차법이 시행되는 2013. 8. 13. 이후 처음으로 체결된 임대차 또는 2013. 8. 13. 이전에 체결되었지만 2013. 8. 13. 이후 갱신되는 임대차를 가리킨다고 보아야 합니다. 그리고 구 상가임대차법 시행 후에 임대차가 갱신되지 않고 기간만료 등으로 종료된 경우는 이에 포함되지 않습니다(대법원 2017. 12. 5. 선고 2017다9657 판결 참조).

[판례]

[대법원 2011. 7. 28. 선고 2009다40967 판결]

[1] 상가건물 임대차보호법의 목적과 같은 법 제2조 제1항 본문, 제3조 제1항에 비추어 보면, 상가건물 임대차보호법이 적용되는 상가건물 임대차는 사업자등록 대상이 되는 건물로서 임대차 목적물인 건물을 영리를 목적으로 하는 영업용으로 사용하는 임대차를 가리킨다. 그리고 상가건물 임대차보호법이 적용되는 상가건물에 해당하는지는 공부상 표시가 아닌 건물의 현황·용도 등에 비추어 영업용으로 사용하느냐에 따라 실질적으로 판단하여야 하고, 단순히 상품의 보관·제조·가공 등 사실행위만이 이루어지는 공장·창고 등은 영업용으로 사용하는 경우라고 할 수 없으나 그곳에서 그러한 사실행위와 더불어 영리를 목적으로 하는 활동이 함께 이루어진다면 상가건물 임대차보호법 적용대상인 상가건물에 해당한다.

[2] 임차인이 상가건물의 일부를 임차하여 도금작업을 하면서 임차부분에 인접한 컨테이너 박스에서 도금작업의 주문을 받고 완성된 도금제품을 고객에 인도하여 수수료를 받는 등 영업활동을 해 온 사안에서, 임차부분과 이에 인접한 컨테이너 박스는 일체로서 도금작업과 더불어 영업활동을 하는 하나의 사업장이므로 위 임차부분은 상가건물 임대차보호법이 적용되는 상가건물에 해당한다고 보아야 하는데도, 그와 같은 사정은 고려하지 않고 임차의 주된 부분이 영업용이 아닌 사실행위가 이루어지는 공장으로서 상가건물 임대차보호법의 적용대상이 아니라고 본 원심판단에는 법리오해의 위법이 있다고 한 사례.

[수원지방법원 2009. 4. 29. 선고 2008나27056 판결]

임차인이 부담하기로 한 부가가치세액이 상가건물 임대차보호법 제2조 제2항에 정한 '차임'에 포함되는지 여부에 관하여 보건대, 부가가치세법 제2조, 제13조, 제15조에 의하면 임차인에게 상가건물을 임대함으로써 임대용역을 공급하고 차임을 지급받는 임대사업자는 과세관청을 대신하여 임차인으로부터 부가가치세를 징수하여 이를 국가에 납부할 의무가 있는바, 임대차계약의 당사자들이 차임을 정하면서 '부가세 별도'라는 약정을 하였다면 특별한 사정이 없는 한 임대용역에 관한 부가가치세의 납부의무자가 임차인이라는 점, 약정한 차임에 위 부가가치세액이 포함된 것은 아니라는 점, 나아가 임대인이 임차인으로부터 위 부가가치세액을 별도로 거래징수할 것이라는 점 등을 확인하는 의미로 해석함이 상당하고, 임대인과 임차인이 이러한 약정을 하였다고 하여 정해진 차임 외에 위 부가가치세액을 상가건물 임대차보호법 제2조 제2항에 정한 '차임'에 포함시킬 이유는 없다.

[대법원 2013. 10. 17. 선고 2013다207644 판결]

원심은, 원고가 2009. 10. 30. 소외인과 사이에 임대할 부분을 '이 사건 집합건물 중 2층 201호, 202호', 보증금을 '1억 원', 차임을 '200만 원'으로 기재한 단일한 계약서를 작성하여 이 사건 임대차계약을 체결하고, 그 무렵 위 201호 및 202호(이하 '이 사건 각 구분건물'이라 한다)를 인도받아 벽체등에 의한 구분 없이 하나의 사업장으로 사용하면서 '○○○'이라는 상호로 음식점을 운영하다가 2010. 4. 19. 청주세무서장으로부터 위 계약서에 확정일자를 받은 점 등에 비추어 보면, 이 사건 각 구분건물인 201호와 202호에 관하여 각각 별도의 임대차관계가 성립한 것이 아니라 일괄하여 보증금 1억 원, 차임 월 200만 원인 단일한 임대차관계가 성립한 것으로 봄이 상당하다고 전제한 다음, 상가건물 임대차보호법 제2조 제2항, 같은 법 시행령 제2조 제3항에 따라 환산한 금액을 포함하면 이 사건 임대차계약의 보증금액은 3억 원이 되어 상가건물 임대차보호법의 적용대상인 보증금액 한도를 초과하므로 원고를 그 법에서 정한 우선변제권 있는 임차인이라고 할 수 없다고 판단하였다. 관련 법리와 기록에 비추어 살펴보면, 원심의 이러한 판단은 정당하고, 거기에 상고이유의 주장과 같이 상가건물 임대차보호법상 우선변제권 있는 임차인에 관한 법리를 오해하는 등의 위법이 없다.

[대법원 2015. 10. 29. 선고 2013다27152 판결]

임차인이 수 개의 구분점포를 동일한 임대인에게서 임차하여 하나의 사업장으로 사용하면서 단일한 영업을 하는 경우 등과 같이, 임차인과 임대인 사이에 구분점포 각각에 대하여 별도의 임대차관계가 성립한 것이 아니라 일괄하여 단일한 임대차관계가 성립한 것으로 볼 수 있는 때에는, 비록 구분점포 각각에 대하여 별개의 임대차계약서가 작성되어 있더라도 구분점포 전부에 관히여 상가 건물 임대차보호법 제2조 제2항의 규정에 따라 환산한 보증금액의 합산액을 기준으로 상가건물 임대차보호법 제14조에 의하여 우선변제를 받을 임차인의 범위를 판단하여야 한다.

[대법원 2017. 12. 5. 선고 2017다9657 판결]

2013. 8. 13. 법률 제12042호로 개정되어 같은 날부터 시행된 상가건물 임대차보호법(이하 '상가임대차법'이라 한다)은 제10조 제1항부터 제3항까지의 규정에서 갱신요구권에 관하여 최초 임대차기간을 포함하여 5년을 초과하지 않는 범위에서 임차인이 임대차기간이 만료되기 6개월 전부터 1개월 전까지 사이에 계약갱신을 요구하면 제1항 단서에서 정하는 사유가 없는 한 갱신을 거절하지 못하고, 전 임대차와 같은 조건으로 다시 계약된 것으로 보도록 정하고 있다. 상가임대차법 제2조 제3항은 위 제10조 제1항, 제2항, 제3항 본문이 대통령령이 정하는 보증금액을 초과하는 임대차에 대하여도 적용된다고 정하고, 부칙 제2조는 '이 법 시행 후 최초로 체결되거나 갱신되는 임대차부터 적용한다.'고 정하고 있다.

위 규정들의 문언, 내용과 체계에 비추어 부칙 제2조의 '이 법 시행 후 최초로 체결되거나 갱신되는 임대차'는 위 개정 상가임대차법이 시행되는 2013. 8. 13. 이후 처음으로 체결된 임대차 또는 2013. 8. 13. 이전에 체결되었지만 2013. 8. 13. 이후 갱신되는 임대차를 가리킨다고 보아야 한다. 따라서 개정 법률 시행 후에 임대차가 갱신되지 않고 기간만료 등으로 종료된 경우는 이에 포함되지 않는다.

03. 대항력 등(제3조)

---

① 임대차는 그 등기가 없는 경우에도 임차인이 건물의 인도와 「부가가치세법」 제8조, 「소득세법」 제168조 또는 「법인세법」 제111조에 따른 사업자등록을 신청하면 그 다음 날부터 제3자에 대하여 효력이 생긴다.

② 임차건물의 양수인(그 밖에 임대할 권리를 승계한 자를 포함한다)은 임대인의 지위를 승계한 것으로 본다.

③ 이 법에 따라 임대차의 목적이 된 건물이 매매 또는 경매의 목적물이 된 경우에는 「민법」 제575조제1항·제3항 및 제578조를 준용한다.

④ 제3항의 경우에는 「민법」 제536조를 준용한다.

가. 대항력의 의의

대항력이란 임차인이 임차건물의 양수인, 임대할 권리를 승계한 자, 기타 임차건물에 관하여 이해관계를 가진 자에 대하여 임대차의 내용을 주장할 수 있는 법률상의 권능을 말합니다.

나. 대항력의 발생시기

상가임대차법이 적용되는 상가건물의 임대차는 그 등기가 없는 경우에도 임차인이 ① 상가건물을 인도받고, ② 사업자등록을 신청하면 그다음 날부터 제3자에 대하여 효력이 생깁니다.

Q 임차인이 폐업을 했으나 사업자등록을 말소하지 않은 경우에도 대항력을 인정할 수 있을까요?

A 대항력을 인정할 수 없습니다.

상가임대차법상의 대항력을 가지려면 사업자등록을 구비해야 하는데, 사업자등록은 대항력의 취득요건일 뿐만 아니라 존속요건이기도 합니다. 따라서 상가건물을 임차하고 사업자등록을 마친 사업자가 폐업을 한 경우에는 그 사업자등록은 상가임대차법이 상가임대차의 공시방법으로 요구하는 적법한 사업자등록이라고 볼 수 없고, 이 경우 상가임대차법상의 대항력이 유지될 수 없는 것입니다(대법원 2006. 1. 13. 선고 2005다 64002 판결 참조).

Q 임차인이 사업을 계속 유지하면서도 사업기간이 길어짐에 따라 세금액이 증가하는 것을 방지할 목적으로 폐업신고를 했다가 다시 신규로 사업자등록을 취득하는 경우, 대항력이 그대로 유지될 수 있을까요?

A 대항력이 그대로 유지되지 않습니다.

상가건물을 임차하고 사업자등록을 마친 사업자가 폐업한 경우에는 그 사업자등록은 상가임대차법이 상가임대차의 공시방법으로 요구하는 적법한 사업자등록이라고 볼 수 없으므로, 그 사업자가 폐업신고를 했다가 다시 같은 상호 및 등록번호로 사업자등록을 했다고 하더라도 상가임대차법상의 대항력이 그대로 존속한다고 할 수 없습니다(대법원 2006. 10. 13. 선고 2006다56299 판결 참조).

Q 임차인이 사업자등록을 한 이후 사업장 소재지만 다른 곳으로 변경하는 사업자등록 정정을 한 경우, 대항력이 그대로 유지될 수 있을까요?

A 대항력이 그대로 유지되지 않습니다.

상가건물 임차권의 대항력의 요건인 사업자등록은 거래의 안전을 위하여 사업자등록증에 기재된 사업장에 대하여 임차권이 존재함을 제3자가 명백히 인식할 수 있게 하는 공시방법으로서 마련한 것입니다. 임대차를 공시하는 효력은 사업자등록증에 기재된 사업장에 한하여 미치므로, 임차한 상가건물을 사업장으로 하여 사업자등록을 한 사업자가 사업장을 다른 장소로 변경하는 사업자등록 정정을 한 경우에는 정정된 사업자등록은 종전의 사업장에 대한 임대차를 공시하는 효력이 없고, 사업자는 종전의 사업장에 대하여 취득한 상가임대차법상 대항력을 상실하게 되는 것입니다(대구지방법원 2008. 5. 20. 선고 2007나20356 판결 참조).

다. 대항력의 내용 및 범위

임차건물의 양수인(그 밖에 임대할 권리를 승계한 자를 포함)은 임대인의 지위를 승계한 것으로 보기 때문에 임차인이 대항력을 취득한 후 임차건물의 소유자가 변동된 경우에는 새로운 소유자가 임대인의 지위를 당연히 승계하게 됩니다. 이는 소유권 변동의 원인이 매매 등 법률행위든 상속·경매 등 법률의 규정이든 상관없이 적용됩니다(대법원 2017. 3. 22. 선고 2016다218874 판결 참조).

상가건물이 매매 등으로 소유자가 변경된 경우 임차인은 임대차 기간이 만료될 때까지 계속 상가건물을 사용·수익할 수 있고, 보증금을 반환받을 때까지 상가건물을 새로운 소유자에게 인도하지 않아도 되는 것입니다. 또한 임차인은 새로운 소유자에 대하여 계약갱신요구권, 권리금 회수기회 보호규정에 따른 손해배상청구권 등의 권리도 행사할 수 있습니다.

이러한 임대인 지위 승계는 법률의 규정에 따른 승계이기 때문에 그 승계에 임차인의 동의를 받을 필요가 없고, 임차인에게 통지할 필요도 없습니다(대법원 1996. 2. 27. 선고 95다35616 판결 참조).

임차건물의 양도에 따라 양수인이 임대인의 지위를 승계하게 되므로 임대차보증금의 반환채무도 양수인에게 이전됩니다. 양도인은 임대인으로서의 지위를 상실하게 되고, 양도인의 임대차보증금 반환채무도 소멸하게 됩니다(대법원 1995. 5. 23. 선고 93다47318 판결, 대법원 1996. 2. 27. 선고 95다35616 판결 참조). 그리고 임대인 지위를 공동으로 승계한 공동임대인들의 임차보증금 반환채무는 성질상 불가분채무에 해당합니다(대법원 1967. 4. 25. 선고 67다328 판결, 대법원 2017. 5. 30. 선고 2017다205073 판결 등 참조).

임차건물의 소유권이 이전되기 전에 이미 발생한 연체차임이나 관리비 등은 별도의 채권양도절차가 없는 한 원칙적으로 양수인에게 이전되지 않고 임대인만이 임차인에게 청구할 수 있습니다. 따라서 양수인이 연체차임채권을 양수받지 않은 이상 승계 이후의 연체차임액이 3기 이상의 차임액에 달하여야만 비로소 임대차계약을 해지할 수 있습니다(대법원 2008. 10. 9. 선고 2008다3022 판결 참조).

그러나 임차건물의 양수인이 건물 소유권을 취득한 후 임대차관계가 종료되어 임차인에게 임대차보증금을 반환해야 하는 경우에 임대인의 지위를 승계하기 전까지 발생한 연체차임이나 관리비 등이 있으면 이는 특별한 사정이 없는 한 임대차보증금에서 당연히 공제됩니다(대법원 2017. 3. 22. 선고 2016다218874 판결 참조). 따라서 상가건물을 매매하는 경우 매도인과 매수인은 매매계약서에서 소유권이 이전되기 전까지 발생하는 연체차임이나 관리비 등을 누구에게 어떻게 귀속시킬 것인지에 관하여 명확히 정해 두는 것이 좋습니다.

임대인 지위 승계를 임차인이 원하지 않는 경우, 이를 임차인에게 강요할 수는 없는 것이어서 임차인이 곧 이의를 제기함으로써 승계되는 임대차관계의 구속을 면할 수 있고, 임대인과의 임대차관계도 해지할 수 있습니다(대법원 1998. 9. 2. 선고 98마100 결정 참조). 그리고 그러한 경우에는 양도인의 임차인에 대한 임대차보증금 반환채무는 소멸하지 않습니다(대법원 2002. 9. 4. 선고 2001다64615 판결 참조).

Q 임차상가건물에 소유권이전등기청구권을 보전하기 위한 제3자의 가등기가 존재했고, 임차인이 임대인으로부터 상가건물을 인도받고, 사업자등록을 신청한 이후에 제3자가 가등기에 기한 본등기를 한 경우, 임차인이 제3자에 대하여 대항력을 주장할 수 있을까요?

A 대항력을 주장할 수 없습니다.

소유권이전등기청구권을 보전하기 위하여 가등기를 경료한 자가 그 가등기에 기하여 본등기를 경료한 경우에는 가등기의 순위보전의 효력에 의하여 중간처분이 실효되는 효과가 발생합니다. 따라서 가등기가 경료된 후 비로소 상가임대차법에 따른 대항력을 취득한 임차인은 그 가등기에 기하여 본등기를 경료한 자에 대하여 임대차의 효력으로써 대항할 수 없습니다(대법원 2007. 6. 28. 선고 2007다25599 판결 참조).

Q 대항력과 우선변제권을 겸유하고 있는 임차인이 경매절차에서 배당요구를 하였으나 보증금 전액을 배당받지 못한 경우, 그 잔액에 대하여 경락인에게 동시이행의 항변을 할 수 있을까요?

A 네 가능할 것으로 보입니다.

주택임대차보호법에 관한 판례이기는 하지만, 주택임대차보호법상의 대항력과 우선변제권이라는 두 가지 권리를 겸유하고 있는 임차인이 먼저 우선변제권을 선택하여 임차주택에 대하여 진행되고 있는 경매절차에서 보증금 전액에 대하여 배당요구를 하였다고 하더라도, 그 순위에 따른 배당이 실시된 경우 보증금 전액을 배당받을 수 없었던 때에는 보증금 중 경매절차에서 배당받을 수 있었던 금액을 공제한 잔액에 관하여 경락인에게 대항하여 이를 반환받을 때까지 임대차관계의 존속을 주장할 수 있다고 한 판례가 있는데(대법원 1998. 7. 10. 선고 98다15545 판결 참조), 이러한 판례는 상가임대차법의 해석에 있어서도 동일하게 적용될 수 있을 것으로 보입니다.

한편, 이 판례에서는 이 경우 임차인의 배당요구에 의하여 임대차는 해지되어 종료되고, 다만 같은 법 제4조 제2항에 의하여 임차인이 보증금의 잔액을 반환받을 때까지 임대차관계가 존속하는 것으로 의제될 뿐이므로, 경락인은 같은 법 제3조 제2항에 의하여 임대차가 종료된 상태에서의 임대인의 지위를 승계한다고 판단하였는데, 상가임대차법에서도 이와 같은 내용의 규정을 두고 있으므로, 이 또한 상가임대차법의 해석에 있어서 동일하게 적용될 수 있을 것으로 보입니다.

Q 근저당권자가 상가건물에 대한 담보가치를 조사할 당시 대항력을 갖춘 임차인이 임대차사실을 부인하고 상가건물에 관하여 임차인으로서의 권리를 주장하지 않겠다는 내용의 무상임대차 확인서를 작성해 주었고, 그 후 개시된 경매절차에 무상임대차 확인서가 제출되어 매수인이 확인서의 내용을 신뢰하여 매수신청금액을 결정하였다면, 이러한 임차인이 매수인의 건물인도청구에 대하여 대항력 있는 임대차를 주장하여 임대차보증금반환과 동시이행의 항변을 할 수 있을까요?

A 그렇지 않습니다.

임차인이 작성한 무상임대차 확인서에서 비롯된 매수인의 신뢰가 매각절차에 반영된 경우에는, 비록 매각물건명세서 등에 건물에 대항력 있는 임대차 관계가 존재한다는 취지로 기재되었더라도, 임차인이 제3자인 매수인의 건물인도청구에 대하여 대항력 있는 임대차를 주장하여 임대차보증금 반환과의 동시이행의 항변을 하는 것은 금반언 또는 신의성실의 원칙에 반하여 허용될 수 없는 것입니다(대법원 2016. 12. 1. 선고 2016다228215 판결 참조).

[판례]

[대법원 2006. 1. 13. 선고 2005다64002 판결]

[1] 상가건물의 임차인이 임대차보증금 반환채권에 대하여 상가건물 임대차보호법 제3조 제1항 소정의 대항력 또는 같은 법 제5조 제2항 소정의 우선변제권을 가지려면 임대차의 목적인 상가건물의 인도 및 부가가치세법 등에 의한 사업자등록을 구비하고, 관할세무서장으로부터 확정일자를 받아야 하며, 그 중 사업자등록은 대항력 또는 우선변제권의 취득요건일 뿐만 아니라 존속요건이기도 하므로, 배당요구의 종기까지 존속하고 있어야 한다.

[2] 부가가치세법 제5조 제4항, 제5항의 규정 취지에 비추어 보면, 상가건물을 임차하고 사업자등록을 마친 사업자가 임차 건물의 전대차 등으로 당해 사업을 개시하지 않거나 사실상 폐업한 경우에는 그 사업자등록은 부가가치세법 및 상가건물 임대차보호법이 상가임대차의 공시방법으로 요구하는 적법한 사업자등록이라고 볼 수 없고, 이 경우 임차인이 상가건물 임대차보호법상의 대항력 및 우선변제권을 유지하기 위해서는 건물을 직접 점유하면서 사업을 운영하는 전차인이 그 명의로 사업자등록을 하여야 한다.

[대법원 2006. 10. 13. 선고 2006다56299 판결]

상가건물의 임차인이 임대차보증금 반환채권에 대하여 상가건물 임대차보호법 제3조 제1항 소정의 대항력 또는 같은 법 제5조 제2항 소정의 우선변제권을 가지려면 임대차의 목적인 상가건물의 인도 및 부가가치세법 등에 의한 사업자등록을 구비하고, 관할세무서장으로부터 확정일자를 받아야 하며, 그 중 사업자등록은 대항력 또는 우선변제권의 취득요건일 뿐만 아니라 존속요건이기도 하므로, 배당요구의 종기까지 존속하고 있어야 하는 것이며, 상가건물을 임차하고 사업자등록을 마친 사업자가 폐업한 경우에는 그 사업자등록은 상가건물 임대차보호법이 상가임대차의 공시방법으로 요구하는 적법한 사업자등록이라고 볼 수 없으므로, 그 사업자가 폐업신고를 하였다가 다시 같은 상호 및 등록번호로 사업자등록을 하였다고 하더라도 상가건물 임대차보호법상의 대항력 및 우선변제권이 그대로 존속한다고 할 수 없다.

[대법원 2017. 3. 22. 선고 2016다218874 판결]

상가건물 임대차보호법 제3조는 '대항력 등'이라는 표제로 제1항에서 대항력의 요건을 정하고, 제2항에서 "임차건물의 양수인(그 밖에 임대할 권리를 승계한 자를 포함한다)은 임대인의 지위를 승계한 것으로 본다."라고 정하고 있다. 이 조항은 임차인이 취득하는 대항력의 내용을 정한 것으로, 상가건물의 임차인이 제3자에 대한 대항력을 취득한 다음 임차건물의 양도 등으로 소유자가 변동된 경우에는 양수인 등 새로운 소유자(이하 '양수인'이라 한다)가 임대인의 지위를 당연히 승계한다는 의미이다. 소유권 변동의 원인이 매매 등 법률행위든 상속 · 경매 등 법률의 규정이든 상관없이 이 규정이 적용된다. 따라서 임대를 한 상가건물을 여러 사람이 공유하고 있다가 이를 분할하기 위한 경매절차에서 건물의 소유자가 바뀐 경우에도 양수인이 임대인의 지위를 승계한다.

위 조항에 따라 임차건물의 양수인이 임대인의 지위를 승계하면, 양수인은 임차인에게 임대보증금반환의무를 부담하고 임차인은 양수인에게 차임지급의무를 부담한다. 그러나 임차건물의 소유권이 이전되기 전에 이미 발생한 연체차임이나 관리비 등은 별도의 채권양도절차가 없는 한 원칙적으로 양수인에게 이전되지 않고 임대인만이 임차인에게 청구할 수 있다. 차임이나 관리비 등은 임차건물을 사용한 대가로서 임차인에게 임차건물을 사용하도록 할 당시의 소유자 등 처분권한 있는 자에게 귀속된다고 볼 수 있기 때문이다.

임대차계약에서 임대차보증금은 임대차계약 종료 후 목적물을 임대인에게 명도할 때까지 발생하는, 임대차에 따른 임차인의 모든 채무를 담보한다. 따라서 이러한 채무는 임대차관계 종료 후 목적물이 반환될 때에 특별한 사정이 없는 한 별도의 의사표시 없이 보증금에서 당연히 공제된다. 임차건물의 양수인이 건물 소유권을 취득한 후 임대차관계가 종료되어 임차인에게 임대차보증금을 반환해야 하는 경우에 임대인의 지위를 승계하기 전까지 발생한 연체차임이나 관리비 등이 있으면 이는 특별한 사정이 없는 한 임대차보증금에서 당연히 공제된다. 일반적으로 임차건물의 양도 시에 연체차임이나 관리비 등이 남아있더라도 나중에 임대차관계가 종료되는 경우 임대차보증금에서 이를 공제하겠다는 것이 당사자들의 의사나 거래관념에 부합하기 때문이다.

[대구지방법원 2008. 5. 20. 선고 2007나20356 판결]

상가건물 임차권의 대항력의 요건인 사업자등록은 거래의 안전을 위하여 사업자등록증에 기재된 사업장에 대하여 임차권이 존재함을 제3자가 명백히 인식할 수 있게 하는 공시방법으로서 마련한 것이고, 임대차를 공시하는 효력은 사업자등록증에 기재된 사업장에 한하여 미치므로, 임차한 상가건물을 사업장으로 하여 사업자등록을 한 사업자가 사업장을 다른 장소로 변경하는 사업자등록 정정을 한 경우에는 정정된 사업자등록은 종전의 사업장에 대한 임대차를 공시하는 효력이 없고, 사업자는 종전의 사업장에 대하여 취득한 상가건물임대차보호법상 대항력을 상실한다.

[대법원 2007. 6. 28. 선고 2007다25599 판결]

소유권이전등기청구권을 보전하기 위하여 가등기를 경료한 자가 그 가등기에 기하여 본등기를 경료한 경우에 가등기의 순위보전의 효력에 의하여 중간처분이 실효되는 효과를 가져 오므로, 가등기가 경료된 후 비로소 상가건물 임대차보호법 소정의 대항력을 취득한 상가건물의 임차인으로서는 그 가등기에 기하여 본등기를 경료한 자에 대하여 임대차의 효력으로써 대항할 수 없다.

[대법원 1998. 7. 10. 선고 98다15545 판결]

주택임대차보호법상의 대항력과 우선변제권이라는 두 가지 권리를 겸유하고 있는 임차인이 먼저 우선변제권을 선택하여 임차주택에 대하여 진행되고 있는 경매절차에서 보증금 전액에 대하여 배당요구를 하였다고 하더라도, 그 순위에 따른 배당이 실시된 경우 보증금 전액을 배당받을 수 없었던 때에는 보증금 중 경매절차에서 배당받을 수 있었던 금액을 공제한 잔액에 관하여 경락인에게 대항하여 이를 반환받을 때까지 임대차관계의 존속을 주장할 수 있다고 봄이 상당하고, 이 경우 임차인의 배당요구에 의하여 임대차는 해지되어 종료되고, 다만 같은 법 제4조 제2항에 의하여 임차인이 보증금의 잔액을 반환받을 때까지 임대차관계가 존속하는 것으로 의제될 뿐이므로, 경락인은 같은 법 제3조 제2항에 의하여 임대차가 종료된 상태에서의 임대인의 지위를 승계한다.

[대법원 2016. 12. 1. 선고 2016다228215 판결]

근저당권자가 담보로 제공된 건물에 대한 담보가치를 조사할 당시 대항력을 갖춘 임차인이 임대차사실을 부인하고 건물에 관하여 임차인으로서의 권리를 주장하지 않겠다는 내용의 무상임대차 확인서를 작성해 주었고, 그 후 개시된 경매절차에 무상임대차 확인서가 제출되어 매수인이 확인서의 내용을 신뢰하여 매수신청금액을 결정하는 경우와 같이, 임차인이 작성한 무상임대차 확인서에서 비롯된 매수인의 신뢰가 매각절차에 반영되었다고 볼 수 있는 사정이 존재하는 경우에는, 비록 매각물건명세서 등에 건물에 대항력 있는 임대차 관계가 존재한다는 취지로 기재되었더라도 임차인이 제3자인 매수인의 건물인도청구에 대하여 대항력 있는 임대차를 주장하여 임차보증금반환과의 동시이행의 항변을 하는 것은 금반언 또는 신의성실의 원칙에 반하여 허용될 수 없다.

04. 확정일자 부여 및 임대차정보의 제공 등(제4조)

① 제5조제2항의 확정일자는 상가건물의 소재지 관할 세무서장이 부여한다.

② 관할 세무서장은 해당 상가건물의 소재지, 확정일자 부여일, 차임 및 보증금 등을 기재한 확정일자부를 작성하여야 한다. 이 경우 전산정보처리조직을 이용할 수 있다.

③ 상가건물의 임대차에 이해관계가 있는 자는 관할 세무서장에게 해당 상가건물의 확정일자 부여일, 차임 및 보증금 등 정보의 제공을 요청할 수 있다. 이 경우 요청을 받은 관할 세무서장은 정당한 사유 없이 이를 거부할 수 없다.

④ 임대차계약을 체결하려는 자는 임대인의 동의를 받아 관할 세무서장에게 제3항에 따른 정보제공을 요청할 수 있다.

⑤ 확정일자부에 기재하여야 할 사항, 상가건물의 임대차에 이해관계가 있는 자의 범위, 관할 세무서장에게 요청할 수 있는 정보의 범위 및 그 밖에 확정일자 부여사무와 정보제공 등에 필요한 사항은 대통령령으로 정한다.

가. 확정일자 부여

확정일자란 상가건물 소재지 관할세무서장이 임대차계약서가 존재하였음을 인정하는 날짜를 말합니다. 상가건물 임대차 계약서에 확정일자를 부여받으려는 자는 다음의 서류를 제출하여야 합니다(상가건물 임대차계약서상의 확정일자 부여 및 임대차 정보제공에 관한 규칙 제2조 제1항 및 제2항).

- 상가건물 임대차계약서상의 확정일자 부여 및 임대차 정보제공에 관한 규칙

별지 제1호 서식의 확정일자 신청서
- 임대차의 목적이 상가건물의 일부분인 경우 그 부분의 도면
- 임대인·임차인의 인적사항, 임대차 목적물·면적, 임대차기간, 보증금·차임, 계약당사자(대리인에 의하여 계약이 체결된 경우 그 대리인을 말함)에 대한 사항 및 서명 또는 기명날인이 있는 계약서 원본
- 주민등록증, 운전면허증, 여권 또는 외국인등록증 등 본인을 확인할 수 있는 서류

사업자등록 신청 또는 사업자등록 정정신고와 동시에 확정일자 부여를 신청하는 경우 확정일자 신청서를 갈음하여 사업자등록 신청서 또는 사업자등록 정정신고서에 확정일자 부여 신청 의사를 표시하여 제출할 수 있습니다(상가건물 임대차계약서상의 확정일자 부여 및 임대차 정보제공에 관한 규칙 제2조 제3항).

나. 임대차정보의 제공 요청

상가건물의 임대차에 이해관계가 있는 자와 임대차계약을 체결하려는 자가 임대차 정보의 제공을 요청하는 경우 관할 세무서장에게 임대차 정보제공 요청서(상가건물 임대차계약서상의 확정일자 부여 및 임대차 정보제공에 관한 규칙 별지 제4호 서식)를 작성하여 제출해야 합니다. 다만, 상가건물 도면을 요청하는 경우에는 도면 제공 요청서(상가건물 임대차계약서상의 확정일자 부여 및 임대차 정보제공에 관한 규칙 별지 제5호 서식)를 작성하여 제출해야 합니다(상가임대차법 제4조 제5항, 상가임대차법 시행령 제3조의3 제3항, 상가건물 임대차계약서상의 확정일자 부여 및 임대차 정보제공에 관한 규칙 제5조 제1항 및 제2항).

임대차정보의 제공 요청을 할 수 있는 상가건물의 임대차에 이해관계가 있는 이해관계인은 아래와 같습니다(상가임대차법 시행령 제3조의2).

① 해당 상가건물 임대차계약의 임대인·임차인

② 해당 상가건물의 소유자

③ 해당 상가건물 또는 그 대지의 등기부에 기록된 권리자 중 법무부령으로 정하는 자

   * 해당 상가건물 또는 대지의 등기부에 기록되어 있는 환매권자, 지상권자, 전세권자, 질권자, 저당권자·근저당권자, 임차권자, 신탁등기의 수탁자, 가등기권리자, 압류채권자 및 경매개시결정의 채권자를 말합니다.

④ 법 제5조 제7항에 따라 우선변제권을 승계한 금융기관 등

⑤ 제1호부터 제4호까지에서 규정한 자에 준하는 지위 또는 권리를 가지는 자로서 임대차 정보의 제공에 관하여 법원의 판결을 받은 자

이해관계인이 임대차 정보의 제공을 요청하는 경우에는 관할 세무서장에게 임대차 정보제공 요청서, 도면 제공 요청서에 다음의 서류를 첨부하여 제출해야 합니다(상가임대차법 제4조 제5항, 상가임대차법 시행령 제3조의3 제3항 및 상가건물 임대차계약서상의 확정일자 부여 및 임대차 정보제공에 관한 규칙 제5조 제3항).

① 계약서 등 해당 상가건물의 계약당사자임을 증명하는 서류

② 해당 상가건물의 등기사항증명서 등 소유자임을 증명하는 서류

③ 해당 상가건물 또는 그 대지의 등기사항증명서 등 권리자임을 증명하는 서류

④ 채권양도증서 등 우선변제권을 승계하였음을 증명하는 서류

⑤ 법원의 판결문

임대차계약을 체결하려는 자가 임대차 정보의 제공을 요청하는 경우에는 임대차 정

보제공 요청서, 도면 제공 요청서에 다음의 서류를 첨부하여 제출해야 합니다.

- 임대인의 동의서
- 임대인의 신분증명서 사본, 인감증명서, 본인서명사실 확인서 등 임대인의
  동의를 받았음을 증명할 수 있는 서류

다. 임대차정보의 제공

임대차 정보의 제공은 관할 세무서장이 상가건물 임대차 현황서(상가건물 임대차계약서상의 확정일자 부여 및 임대차 정보제공에 관한 규칙 별지 제6호 서식)를 열람하도록 하거나 교부하는 방법으로 합니다. 다만, 도면의 경우에는 임차인이 제출한 도면을 열람하게 하거나 사본을 내주는 방법으로 합니다(상가건물 임대차계약서상의 확정일자 부여 및 임대차 정보제공에 관한 규칙 제6조). 상가건물 임대차 현황서의 열람 또는 제공은 전자적 방법으로 할 수도 있습니다.

라. 상가임대차법상 부적법한 사업자등록증

1) 건물등기부등본에 표시된 지번과 불일치

상가임대차법 및 동법 시행령 등에 의하면, 건물의 임대차에 이해관계가 있는 자는 건물의 소재지 관할 세무서장에게 임대차와 사업자등록에 관한 사항의 열람 또는 제공을 요청할 수 있고, 사업자가 사업장을 임차한 경우에는 사업자등록신청서에 임대차계약서 사본을 첨부하도록 하여 임대차에 관한 사항의 열람 또는 제공은 첨부한 임대차계약서의 기재에 의하도록 하고 있습니다. 그러므로 사업자등록신청서에 첨부한 임대차계

약서상의 임대차목적물 소재지가 당해 상가건물에 대한 등기부상의 표시와 불일치하는 경우에는 특별한 사정이 없는 한 그 사업자등록은 제3자에 대한 관계에서 유효한 임대차의 공시방법이 될 수 없습니다(대법원 2008. 9. 25. 선고 2008다44238 판결 참조). 따라서 이러한 경우에는 제3자에 대하여 대항력을 주장할 수 없는 것입니다.

2) 건물 일부 임대차의 경우 도면과 불일치

상가임대차법 및 동법 시행령 등에 의하면, 사업자가 상가건물의 일부분을 임차하는 경우에는 사업자등록신청서에 해당 부분의 도면을 첨부하여야 하고, 이해관계인은 임대차의 목적이 건물의 일부분인 경우 그 부분 도면의 열람 또는 제공을 요청할 수 있도록 하고 있습니다. 그러므로 건물의 일부분을 임차한 경우 그 사업자등록이 제3자에 대한 관계에서 유효한 임대차의 공시방법이 되기 위해서는 사업자등록신청 시 그 임차 부분을 표시한 도면을 첨부하여야 합니다(대법원 2008. 9. 25. 선고 2008다44238 판결 참조). 따라서 원칙적으로 상가건물의 일부를 임차하였음에도 사업자등록신청 시에 해당 부분에 대한 도면을 첨부하지 않았다면 제3자에 대하여 대항력을 주장할 수 없는 것입니다.

다만 상가건물의 일부분을 임차한 사업자가 사업자등록 시 임차 부분을 표시한 도면을 첨부하지는 않았지만, 예컨대 상가건물의 특정 층 전부 또는 명확하게 구분되어 있는 특정 호실 전부를 임차한 후 이를 제3자가 명백히 인식할 수 있을 정도로 사업자등록사항에 표시한 경우, 또는 그 현황이나 위치, 용도 등의 기재로 말미암아 도면이 첨부된 경우에 준할 정도로 임차 부분이 명백히 구분됨으로써 당해 사업자의 임차 부분이 어디인지를 객관적으로 명백히 인식할 수 있을 정도로 표시한 경우와 같이 일반 사회통념상 그 사업자등록이 도면 없이도 제3자가 해당 임차인이 임차한 부분을 구분하여 인식할 수 있을 정도로 특정이 되어 있다고 볼 수 있는 경우에는 그 사업자등록을 제3자에 대한 관계에서 유효한 임대차의 공시방법으로 볼 수 있다고 할 것이므로(대법원 2011. 11. 24. 선고 2010다56678 판결 참조), 이러한 경우에는 제3자에 대하여 대항력을 주장할 수 있을 것입니다.

3) 상가건물 임대차 현황서와 불일치

사업자등록신청서에 첨부한 임대차계약서와 상가건물 임대차 현황서에 기재되어 공시된 임대차보증금 및 차임에 따라 환산된 환산보증금이 상가임대차법의 적용대상이 되기 위한 환산보증금을 초과하는 경우에는 실제 임대차계약의 내용에 따른 환산보증금이 기준을 충족하더라도, 임차인은 상가임대차법에 따른 대항력을 주장할 수 없습니다. 이러한 법리는 임대차계약이 변경되거나 갱신되었는데 임차인이 사업자등록정정신고를 하지 않아 상가건물 임대차 현황서 등에 기재되어 공시된 내용과 실제 임대차계약의 내용이 불일치하게 된 경우에도 마찬가지로 적용되는 것입니다(대법원 2016. 6. 9. 선고 2013다215676 판결 참조).

[판례]

[대법원 2008. 9. 25. 선고 2008다44238 판결]
상가건물임대차보호법 제4조와 그 시행령 제3조 및 부가가치세법 제5조와 그 시행령 제7조(소득세법 및 법인세법상의 사업자등록에 준용)에 의하면, 건물의 임대차에 이해관계가 있는 자는 건물의 소재지 관할 세무서장에게 임대차와 사업자등록에 관한 사항의 열람 또는 제공을 요청할 수 있고, 사업자가 사업장을 임차한 경우에는 사업자등록신청서에 임대차계약서 사본을 첨부하도록 하여 임대차에 관한 사항의 열람 또는 제공은 첨부한 임대차계약서의 기재에 의하도록 하고 있으므로, 사업자등록신청서에 첨부한 임대차계약서상의 임대차목적물 소재지

가 당해 상가건물에 대한 등기부상의 표시와 불일치하는 경우에는 특별한 사정이 없는 한 그 사업자등록은 제3자에 대한 관계에서 유효한 임대차의 공시방법이 될 수 없다. 또한 위 각 법령의 위 각 규정에 의하면, 사업자가 상가건물의 일부분을 임차하는 경우에는 사업자등록신청서에 해당 부분의 도면을 첨부하여야 하고, 이해관계인은 임대차의 목적이 건물의 일부분인 경우 그 부분 도면의 열람 또는 제공을 요청할 수 있도록 하고 있으므로, 건물의 일부분을 임차한 경우 그 사업자등록이 제3자에 대한 관계에서 유효한 임대차의 공시방법이 되기 위해서는 사업자등록신청시 그 임차 부분을 표시한 도면을 첨부하여야 한다.

[대법원 2011. 11. 24. 선고 2010다56678 판결]

사업자등록이 상가건물 임대차에 있어서 공시방법으로 마련된 취지에 비추어 볼 때, 상가건물의 일부분을 임차한 사업자가 사업자등록시 임차 부분을 표시한 도면을 첨부하지는 않았지만, 예컨대 상가건물의 특정 층 전부 또는 명확하게 구분되어 있는 특정 호실 전부를 임차한 후 이를 제3자가 명백히 인식할 수 있을 정도로 사업자등록사항에 표시한 경우, 또는 그 현황이나 위치, 용도 등의 기재로 말미암아 도면이 첨부된 경우에 준할 정도로 임차 부분이 명백히 구분됨으로써 당해 사업자의 임차 부분이 어디인지를 객관적으로 명백히 인식할 수 있을 정도로 표시한 경우와 같이 일반 사회통념상 그 사업자등록이 도면 없이도 제3자가 해당 임차인이 임차한 부분을 구분하여 인식할 수 있을 정도로 특정이 되어 있다고 볼 수 있는 경우에는 그 사업자등록을 제3자에 대한 관계에서 유효한 임대차의 공시방법으로 볼 수 있다고 할 것이다.

[대법원 2016. 6. 9. 선고 2013다215676 판결]

사업자등록신청서에 첨부한 임대차계약서와 등록사항현황서(이하 '등록사항현황서 등'이라 한다)에 기재되어 공시된 임대차보증금 및 차임에 따라 환산된 보증금액이 구 상가건물 임대차보호법(2013. 6. 7. 법률 제11873호로 개정되기 전의 것, 이하 '구 상가임대차법'이라 한다)의 적용대상이 되기 위한 보증금액 한도를 초과하는 경우에는, 실제 임대차계약의 내용에 따라 환산된 보증금액이 기준을 충족하더라도, 임차인은 구 상가임대차법에 따른 대항력을 주장할 수 없다.

이러한 법리는 임대차계약이 변경되거나 갱신되었는데 임차인이 사업자등록정정신고를 하지 아니하여 등록사항현황서 등에 기재되어 공시된 내용과 실제 임대차계약의 내용이 불일치하게 된 경우에도 마찬가지로 적용된다.

05. 보증금의 회수(제5조)

① 임차인이 임차건물에 대하여 보증금반환청구소송의 확정판결, 그 밖에 이에 준하는 집행권원에 의하여 경매를 신청하는 경우에는 「민사집행법」 제41조에도 불구하고 반대의무의 이행이나 이행의 제공을 집행개시의 요건으로 하지 아니한다.

② 제3조제1항의 대항요건을 갖추고 관할 세무서장으로부터 임대차계약서상의 확정일자를 받은 임차인은 「민사집행법」에 따른 경매 또는 「국세징수법」에 따른 공매 시 임차건물(임대인 소유의 대지를 포함한다)의 환가대금에서 후순위권리자나 그 밖의 채권자보다 우선하여 보증금을 변제받을 권리가 있다.

③ 임차인은 임차건물을 양수인에게 인도하지 아니하면 제2항에 따른 보증금을 받을 수 없다.

④ 제2항 또는 제7항에 따른 우선변제의 순위와 보증금에 대하여 이의가 있는 이해관계인은 경매법원 또는 체납처분청에 이의를 신청할 수 있다.

⑤ 제4항에 따라 경매법원에 이의를 신청하는 경우에는 「민사집행법」 제152조부터 제161조까지의 규정을 준용한다.

⑥ 제4항에 따라 이의신청을 받은 체납처분청은 이해관계인이 이의신청일부터 7일 이내에 임

차인 또는 제7항에 따라 우선변제권을 승계한 금융기관 등을 상대로 소(訴)를 제기한 것을 증명한 때에는 그 소송이 종결될 때까지 이의가 신청된 범위에서 임차인 또는 제7항에 따라 우선변제권을 승계한 금융기관 등에 대한 보증금의 변제를 유보(留保)하고 남은 금액을 배분하여야 한다. 이 경우 유보된 보증금은 소송 결과에 따라 배분한다.

⑦ 다음 각 호의 금융기관 등이 제2항, 제6조제5항 또는 제7조제1항에 따른 우선변제권을 취득한 임차인의 보증금반환채권을 계약으로 양수한 경우에는 양수한 금액의 범위에서 우선변제권을 승계한다.

1. 「은행법」에 따른 은행

2. 「중소기업은행법」에 따른 중소기업은행

3. 「한국산업은행법」에 따른 한국산업은행

4. 「농업협동조합법」에 따른 농협은행

5. 「수산업협동조합법」에 따른 수협은행

6. 「우체국예금·보험에 관한 법률」에 따른 체신관서

7. 「보험업법」 제4조제1항제2호라목의 보증보험을 보험종목으로 허가받은 보험회사

8. 그 밖에 제1호부터 제7호까지에 준하는 것으로서 대통령령으로 정하는 기관

⑧ 제7항에 따라 우선변제권을 승계한 금융기관 등(이하 "금융기관등"이라 한다)은 다음 각 호의 어느 하나에 해당하는 경우에는 우선변제권을 행사할 수 없다.

1. 임차인이 제3조제1항의 대항요건을 상실한 경우

2. 제6조제5항에 따른 임차권등기가 말소된 경우

3. 「민법」 제621조에 따른 임대차등기가 말소된 경우

⑨ 금융기관등은 우선변제권을 행사하기 위하여 임차인을 대리하거나 대위하여 임대차를 해지할 수 없다.

임차인이 임차상가건물에 대하여 보증금반환청구소송의 확정판결, 그 밖에 이에 준하는 집행권원에 의하여 경매를 신청하는 경우에는 반대의무의 이행이나 이행의 제공을 집행개시의 요건으로 하지 않습니다. 따라서 이러한 경우에는 임차상가건물의 명도나 명도의 제공을 하지 않아도 경매를 신청할 수 있습니다.

임차인이 ① 상가건물의 인도를 받고, ② 사업자등록을 신청했으며, ③ 관할 세무서장으로부터 임대차계약서상의 확정일자를 받았다면 임차건물의 경매 또는 공매 시 임차건물(임대인 소유의 대지를 포함)의 환가대금에서 후순위권리자나 그 밖의 채권자보다 우선하여 보증금을 변제받을 권리가 있습니다. 그러나 이처럼 임차건물의 경매 또는 공매 시 임차건물의 환가대금에서 보증금을 우선변제 받기 위해서는 임차건물을 매수인에게 인도해야 합니다.

이때 '후순위권리자 그 밖의 채권자'에는 조세채권자도 포함되는데, 확정일자를 받은 임차인과 조세채권자 사이의 우선순위는 국세기본법 제35조 제1항 제3호에 의하여 결정되어야 하고, 그중 당해세가 아닌 조세와는 임차인이 대항요건과 확정일자를 갖춘 최종시점과 조세의 법정기일의 선후에 따라 우선순위를 결정하여 배분하여야 합니다(서울행정법원 2006. 4. 18. 선고 2005구합27734 판결 참조).

Q **임차인이 상가임대차법상의 대항력 또는 우선변제권 등을 취득한 후에 목적물의 소유권이 제3자에게 양도된 다음 새로운 소유자와 임차인이 별개의 임대차계약을 새로이 체결하면서 특약사항으로 "임대인은 임대차기간 만료로 임대차 종료 시 권리금 6,000만 원을 인정·지급한다. 임대인은 이 사건 부동산에 관하여 10억 원의 대출을 받고 1순위 근저당권을 설정한다."는 내용의 약정을 한 경우, 이러한 약정에 따라 설정된 1순위 근저당권자가 임의경매신청을 하고 경매절차 도중 근저당권부 대출금채권을 양도하였다면 임차인은 종전 임대차계약을 기초로 발생**

하였던 대항력 또는 우선변제권 등을 새로운 소유자나 근저당권부 대출금채권 양수인 등에게 주장할 수 있을까요?

A 대항력 또는 우선변제권을 주장할 수 없습니다.

어떠한 목적물에 관하여 임차인이 상가임대차법상의 대항력 또는 우선변제권 등을 취득한 후에 그 목적물의 소유권이 제3자에게 양도되면 임차인은 그 새로운 소유자에 대하여 자신의 임차권으로 대항할 수 있고, 새로운 소유자는 종전 소유자의 임대인으로서의 지위를 승계합니다(상가임대차법 제3조 제1항, 제2항, 제5조 제2항 등 참조). 그러나 임차권의 대항 등을 받는 새로운 소유자라고 할지라도 임차인과의 계약에 기하여 그들 사이의 법률관계를 그들의 의사에 좇아 자유롭게 형성할 수 있는 것입니다. 따라서 새로운 소유자와 임차인이 동일한 목적물에 관하여 종전 임대차계약의 효력을 소멸시키려는 의사로 그와는 별개의 임대차계약을 새로이 체결하여 그들 사이의 법률관계가 이 새로운 계약에 의하여 규율되는 것으로 정할 수 있습니다. 그리고 그 경우에는 종전의 임대차계약은 그와 같은 합의의 결과로 그 효력을 상실하게 되므로, 다른 특별한 사정이 없는 한 이제 종전의 임대차계약을 기초로 발생하였던 대항력 또는 우선변제권 등도 종전 임대차계약과 함께 소멸하여 이를 새로운 소유자 등에게 주장할 수 없는 것입니다(대법원 2013. 12. 12. 선고 2013다211919 판결 참조).

따라서 새로운 소유자가 임차인과 체결한 별개의 임대차계약 특약사항에 따라 대출을 받고 1순위 근저당권을 설정한 후, 그 1순위 근저당권자가 임의경매신청을 하고 경매절차 도중 근저당권부 대출금채권을 양도하였다면 임차인은 종전 임대차계약을 기초로 발생하였던 대항력 또는 우선변제권 등을 새로운 소유자나 자신보다 선순위의 근저당권자인 근저당권부 대출금채권 양수인 등에게 주장할 수 없는 것입니다.

[판례]

[서울행정법원 2006. 4. 18. 선고 2005구합27734 판결]

[1] 상가건물 임대차보호법 제5조 제2항에서 말하는 국세징수법에 의한 공매란 민사집행법 상의 경매에 대응하는 개념으로 사용된 것으로 국세체납처분절차 중의 환가의 한 방법만 을 뜻하는 것이 아니라 국세체납처분절차를 포괄적으로 지칭하는 것으로서 국세징수법의 체납처분의 예에 의하여 임차건물을 체납처분하는 모든 경우를 포함한다. 따라서 같은 법 제14조 제1항 후문에서 말하는 '경매신청의 등기'란 국세징수법에 의한 공매에 있어서 는 조세채권의 내용을 실현하고 그 만족을 얻기 위한 체납처분의 최초의 절차로서 납세자 의 특정재산을 강제적으로 확보하기 위하여 처분을 금지하는 '체납처분에 의한 압류등기' 를 뜻하는 것으로 해석함이 상당하고, 공매대상 재산의 매수 수요를 유발하여 고가의 매 수청약을 유인하는 것에 불과한 '압류재산공매공고'를 뜻하는 것은 아니다.

[2] 상가건물 임대차보호법 제5조 제2항은 같은 법 제3조 제1항의 대항요건(상가건물의 인 도와 사업자등록)을 갖추고 관할 세무서장으로부터 임대차계약서상에 확정일자를 받은 상가건물임차인은 후순위권리자 그 밖의 채권자보다 우선하여 보증금을 변제받을 권리 가 있음을 규정하고 있는바, 이는 임대차계약서에 확정일자를 갖춘 경우에는 부동산 담보 권과 유사한 권리를 인정하여 우선변제권을 인정한다는 취지이므로, 같은 법 제5조 제2 항에서 규정한 '후순위권리자 그 밖의 채권자'에는 조세채권자도 포함된다고 봄이 상당하 다. 따라서 확정일자를 받은 임차인과 조세채권자와의 우선순위는 국세기본법 제35조 제 1항 제3호에 의하여 결정되어야 하고, 그 중 당해세가 아닌 조세와는 임차인이 대항요건 과 확정일자를 갖춘 최종시점과 조세의 법정기일의 선후에 따라 우선순위를 결정하여 배 분하여야 한다.

[대법원 2013. 12. 12. 선고 2013다211919 판결]

어떠한 목적물에 관하여 임차인이 상가건물임대차보호법상의 대항력 또는 우선변제권 등을 취득한 후에 그 목적물의 소유권이 제3자에게 양도되면 임차인은 그 새로운 소유자에 대하여 자신의 임차권으로 대항할 수 있고, 새로운 소유자는 종전 소유자의 임대인으로서의 지위를 승계한다(상가건물임대차보호법 제3조 제1항, 제2항, 제5조 제2항 등 참조). 그러나 임차권의 대항 등을 받는 새로운 소유자라고 할지라도 임차인과의 계약에 기하여 그들 사이의 법률관계를 그들의 의사에 좇아 자유롭게 형성할 수 있는 것이다. 따라서 새로운 소유자와 임차인이 동일한 목적물에 관하여 종전 임대차계약의 효력을 소멸시키려는 의사로 그와는 별개의 임대차계약을 새로이 체결하여 그들 사이의 법률관계가 이 새로운 계약에 의하여 규율되는 것으로 정할 수 있다. 그리고 그 경우에는 종전의 임대차계약은 그와 같은 합의의 결과로 그 효력을 상실하게 되므로, 다른 특별한 사정이 없는 한 이제 종전의 임대차계약을 기초로 발생하였던 대항력 또는 우선변제권 등도 종전 임대차계약과 함께 소멸하여 이를 새로운 소유자 등에게 주장할 수 없다고 할 것이다.

06. 임차권등기명령(제6조)

① 임대차가 종료된 후 보증금이 반환되지 아니한 경우 임차인은 임차건물의 소재지를 관할하는 지방법원, 지방법원지원 또는 시·군법원에 임차권등기명령을 신청할 수 있다.

② 임차권등기명령을 신청할 때에는 다음 각 호의 사항을 기재하여야 하며, 신청 이유 및 임차권등기의 원인이 된 사실을 소명하여야 한다.

1. 신청 취지 및 이유
2. 임대차의 목적인 건물(임대차의 목적이 건물의 일부분인 경우에는 그 부분의 도면을 첨부한다)
3. 임차권등기의 원인이 된 사실(임차인이 제3조제1항에 따른 대항력을 취득하였거나 제5조제2항에 따른 우선변제권을 취득한 경우에는 그 사실)
4. 그 밖에 대법원규칙으로 정하는 사항

③ 임차권등기명령의 신청에 대한 재판, 임차권등기명령의 결정에 대한 임대인의 이의신청 및

그에 대한 재판, 임차권등기명령의 취소신청 및 그에 대한 재판 또는 임차권등기명령의 집행 등에 관하여는 「민사집행법」 제280조제1항, 제281조, 제283조, 제285조, 제286조, 제288조제1항·제2항 본문, 제289조, 제290조제2항 중 제288조제1항에 대한 부분, 제291조, 제293조를 준용한다. 이 경우 "가압류"는 "임차권등기"로, "채권자"는 "임차인"으로, "채무자"는 "임대인"으로 본다.

④ 임차권등기명령신청을 기각하는 결정에 대하여 임차인은 항고할 수 있다.

⑤ 임차권등기명령의 집행에 따른 임차권등기를 마치면 임차인은 제3조제1항에 따른 대항력과 제5조제2항에 따른 우선변제권을 취득한다. 다만, 임차인이 임차권등기 이전에 이미 대항력 또는 우선변제권을 취득한 경우에는 그 대항력 또는 우선변제권이 그대로 유지되며, 임차권등기 이후에는 제3조제1항의 대항요건을 상실하더라도 이미 취득한 대항력 또는 우선변제권을 상실하지 아니한다.

⑥ 임차권등기명령의 집행에 따른 임차권등기를 마친 건물(임대차의 목적이 건물의 일부분인 경우에는 그 부분으로 한정한다)을 그 이후에 임차한 임차인은 제14조에 따른 우선변제를 받을 권리가 없다.

⑦ 임차권등기의 촉탁, 등기관의 임차권등기 기입 등 임차권등기명령의 시행에 관하여 필요한 사항은 대법원규칙으로 정한다.

⑧ 임차인은 제1항에 따른 임차권등기명령의 신청 및 그에 따른 임차권등기와 관련하여 든 비용을 임대인에게 청구할 수 있다.

⑨ 금융기관등은 임차인을 대위하여 제1항의 임차권등기명령을 신청할 수 있다. 이 경우 제3항·제4항 및 제8항의 "임차인"은 "금융기관등"으로 본다.

상가건물 임대차가 종료된 후 보증금이 반환되지 않은 경우 임차인은 임차건물의 소재지를 관할하는 지방법원, 지방법원지원 또는 시·군법원에 임차권등기명령을 신청할 수 있습니다. 그리고 임대차보증금의 전액을 돌려받지 못한 경우뿐만 아니라 일부를 돌려받지 못한 경우에도 임차권등기명령을 신청할 수 있습니다.

원칙적으로 등기가 되어 있는 임차상가건물에 대하여 임차권등기명령을 신청할 수 있을 것이나, 임차상가건물에 대하여 사용승인을 받고 건축물관리대장이 작성되어 있어 즉시 임대인 명의로 소유권보존등기가 가능한 경우에는, 임대인을 대위하여 소유권보존등기를 마친 다음 임차권등기를 할 수 있으므로 예외적으로 임차권등기명령을 신청할 수 있습니다. 이 경우에는 즉시 임대인의 명의로 소유권보존등기를 할 수 있음을 증명할 서면을 첨부해야 합니다(임차권등기명령 절차에 관한 규칙 제3조 제2호).

임대차의 목적이 상가건물의 일부분인 경우에도 임차권등기명령을 신청할 수 있는데, 이 경우에는 임대차의 목적인 부분을 표시한 도면을 첨부해야 합니다(상가건물 임대차보호법 제6조 제2항 제2호 및 임차권등기명령 절차에 관한 규칙 제2조 제1항 제4호). 임대차목적물의 일부를 영업용으로 사용하지 않는 경우에는 임대차계약체결 시부터 임차권등기명령신청 당시까지 그 주된 부분을 영업용으로 사용하고 있음을 증명하는 서류를 첨부해야 합니다(임차권등기명령 절차에 관한 규칙 제3조 제5호).

임차권등기명령의 집행에 따른 임차권등기를 마치면 임차인은 임대인 및 제3자에 대해 대항력과 우선변제권을 취득합니다. 다만, 임차인이 임차권등기 이전에 이미 대항력 또는 우선변제권을 취득한 경우에는 그 대항력 또는 우선변제권이 그대로 유지되며, 임차권등기 이후에는 대항요건을 상실하더라도 이미 취득한 대항력 또는 우선변제권을 상실하지 않습니다. 즉 임차인이 임차권등기 이후에 임차상가건물을 명도하더라도 대항력 또는 우선변제권이 유지되므로, 임대차보증금을 우선변제받을 수 있습니다. 한편 임차권등기명령의 집행에 따른 임차권등기를 마친 상가건물을 그 이후에 임차한 임차인은 소액보증금의 우선변제를 받을 수 없습니다.

Q 임차인이 단지 사업자등록을 하기 위해서 임대차계약서를 작성하였을 뿐 실제로 임차상가건물을 임차한 것은 아닌데, 이렇게 작성된 허위 내용의 임대차계약서를 법원에 제출하여 임차권등기명령을 받았다면, 임차인이 형사처벌을 받게 될 수도 있는지요?

A 사기죄로 형사처벌을 받을 수 있습니다.

상가임대차법 제6조에 의한 임차권등기명령이 임대인에게 고지되어 효력이 발생하면 법원사무관 등은 지체 없이 촉탁서에 재판서 등본을 첨부하여 등기관에게 임차권등기의 기입을 촉탁하도록 되어 있고(임차권등기명령 절차에 관한 규칙 제5조), 상가임대차법 제6조 제5항에 의하면, 위와 같이 임차권등기명령의 집행에 의한 임차권등기가 경료되면 임차인은 제3조 제1항의 규정에 의한 대항력 및 제5조 제2항의 규정에 의한 우선변제권을 취득하고, 임차권등기 이후에는 제3조 제1항의 대항요건을 상실하더라도 이미 취득한 대항력 또는 우선변제권을 상실하지 않는 효력이 있습니다. 따라서 임차권등기의 기초가 되는 임대차계약이 통정허위표시로서 무효라 하더라도, 장차 피신청인의 이의신청 또는 취소신청에 의한 법원의 재판을 거쳐 그 임차권등기가 말소될 때까지는 신청인은 외형상으로 우선변제권 있는 임차인으로서 부동산 담보권에 유사한 권리를 취득하게 되므로, 이러한 이익은 재산적 가치가 있는 구체적 이익으로서 사기죄의 객체인 재산상 이익에 해당합니다. 또한 법원의 임차권등기명령은 피신청인의 재산상의 지위 또는 상태에 영향을 미칠 수 있는 행위로서 피신청인의 처분행위에 갈음하는 내용과 효력이 있다고 보아야 합니다(대법원 2012. 5. 24. 선고 2010도12732 판결 참조).

이처럼 법원의 임차권등기명령을 피해자의 재산적 처분행위에 갈음하는 내용과 효력이 있는 것으로 보고 그 집행에 의한 임차권등기가 마쳐짐으로써 신청인이 재산상 이익을 취득하였다고 보는 이상, 진정한 임차권자가 아니면서 허위의 임대차계약서를 법원에 제출하여 임차권등기명령을 신청하면 이로써 소송사기의 실행행위에 착수한 것으로 보아야 하는 것입니다.

[판례]

[대법원 2012. 5. 24. 선고 2010도12732 판결]

형법 제347조에서 말하는 재산상 이익 취득은 그 재산상의 이익을 법률상 유효하게 취득함을 필요로 하지 아니하고 그 이익 취득이 법률상 무효라 하여도 외형상 취득한 것이면 족한 것이다(대법원 1975. 5. 27. 선고 75도760 판결 등 참조). 상가건물 임대차보호법 제6조에 의한 임차권등기명령이 임대인에게 고지되어 효력이 발생하면 법원사무관 등은 지체 없이 촉탁서에 재판서 등본을 첨부하여 등기관에게 임차권등기의 기입을 촉탁하도록 되어 있고(임차권등기명령 절차에 관한 규칙 제5조), 상가건물 임대차보호법 제6조 제5항에 의하면, 위와 같이 임차권등기명령의 집행에 의한 임차권등기가 경료되면 임차인은 제3조 제1항의 규정에 의한 대항력 및 제5조 제2항의 규정에 의한 우선변제권을 취득하고(임차인이 임차권등기 이전에 이미 대항력 또는 우선변제권을 취득한 경우에는 그 대항력 또는 우선변제권이 그대로 유지된다), 임차권등기 이후에는 제3조 제1항의 대항요건을 상실하더라도 이미 취득한 대항력 또는 우선변제권을 상실하지 아니하는 효력이 있으므로, 그 임차권등기의 기초가 되는 임대차계약이 통정허위표시로서 무효라 하더라도, 장차 피신청인의 이의신청 또는 취소신청에 의한 법원의 재판을 거쳐 그 임차권등기가 말소될 때까지는 신청인은 외형상으로 우선변제권 있는 임차인으로서 부동산 담보권에 유사한 권리를 취득하게 된다 할 것이니, 이러한 이익은 재산적 가치가 있는 구체적 이익으로서 사기죄의 객체인 재산상 이익에 해당한다고 봄이 상당하다.

또한 소송사기에 있어서 피기망자인 법원의 재판은 피해자의 처분행위에 갈음하는 내용과 효력이 있는 것이어야 하고, 그렇지 아니하는 경우에는 착오에 의한 재물의 교부행위가 있다고 할 수 없어서 사기죄는 성립되지 아니하는바(대법원 2002. 1. 11. 선고 2000도1881 판결 등 참조), 위에서 본 바와 같은 임차권등기명령의 절차 및 그 집행에 의한 임차권등기의 법적 효력을 고려하면, 다른 특별한 사정이 없는 한, 법원의 임차권등기명령은 피신청인의 재산상의 지위 또는 상태에 영향을 미칠 수 있는 행위로서 피신청인의 처분행위에 갈음하는 내용과 효력이 있다고 보아야 하고, 따라서 이러한 법원의 임차권등기명령을 이용한 소송사기의 경우 피해자인 피신청인이 직접 처분행위를 하였는지 여부는 사기죄의 성부에 아무런 영향을 주지 못한다.

위와 같이 법원의 임차권등기명령을 피해자의 재산적 처분행위에 갈음하는 내용과 효력이 있는 것으로 보고 그 집행에 의한 임차권등기가 마쳐짐으로써 신청인이 재산상 이익을 취득하였다고 보는 이상, 진정한 임차권자가 아니면서 허위의 임대차계약서를 법원에 제출하여 임차권등기명령을 신청하면 그로써 소송사기의 실행행위에 착수한 것으로 보아야 하고, 나아가 그 임차보증금 반환채권에 관하여 현실적으로 청구의 의사표시를 하여야만 사기죄의 실행의 착수가 있다고 볼 것은 아니다.

07. 민법에 따른 임대차등기의 효력 등(제7조)

① 민법 제621조에 따른 건물임대차등기의 효력에 관하여는 제6조제5항 및 제6항을 준용한다.

② 임차인이 대항력 또는 우선변제권을 갖추고 「민법」 제621조제1항에 따라 임대인의 협력을 얻어 임대차등기를 신청하는 경우에는 신청서에 「부동산등기법」 제74조제1호부터 제6호까지의 사항 외에 다음 각 호의 사항을 기재하여야 하며, 이를 증명할 수 있는 서면(임대차의 목적이 건물의 일부분인 경우에는 그 부분의 도면을 포함한다)을 첨부하여야 한다.

1. 사업자등록을 신청한 날
2. 임차건물을 점유한 날
3. 임대차계약서상의 확정일자를 받은 날

민법 제621조 제1항은 부동산임차인은 당사자 간에 반대약정이 없으면 임대인에 대하여 그 임대차등기절차에 협력할 것을 청구할 수 있다고 규정하고 있는데, 상가임대차법 제7조 제1항은 이러한 건물임대차등기의 효력에 관하여 상가임대차법 제6조 제5항 및 제6항을 준용한다고 규정하고 있습니다. 따라서 건물임대차등기를 마치면 임차인은 상가임대차법 제3조 제1항에 따른 대항력과 같은 법 제5조 제2항에 따른 우선변제권을 취득합니다. 다만 임차인이 건물임대차등기 이전에 이미 대항력 또는 우선변제권을 취득한 경우에는 그 대항력 또는 우선변제권이 그대로 유지되며, 건물임대차등기 이후에는 대항요건을 상실하더라도 이미 취득한 대항력 또는 우선변제권을 상실하지 않습니다(상가임대차법 제6조 제5항 준용). 그리고 건물임대차등기를 마친 건물을 그 이후에 임차한 임차인은 소액보증금의 우선변제를 받을 수 없습니다(상가임대차법 제6조 제6항 준용).

한편 임차인이 대항력 또는 우선변제권을 갖추고 민법 제621조 제1항에 따라 임대인의 협력을 얻어 임대차등기를 신청하는 경우에는 신청서에 사업자등록을 신청한 날, 임차건물을 점유한 날, 임대차계약서상의 확정일자를 받은 날을 기재해야 하며, 이를 증명할 수 있는 서면 및 도면을 첨부해야 합니다.

08. 경매에 의한 임차권의 소멸(제8조)

임차권은 임차건물에 대하여 「민사집행법」에 따른 경매가 실시된 경우에는 그 임차건물이 매각되면 소멸한다. 다만, 보증금이 전액 변제되지 아니한 대항력이 있는 임차권은 그러하지 아니하다.

임차권은 임차건물에 대하여 민사집행법에 따른 경매가 실시된 경우에는 그 임차건물이 매각되면 소멸합니다. 이때 대항력을 갖추고 확정일자를 부여받은 임차인은 경매에서 우선변제를 받을 수 있습니다. 그러나 임차권은 경매에서 임차건물이 매각되면 소멸하기 때문에 원칙적으로 임차건물을 낙찰받은 사람에게는 상가임대차법의 권리금 보호 규정이 적용되지 않습니다. 따라서 임차건물을 낙찰받은 사람이 임차인이 주선한 신규임차인이 되려는 사람과 임대차계약의 체결을 거절하여 임차인에게 손해를 발생하게 한 때에도 그 손해를 배상할 책임이 없는 것입니다.

다만, 보증금이 전액 변제되지 않은 대항력 있는 임차권은 소멸하지 않으므로, 이 경우에는 임차인이 임차건물을 낙찰받은 사람에게 임대차 관계의 존속을 주장할 수 있고, 임차건물을 낙찰받은 사람도 임대인의 지위에서 상가임대차법의 권리금 보호 규정을 적용받게 될 것입니다.

09. 임대차기간 등(제9조)

① 기간을 정하지 아니하거나 기간을 1년 미만으로 정한 임대차는 그 기간을 1년으로 본다. 다만, 임차인은 1년 미만으로 정한 기간이 유효함을 주장할 수 있다.

② 임대차가 종료한 경우에도 임차인이 보증금을 돌려받을 때까지는 임대차 관계는 존속하는 것으로 본다.

기간을 정하지 않거나 기간을 1년 미만으로 정한 임대차는 그 기간을 1년으로 본다고 규정하고 있으므로, 임대차계약을 체결하면서 임대차기간을 공란으로 비워 두거나 1년 미만으로 정했더라도 임대차기간은 상가임대차법 제9조 제1항에 따라 1년이 됩니다.

다만 이 경우에도 임차인은 1년 미만으로 정한 임대차기간이 자신에게 더 유리하다면 1
년 미만으로 정한 임대차기간이 유효하다고 주장할 수 있습니다.

임대차가 종료한 경우에도 임차인이 보증금을 돌려받을 때까지는 임대차 관계가 존
속하는 것으로 본다고 규정하고 있으므로, 임차인은 보증금을 전부 돌려받을 때까지 임
차상가건물을 명도하지 않아도 됩니다. 이는 임대차기간이 끝난 후에도 임차인이 보증
금을 반환받을 때까지는 임차인의 목적물에 대한 점유를 임대차기간이 끝나기 전과 마
찬가지 정도로 강하게 보호함으로써 임차인의 보증금반환채권을 실질적으로 보장하기
위한 것입니다. 따라서 상가임대차법에 따른 임대차에서 그 기간이 끝난 후 임차인이
보증금을 반환받기 위해 목적물을 점유하고 있는 경우 보증금반환채권에 대한 소멸시
효도 진행하지 않습니다(대법원 2020. 7. 9. 선고 2016다244224, 244231 판결 참조).

대항력 있는 상가건물임대차에 있어 기간만료 등으로 임대차가 종료된 상태에서 상
가건물이 양도되는 경우에도, 임차인이 보증금을 반환받을 때까지는 양수인에게 임대
차가 종료된 상태에서의 임대인으로서의 지위가 당연히 승계되고, 이 경우 임대차보증
금 반환채무도 상가건물의 소유권과 결합하여 양수인에게 이전됩니다(대법원 2002. 9.
4. 선고 2001다64615 판결 참조).

10. 계약갱신 요구 등(제10조)

① 임대인은 임차인이 임대차기간이 만료되기 6개월 전부터 1개월 전까지 사이에 계약갱신을
   요구할 경우 정당한 사유 없이 거절하지 못한다. 다만, 다음 각 호의 어느 하나의 경우에는
   그러하지 아니하다.
1. 임차인이 3기의 차임액에 해당하는 금액에 이르도록 차임을 연체한 사실이 있는 경우

2. 임차인이 거짓이나 그 밖의 부정한 방법으로 임차한 경우

3. 서로 합의하여 임대인이 임차인에게 상당한 보상을 제공한 경우

4. 임차인이 임대인의 동의 없이 목적 건물의 전부 또는 일부를 전대(轉貸)한 경우

5. 임차인이 임차한 건물의 전부 또는 일부를 고의나 중대한 과실로 파손한 경우

6. 임차한 건물의 전부 또는 일부가 멸실되어 임대차의 목적을 달성하지 못할 경우

7. 임대인이 다음 각 목의 어느 하나에 해당하는 사유로 목적 건물의 전부 또는 대부분을 철거하거나 재건축하기 위하여 목적 건물의 점유를 회복할 필요가 있는 경우

　　가. 임대차계약 체결 당시 공사시기 및 소요기간 등을 포함한 철거 또는 재건축 계획을 임차인에게 구체적으로 고지하고 그 계획에 따르는 경우

　　나. 건물이 노후 · 훼손 또는 일부 멸실되는 등 안전사고의 우려가 있는 경우

　　다. 다른 법령에 따라 철거 또는 재건축이 이루어지는 경우

8. 그 밖에 임차인이 임차인으로서의 의무를 현저히 위반하거나 임대차를 계속하기 어려운 중대한 사유가 있는 경우

② 임차인의 계약갱신요구권은 최초의 임대차기간을 포함한 전체 임대차기간이 10년을 초과하지 아니하는 범위에서만 행사할 수 있다.

③ 갱신되는 임대차는 전 임대차와 동일한 조건으로 다시 계약된 것으로 본다. 다만, 차임과 보증금은 제11조에 따른 범위에서 증감할 수 있다.

④ 임대인이 제1항의 기간 이내에 임차인에게 갱신 거절의 통지 또는 조건 변경의 통지를 하지 아니한 경우에는 그 기간이 만료된 때에 전 임대차와 동일한 조건으로 다시 임대차한 것으로 본다. 이 경우에 임대차의 존속기간은 1년으로 본다.

⑤ 제4항의 경우 임차인은 언제든지 임대인에게 계약해지의 통고를 할 수 있고, 임대인이 통고를 받은 날부터 3개월이 지나면 효력이 발생한다.

가. 계약갱신요구권

임차인은 임대차기간이 만료되기 6개월 전부터 1개월 전까지 사이에 계약갱신을 요구할 수 있고, 임대인은 정당한 사유 없이 이를 거절할 수 없습니다. 이러한 임차인의 계약갱신요구권은 최초의 임대차기간을 포함한 전체 임대차기간이 10년을 초과하지 않는 범위에서만 행사할 수 있습니다. 여기에서 '최초의 임대차기간'이란 당해 상가건물에 관하여 최초로 체결된 임대차계약의 기간을 의미하고, 개정 상가임대차법이 시행되는 2018. 10. 16.이후 처음으로 체결된 임대차 또는 2018. 10. 16. 이전에 체결되었지만 2018. 10. 16. 이후 그 이전에 인정되던 계약 갱신 사유에 따라 갱신되는 임대차부터 10년간 상가임대차의 존속기간을 보장받을 수 있습니다. 다만, 임차인이 임대인과 신규 임대차계약을 체결한 것이 아니라 종전 임차인으로부터 임차권을 양도받아 임차인의 지위를 승계하는 경우에는 종전 임차인의 기존 임대차기간을 포함하여 10년간 상가임대차의 존속기간을 보장받게 됩니다.

갱신되는 임대차는 전 임대차와 동일한 조건으로 다시 계약된 것으로 봅니다. 다만, 차임과 보증금은 상가임대차법 제11조에 따른 범위에서 증감할 수 있는데, 증액청구는 청구 당시의 차임 또는 보증금의 5%의 금액을 초과할 수 없습니다.

나. 묵시적갱신

임대차기간이 만료되기 6개월 전부터 1개월 전까지 사이의 기간 이내에 임대인이 임차인에게 갱신 거절의 통지 또는 조건 변경의 통지를 하지 않은 경우에는 그 기간이 만료된 때에 전 임대차와 동일한 조건으로 다시 임대차가 갱신된 것으로 봅니다. 이 경우에 임대차의 존속기간은 1년으로 봅니다. 이처럼 임대차가 기간만료로 종료되려면 임대인이 갱신 거절의 통지 또는 조건 변경의 통지와 같은 적극적 조치를 취해야만 하는 것입니다. 이때 임대인은 1년 이내에 해지통고를 할 수 없으나, 임차인은 1년 이내에 언제든지 임대인에게 계약해지의 통고를 할 수 있고, 임대인이 통고를 받은 날부터 3개월이 지나면 임대차계약 해지의 효력이 발생합니다.

한편, 환산보증금을 초과하는 상가건물 임대차의 묵시적 갱신에는 상가임대차법이 아닌 민법이 적용되므로, 상가건물에 대한 임대차기간이 만료한 후 임차인이 그 상가건물의 사용, 수익을 계속하는 경우에 임대인이 상당한 기간 내에 이의를 제기하지 않으면 전 임대차와 동일한 조건으로 다시 임대차한 것으로 봅니다(민법 제639조 제1항). 그리고 이러한 민법에 따른 묵시적 갱신 이후 당사자는 언제든지 계약해지의 통고를 할 수 있고, 상대방이 계약해지의 통고를 받은 날로부터 임대인의 해지통고는 6개월, 임차인의 해지통고는 1개월이 지나면 임대차계약 해지의 효력이 생깁니다(민법 제635조 및 제639조 제1항 단서).

다. 계약갱신을 거절할 수 있는 정당한 사유

상가임대차법에서는 임대인이 임차인의 계약갱신 요구를 거절할 수 있는 정당한 사유를 아래 7가지로 규정하고 있습니다.

1. 임차인이 3기의 차임액에 해당하는 금액에 이르도록 차임을 연체한 사실이 있는 경우
2. 임차인이 거짓이나 그 밖의 부정한 방법으로 임차한 경우
3. 서로 합의하여 임대인이 임차인에게 상당한 보상을 제공한 경우
4. 임차인이 임대인의 동의 없이 목적 건물의 전부 또는 일부를 전대(轉貸)한 경우

5. 임차인이 임차한 건물의 전부 또는 일부를 고의나 중대한 과실로 파손한 경우

6. 임차한 건물의 전부 또는 일부가 멸실되어 임대차의 목적을 달성하지 못할 경우

7. 임대인이 다음 각 목의 어느 하나에 해당하는 사유로 목적 건물의 전부 또는 대부분을 철거하거나 재건축하기 위하여 목적 건물의 점유를 회복할 필요가 있는 경우

　가. 임대차계약 체결 당시 공사시기 및 소요기간 등을 포함한 철거 또는 재건축 계획을 임차인에게 구체적으로 고지하고 그 계획에 따르는 경우

　나. 건물이 노후·훼손 또는 일부 멸실되는 등 안전사고의 우려가 있는 경우

　다. 다른 법령에 따라 철거 또는 재건축이 이루어지는 경우

8. 그 밖에 임차인이 임차인으로서의 의무를 현저히 위반하거나 임대차를 계속하기 어려운 중대한 사유가 있는 경우

　상가임대차법 제10조의8은 임대인이 차임연체를 이유로 계약을 해지할 수 있는 요건을 '차임연체액이 3기의 차임액에 달하는 때'라고 규정하였습니다. 반면 임대인이 임대차기간 만료를 앞두고 임차인의 계약갱신 요구를 거부할 수 있는 사유에 관해서는 '3기의 차임액에 해당하는 금액에 이르도록 차임을 연체한 사실이 있는 경우'라고 문언을 달리하여 규정하고 있습니다(상가임대차법 제10조 제1항 제1호). 그 취지는, 임대차계약 관계는 당사자 사이의 신뢰를 기초로 하므로, 종전 임대차기간에 차임을 3기분에 달하도록 연체한 사실이 있는 경우에까지 임차인의 일방적 의사에 의하여 계약관계가 연장되는 것을 허용하지 않는다는 것입니다(대법원 2014. 7. 24. 선고 2012다58975 판결 참조).

　위 규정들의 문언과 취지에 비추어 보면, 임대차기간 중 어느 때라도 차임이 3기분에 달하도록 연체된 사실이 있다면 그 임차인과의 계약관계 연장을 받아들여야 할 만큼의

신뢰가 깨졌으므로 임대인은 계약갱신 요구를 거절할 수 있고, 반드시 임차인이 계약갱신요구권을 행사할 당시에 3기분에 이르는 차임이 연체되어 있어야 하는 것은 아닙니다(대법원 2021. 5. 13. 선고 2020다255429 판결 참조).

한편 종전에는 단지 임대인이 목적 건물의 전부 또는 대부분을 철거하거나 재건축하기 위하여 목적 건물의 점유를 회복할 필요가 있는 경우에 계약갱신을 거절할 수 있는 정당한 사유가 있는 것으로 인정되었으나, 현재는 구체적으로 ① 임대인이 임대차계약 체결 당시 공사시기 및 소요기간 등을 포함한 철거 또는 재건축 계획을 임차인에게 구체적으로 고지하고 그 계획에 따르는 경우, ② 건물이 노후·훼손 또는 일부 멸실되는 등 안전사고의 우려가 있는 경우, ③ 다른 법령에 따라 철거 또는 재건축이 이루어지는 경우에만 철거, 재건축을 위하여 계약갱신을 거절할 수 있는 것으로 규정하여 정당한 사유를 엄격히 제한하고 있습니다.

다른 법령에 따라 철거 또는 재건축이 이루어지는 경우에 관하여 대법원은 임대차 종료 시 이미 도시 및 주거환경정비법상 관리처분계획인가·고시가 이루어졌다면, 임대인이 관련 법령에 따라 건물 철거를 위해 건물 점유를 회복할 필요가 있어 상가임대차법 제10조 제1항 제7호 다목(다른 법령에 따라 철거 또는 재건축이 이루어지는 경우)에서 정한 계약갱신 거절사유가 있다고 판단하였습니다(대법원 2020. 11. 26. 선고 2019다249831 판결 참조).

Q 임대인과 임차인이 원만하게 합의로 갱신을 하여 임대차계약이 10년 넘게 존속되었습니다. 상가임대차법에 따르면 임차인의 계약갱신 요구는 최초의 임대차기간을 포함한 전체 임대차기간이 10년을 초과하지 않는 범위에서만 행사할 수 있으므로, 임대차계약이 10년 넘게 존속된 경우에는 묵시적갱신이 인정되지 않는 것인가요?

A 그렇지는 않습니다.

상가임대차법 제10조 제1항과 제4항의 각 임대차갱신제도는 그 취지와 내용을 서로 달리하는 것입니다. 따라서 임차인의 갱신요구권에 관하여 전체 임대차기간을 10년으로 제한하는 상가임대차법 제10조 제2항의 규정은 상가임대차법 제10조 제4항의 묵시적갱신에 대하여는 적용되지 않습니다(대법원 2010. 6. 10. 선고 2009다64307 판결 참조). 그러므로 임대차계약이 10년 넘게 존속되었더라도 임대차기간이 만료되기 6개월 전부터 1개월 전까지 사이에 임대인이 임차인에게 갱신 거절의 통지 또는 조건 변경의 통지를 하지 않으면 전 임대차와 동일한 조건으로 1년간 다시 임대차 계약이 갱신되는 것입니다.

Q 임차상가건물을 임대인 2명이 1/2씩 공유하고 있습니다. 상가임대차법 제10조 제4항에 의하면 임대차기간이 만료되기 6개월 전부터 1개월 전까지 사이에 임대인이 임차인에게 갱신 거절의 통지 또는 조건 변경의 통지를 하지 않으면 전 임대차와 동일한 조건으로 다시 임대차 계약이 갱신되는 것으로 보는데, 임대인 중 1명이 임차인에게 갱신 거절의 통지를 한 경우, 이러한 갱신거절의 의사표시가 유효하다고 볼 수 있는지요?

A 그렇지 않습니다.

공유자가 공유물을 타인에게 임대하는 행위 및 그 임대차계약을 해지하는 행위는 공유물의 관리행위에 해당하므로 민법 제265조 본문에 의하여 공유자의 지분의 과반수로써 결정하여야 하는 것입니다(대법원 1962. 4. 4. 선고 62다1 판결 등 참조). 상가임대차법이 적용되는 상가건물의 공유자인 임대인이 상가임대차법 제10조 제4항에 의하여 임차인에게 갱신 거절의 통지를 하는 행위는 실질적으로 임대차계약의 해지와 같이 공유물의 임대차를 종료시키는 것이므로, 공유물의 관리행위에 해당하고, 따라서 공유자의 지분의 과반수로써 결정하여야 하는 것입니다(대법원 2010. 9. 9. 선고 2010다37905 판결 참조). 따라서 임대인 중 1명이 임차상가건물의 1/2 지분권자에 불과하고, 이러한 임대인이 임차인에게 갱신 거절의 통지를 한 경우, 이러한 갱신거절의 의사표시는 유효하다고 볼 수 없는 것입니다.

Q 임대인이 먼저 상가임대차법 제10조 제4항에 따라 갱신거절 통지를 하였고, 그 다음에 임차인이 상가임대차법 제10조 제1항에 따라 계약갱신요구권을 행사하였습니다. 그렇다면 더 나중에 이루어진 임차인의 계약갱신요구권 행사는 효력이 없는 것인지요?

A 그렇지 않습니다.

상가임대차법 제10조 제1항에서 정하는 임차인의 계약갱신요구권은 임차인의 주도로 임대차계약의 갱신을 달성하려는 것인 반면 상가임대차법 제10조 제4항은 기간의 만료로 인한 임대차관계의 종료에 임대인의 적극적인 조치를 요구하는 것으로서 이들 두 법조항상의 각 임대차갱신제도는 취지와 내용을 서로 달리하는 것입니다. 따라서 상가임대차법 제10조 제4항에 따른 임대인의 갱신 거절의 통지에 정당한 사유가 없는 한 그와 같은 임대인의 갱신 거절의 통지의 선후와 관계없이 임차인은 상가임대차법 제10조 제1항에 따른 계약갱신요구권을 행사할 수 있고, 이러한 임차인의 계약갱신요구권의 행사로 인하여 종전 임대차는 상가임대차법 제10조 제3항에 따라 갱신되는 것입니다(대법원 2014. 4. 30. 선고 2013다35115 판결 참조).

Q 임차인이 상가임대차법 제10조 제1항에 따라 계약갱신요구권을 행사하였고, 그 후 임대인과 임대차갱신계약서를 쓰지 않고, 대신 새로 임대차계약서를 썼습니

다. 그렇다면 임차인의 계약갱신요구권 행사는 효력이 없어지는 것인지요?

A 그렇지는 않습니다.

판례는 계약의 형식보다는 실질을 중요하게 보고 있습니다. 따라서 임차인이 계약갱신요구권을 행사한 이후 임차인과 임대인이 종전 임대차기간이 만료할 무렵 신규 임대차계약의 형식을 취한 경우에도 그것이 임차인의 계약갱신요구권 행사에 따른 갱신의 실질을 갖는다고 평가되는 한 이를 두고 종전 임대차에 관한 재계약으로 볼 것은 아닙니다(대법원 2014. 4. 30. 선고 2013다35115 판결 참조). 따라서 사안의 경우 여전히 임차인의 계약갱신요구권 행사는 효력이 있는 것입니다.

Q 도시정비법상 사업시행인가·고시가 이루어졌다면, 관리처분계획인가·고시가 이루어지기 전이라도 임대인이 관련 법령에 따라 건물 철거를 위해 건물 점유를 회복할 필요가 있어 임대차계약의 갱신을 거절할 수 있는지요?

A 그렇지는 않습니다.

도시정비법상 사업시행인가·고시가 있는 때부터 관리처분계획인가·고시가 이루어질 때까지는 일정한 기간의 정함이 없고 정비구역 내 건물을 사용·수익하는 데 별다른 법률적 제한이 없습니다. 따라서 정비사업의 진행 경과에 비추어 임대차 종료 시 단기간 내에 관리처분계획인가·고시가 이루어질 것이 객관적으로 예상되는 등의 특별한 사정이 없는 한, 도시정비법에 따른 사업시행인가·고시가 이루어졌다는 사정만으로는 임대인이 건물 철거 등을 위하여 건물의 점유를 회복할 필요가 있다고 할 수 없어 상가임대차법 제10조 제1항 제7호 다목에서 정한 계약갱신 거절사유가 있다고 할 수 없는 것입니다(대법원 2020. 11. 26. 선고 2019다249831 판결 참조).

[대법원 2014. 7. 24. 선고 2012다58975 판결]

상가건물 임대차보호법 제10조 제1항은 "임대인은 임차인이 임대차기간이 만료되기 6개월 전부터 1개월 전까지 사이에 계약갱신을 요구할 경우 정당한 사유 없이 거절하지 못한다. 다만 다음 각 호의 어느 하나의 경우에는 그러하지 아니하다." 고 규정하면서, 예외 사유의 하나로 제1호에서 '임차인이 3기의 차임액에 해당하는 금액에 이르도록 차임을 연체한 사실이 있는 경우'를 들고 있다. 위 규정의 취지는 상가건물의 임차인에게 계약갱신요구권을 부여하여 권리금이나 시설투자비용을 회수할 수 있도록 임차권의 존속을 보장하되, 임차인이 종전 임대차의 존속 중에 3기의 차임액에 해당하는 금액에 이르도록 차임을 연체한 사실이 있는 경우에는 당사자 사이의 신뢰를 기초로 하는 임대차계약관계를 더 이상 유지하기 어려우므로, 임대인이 임차인의 갱신요구를 거절할 수 있도록 함으로써 그러한 경우에까지 임차인의 일방적 의사에 의하여 계약관계가 연장되는 것을 허용하지 아니한다는 것이다.

[대법원 2010. 6. 10. 선고 2009다64307 판결]

구 상가건물 임대차보호법(2009. 1. 30. 법률 제9361호로 개정되기 전의 것) 제10조 제1항에서 정하는 임차인의 계약갱신요구권은 임차인이 임대차기간이 만료되기 6개월 전부터 1개월 전까지 사이에 계약의 갱신을 요구하면 그 단서에서 정하는 사유가 없는 한 임대인이 그 갱신을 거절할 수 없는 것을 내용으로 하여서 임차인의 주도로 임대차계약의 갱신을 달성하려는 것이다. 이에 비하여 같은 조 제4항은 임대인이 위와 같은 기간 내에 갱신거절의 통지 또는 조건변경의 통지를 하지 아니하면 임대차기간이 만료된 때에 임대차의 갱신을 의제하는 것으로서, 기간의 만료로 인한 임대차관계의 종료에 임대인의 적극적인 조치를 요구한다. 이와 같이 이들 두 법조항상의 각 임대차갱신제도는 그 취지와 내용을 서로 달리하는 것이므로, 임차인의 갱신요구권에 관하여 전체 임대차기간을 5년으로 제한하는 같은 조 제2항의 규정은 같은 조 제4항에서 정하는 법정갱신에 대하여는 적용되지 아니한다.

[대법원 2010. 9. 9. 선고 2010다37905 판결]

공유자가 공유물을 타인에게 임대하는 행위 및 그 임대차계약을 해지하는 행위는 공유물의 관

리행위에 해당하므로 민법 제265조 본문에 의하여 공유자의 지분의 과반수로써 결정하여야
한다. 상가건물 임대차보호법이 적용되는 상가건물의 공유자인 임대인이 같은 법 제10조 제
4항에 의하여 임차인에게 갱신 거절의 통지를 하는 행위는 실질적으로 임대차계약의 해지와
같이 공유물의 임대차를 종료시키는 것이므로 공유물의 관리행위에 해당하여 공유자의 지분
의 과반수로써 결정하여야 한다.

[대법원 2014. 4. 30. 선고 2013다35115 판결]

[1] 임차인의 계약갱신요구권에 관한 구 상가건물 임대차보호법(2009. 1. 30. 법률 제9361
호로 개정되기 전의 것, 이하 '법'이라 한다) 제10조 제1항 내지 제3항과 임대인의 갱신
거절의 통지에 관한 법 제10조 제4항의 문언 및 체계와 아울러, 법 제10조 제1항에서 정
하는 임차인의 계약갱신요구권은 임차인의 주도로 임대차계약의 갱신을 달성하려는 것인
반면 법 제10조 제4항은 기간의 만료로 인한 임대차관계의 종료에 임대인의 적극적인 조
치를 요구하는 것으로서 이들 두 법조항상의 각 임대차갱신제도는 취지와 내용을 서로 달
리하는 것인 점 등을 종합하면, 법 제10조 제4항에 따른 임대인의 갱신 거절의 통지에 법
제10조 제1항 제1호 내지 제8호에서 정한 정당한 사유가 없는 한 그와 같은 임대인의 갱
신 거절의 통지의 선후와 관계없이 임차인은 법 제10조 제1항에 따른 계약갱신요구권을
행사할 수 있고, 이러한 임차인의 계약갱신요구권의 행사로 인하여 종전 임대차는 법 제
10조 제3항에 따라 갱신된다.

[2] 임차인이 계약갱신요구권을 행사한 이후 임차인과 임대인이 종전 임대차기간이 만료할 무렵
신규 임대차계약의 형식을 취한 경우에도 그것이 임차인의 계약갱신요구권 행사에 따른 갱신
의 실질을 갖는다고 평가되는 한 이를 두고 종전 임대차에 관한 재계약으로 볼 것은 아니다.

[대법원 2020. 11. 26. 선고 2019다249831 판결]

구 도시 및 주거환경정비법(2017. 2. 8. 법률 제14567호로 전부 개정되기 전의 것, 이하
'구 도시정비법'이라 한다)에 따라 정비사업이 시행되는 경우 관리처분계획인가·고시가 이루
어지면 종전 건축물의 소유자나 임차권자는 그때부터 이전고시가 있는 날까지 이를 사용·수

익할 수 없고(구 도시정비법 제49조 제6항), 사업시행자는 소유자, 임차권자 등을 상대로 부동산의 인도를 구할 수 있다. 이에 따라 임대인은 원활한 정비사업 시행을 위하여 정해진 이주기간 내에 세입자를 건물에서 퇴거시킬 의무가 있다. 따라서 임대차 종료 시 이미 구 도시정비법상 관리처분계획인가·고시가 이루어졌다면, 임대인이 관련 법령에 따라 건물 철거를 위해 건물 점유를 회복할 필요가 있어 구 상가건물 임대차보호법(2018. 10. 16. 법률 제15791호로 개정되기 전의 것, 이하 '구 상가임대차법'이라 한다)제10조 제1항 제7호 (다)목에서 정한 계약갱신 거절사유가 있다고 할 수 있다. 그러나 구 도시정비법상 사업시행인가·고시가 있는 때부터 관리처분계획인가·고시가 이루어질 때까지는 일정한 기간의 정함이 없고 정비구역 내 건물을 사용·수익하는 데 별다른 법률적 제한이 없다. 이러한 점에 비추어 보면, 정비사업의 진행 경과에 비추어 임대차 종료 시 단기간 내에 관리처분계획인가·고시가 이루어질 것이 객관적으로 예상되는 등의 특별한 사정이 없는 한, 구 도시정비법에 따른 사업시행인가·고시가 이루어졌다는 사정만으로는 임대인이 건물 철거 등을 위하여 건물의 점유를 회복할 필요가 있다고 할 수 없어 구 상가임대차법 제10조 제1항 제7호 (다)목에서 정한 계약갱신 거절사유가 있다고 할 수 없다. 이와 같이 임대차 종료 시 관리처분계획인가·고시가 이루어졌거나 이루어질 것이 객관적으로 예상되는 등으로 구 상가임대차법 제10조 제1항 제7호 (다)목의 사유가 존재한다는 점에 대한 증명책임은 임대인에게 있다.

11. 계약갱신의 특례(제10조의2)

제2조제1항 단서에 따른 보증금액을 초과하는 임대차의 계약갱신의 경우에는 당사자는 상가건물에 관한 조세, 공과금, 주변 상가건물의 차임 및 보증금, 그 밖의 부담이나 경제사정의 변동 등을 고려하여 차임과 보증금의 증감을 청구할 수 있다.

2013. 8. 13. 상가임대차법 개정으로 환산보증금을 초과하는 상가건물 임대차에 대하

여도 계약갱신요구권을 인정하면서, 대신 그 계약갱신 시 상가건물에 관한 조세, 공과금, 주변 상가건물의 차임 및 보증금, 그 밖의 부담이나 경제사정을 고려하여 차임과 보증금 증감을 청구할 수 있도록 하였습니다.

12. 권리금의 정의 등(제10조의3)

① 권리금이란 임대차 목적물인 상가건물에서 영업을 하는 자 또는 영업을 하려는 자가 영업시설·비품, 거래처, 신용, 영업상의 노하우, 상가건물의 위치에 따른 영업상의 이점 등 유형·무형의 재산적 가치의 양도 또는 이용대가로서 임대인, 임차인에게 보증금과 차임 이외에 지급하는 금전 등의 대가를 말한다.

② 권리금 계약이란 신규임차인이 되려는 자가 임차인에게 권리금을 지급하기로 하는 계약을 말한다.

권리금이란 상가건물에서 영업을 하는 자 또는 영업을 하려는 자가 영업시설·비품, 거래처, 신용, 영업상의 노하우, 상가건물의 위치에 따른 영업상의 이점 등 유형·무형의 재산적 가치의 양도 또는 이용대가로서 임대인, 임차인에게 보증금과 차임 이외에 지급하는 금전 등의 대가를 말합니다. 일반적으로 영업시설, 비품에 대한 대가인 시설권리금, 거래처, 신용, 영업상의 노하우 등 상가건물의 무형적 재산 가치에 대한 대가인 영업권리금, 상가건물의 위치, 상권 등의 영업상의 이점으로 인해 형성되는 바닥권리금으로 구분되고 있습니다.

13. 권리금 회수기회 보호 등(제10조의4)

① 임대인은 임대차기간이 끝나기 6개월 전부터 임대차 종료 시까지 다음 각 호의 어느 하나에 해당하는 행위를 함으로써 권리금 계약에 따라 임차인이 주선한 신규임차인이 되려는 자로부터 권리금을 지급받는 것을 방해하여서는 아니 된다. 다만, 제10조제1항 각 호의 어느 하나에 해당하는 사유가 있는 경우에는 그러하지 아니하다.

1. 임차인이 주선한 신규임차인이 되려는 자에게 권리금을 요구하거나 임차인이 주선한 신규임차인이 되려는 자로부터 권리금을 수수하는 행위

2. 임차인이 주선한 신규임차인이 되려는 자로 하여금 임차인에게 권리금을 지급하지 못하게 하는 행위

3. 임차인이 주선한 신규임차인이 되려는 자에게 상가건물에 관한 조세, 공과금, 주변 상가건물의 차임 및 보증금, 그 밖의 부담에 따른 금액에 비추어 현저히 고액의 차임과 보증금을 요구하는 행위

4. 그 밖에 정당한 사유 없이 임대인이 임차인이 주선한 신규임차인이 되려는 자와 임대차계약의 체결을 거절하는 행위

② 다음 각 호의 어느 하나에 해당하는 경우에는 제1항제4호의 정당한 사유가 있는 것으로 본다.

1. 임차인이 주선한 신규임차인이 되려는 자가 보증금 또는 차임을 지급할 자력이 없는 경우

2. 임차인이 주선한 신규임차인이 되려는 자가 임차인으로서의 의무를 위반할 우려가 있거나 그 밖에 임대차를 유지하기 어려운 상당한 사유가 있는 경우

3. 임대차 목적물인 상가건물을 1년 6개월 이상 영리목적으로 사용하지 아니한 경우

4. 임대인이 선택한 신규임차인이 임차인과 권리금 계약을 체결하고 그 권리금을 지급한 경우

③ 임대인이 제1항을 위반하여 임차인에게 손해를 발생하게 한 때에는 그 손해를 배상할 책임이 있다. 이 경우 그 손해배상액은 신규임차인이 임차인에게 지급하기로 한 권리금과 임대차 종료 당시의 권리금 중 낮은 금액을 넘지 못한다.

④ 제3항에 따라 임대인에게 손해배상을 청구할 권리는 임대차가 종료한 날부터 3년 이내에 행사하지 아니하면 시효의 완성으로 소멸한다.

⑤ 임차인은 임대인에게 임차인이 주선한 신규임차인이 되려는 자의 보증금 및 차임을 지급할 자력 또는 그 밖에 임차인으로서의 의무를 이행할 의사 및 능력에 관하여 자신이 알고 있는 정보를 제공하여야 한다.

상가임대차법은 사업자등록의 대상이 되는 상가건물의 임대차에 대하여 적용되기 때문에 사업자등록의 대상이 되지 않는 상가건물의 임대차의 경우에는 권리금 계약을 체결했다고 하더라도 상가임대차법상 권리금 보호규정이 적용되지 않습니다. 예를 들어 아파트단지 내 어린이집 같은 경우에는 사업자등록의 대상이 아니기 때문에 권리금 계약을 체결했다고 하더라도 상가임대차법상 권리금 보호규정이 적용되지 않는 것입니다.

권리금은 임차인이 새로운 임차인으로부터 지급받을 수 있을 뿐이고, 권리금의 지급이 임대차계약의 내용을 이루는 것은 아니기 때문에 원칙적으로 임대인은 임차인에게 권리금의 반환의무를 부담하지 않습니다. 그리고 현재 상가임대차법에서도 이러한 원칙에는 변함이 없습니다. 다만 상가임대차법은 임차인이 주선한 신규임차인이 되려는 자로부터 권리금을 지급받는 것을 임대인이 방해하는 경우, 임대인으로 하여금 그로 인한 손해를 배상하도록 하고 있으며, 정당한 사유 없이 임대인이 임차인이 주선한 신규임차인이 되려는 자와 임대차계약의 체결을 거절할 수 없도록 규정하고 있습니다.

Q 임대차계약서에 '모든 권리금을 인정함.'이라고 기재되어 있는 경우, 임대인이 임대차 종료 시 임차인에게 권리금을 반환하겠다고 약정한 것으로 볼 수 있는지요?

A 그렇지는 않습니다.

통상 권리금은 임차인이 새로운 임차인으로부터만 지급받을 수 있을 뿐이고 임대인에 대하여는 지급을 구할 수 없는 것이므로 임대인이 임대차계약서에 '모든 권리금을 인정함.'이라는 기재를 했다고 하더라도 이를 임대차 종료 시 임차인에게 권리금을 반환하겠다고 약정하였다고 볼 수는 없고, 단지 임차인이 나중에 임차권을 승계한 사람으로부터 권리금을 수수하는 것을 임대인이 용인하고, 나아가 임대인이 정당한 사유 없이 명도를 요구하거나 점포에 대한 임대차계약의 갱신을 거절하고 다른 사람에게 처분하면서 권리금을 지급받지 못하도록 하는 등으로 임차인의 권리금 회수 기회를 박탈하거나 권리금 회수를 방해하는 경우에 임대인이 임차인에게 직접 권리금 지급을 책임지겠다는 취지로 해석해야 할 것입니다(대법원 2000. 4. 11. 선고 2000다4517, 4524 판결 참조).

Q 임대인이 권리금 반환의무를 부담하는 경우는 없는 것인지요?

A 그렇지는 않습니다.

권리금이 일정한 기간 이상으로 임대차를 존속시키기로 하는 임차권 보장의 약정하에 임차인으로부터 임대인에게 지급된 경우에는 보장기간 동안의 이용이 유효하게 이루어지면 임대인은 권리금의 반환의무를 지지 않습니다만, 반면에 임대인의 사정으로 임대차계약이 중도 해지됨으로써 당초 보장된 기간 동안의 이용이 불가능해졌다는 등의 특별한 사정이 있는 때에는 임대인이 임차인에 대하여 그 잔여기간에 해당하는 권리금의 반환의무를 지게 됩니다(대법원 2012. 10. 25. 선고 2012다58593 판결 참조).

상가임대차법 제10조의4 제1항에서는 아래 4가지 행위를 임대인의 권리금 회수 방해 행위로 규정하고 이를 금지하여 임차인의 권리금 회수기회를 보호하고 있습니다.

1. 임차인이 주선한 신규임차인이 되려는 자에게 권리금을 요구하거나 임차인이 주선한 신규임차인이 되려는 자로부터 권리금을 수수하는 행위

2. 임차인이 주선한 신규임차인이 되려는 자로 하여금 임차인에게 권리금을 지급하지 못하게 하는 행위

3. 임차인이 주선한 신규임차인이 되려는 자에게 상가건물에 관한 조세, 공과금, 주변 상가건물의 차임 및 보증금, 그 밖의 부담에 따른 금액에 비추어 현저히 고액의 차임과 보증금을 요구하는 행위

4. 그 밖에 정당한 사유 없이 임대인이 임차인이 주선한 신규임차인이 되려는 자와 임대차계약의 체결을 거절하는 행위

그러나 상가임대차법 제10조의4 제1항 단서에 따르면, 상가임대차법 제10조(계약갱신 요구 등) 제1항에 해당하는 사유가 있는 경우에는 위와 같은 권리금 회수기회 보호 규정이 적용되지 않습니다. ▶ p. 54

Q 임차인이 임대차계약 종료 전에 2기의 차임을 연체하였을 뿐만 아니라 임대차계약 종료 후 임차상가건물을 계속 사용·수익함에 따라 발생한 차임 상당 부당이득금을 지급하지 않은 경우에도 권리금 회수기회 보호 규정이 적용되는지요?

A 네 적용됩니다.

상가임대차법 제10조 제1항은 "임대인은 임차인이 임대차기간이 만료되기 6개월 전부터 1개월 전까지 사이에 계약갱신을 요구할 경우 정당한 사유 없이 거절하지 못한다. 다만 다음 각 호의 어느 하나의 경우에는 그러하지 아니하다."고 규정하면서, 예외 사유의 하나로 제1호에서 '임차인이 3기의 차임액에 해당하는 금액에 이르도록 차임을 연체

한 사실이 있는 경우'를 들고 있습니다. 이 규정의 취지는 상가건물의 임차인에게 계약갱신요구권을 부여하여 권리금이나 시설투자비용을 회수할 수 있도록 임차권의 존속을 보장하되, 임차인이 종전 임대차의 존속 중에 3기의 차임액에 해당하는 금액에 이르도록 차임을 연체한 사실이 있는 경우에는 당사자 사이의 신뢰를 기초로 하는 임대차계약관계를 더 이상 유지하기 어려우므로, 임대인이 임차인의 갱신요구를 거절할 수 있도록 함으로써 그러한 경우에까지 임차인의 일방적 의사에 의하여 계약관계가 연장되는 것을 허용하지 않는다는 것입니다(대법원 2014. 7. 24. 선고 2012다58975 판결 참조).

상가임대차법 제10조의4 제1항에서 권리금 지급을 거절할 수 있는 사유로 제10조 제1항 제1호를 규정해 둔 것 역시 임차인이 3기 이상의 차임을 연체하여 먼저 신뢰를 깨버린 경우라면, 당사자 사이의 신뢰를 기초로 한 임대차계약관계를 유지할 수 없는 것이기에 임대인으로서는 임차인에게 반드시 권리금을 회수할 기회를 제공할 의무는 없다는 취지로 해석하는 것이 타당하다고 할 것입니다(대구고등법원 2018나21150, 21167 판결 참조).

그러나 임차인이 임대차계약 종료 전에 2기의 차임을 연체한 것에 더하여 임대차계약 종료 후 차임 상당 부당이득금을 추가로 연체한 것이라면, 이는 결국 임대차기간 존속 중에는 3기 이상의 차임을 연체한 적이 없는 것이므로, 권리금 회수기회 보호 규정이 적용된다고 할 것입니다.

Q 최초의 임대차기간을 포함한 전체 임대차기간이 10년을 초과하여 임차인이 계약갱신요구권을 행사할 수 없는 경우에도 임대인이 상가임대차법 제10조의4 제1항에 따른 권리금 회수기회 보호의무를 부담하는지요?

A 네 그렇습니다.

상가임대차법 제10조의4의 문언과 내용, 입법 취지에 비추어 보면, 상가임대차법 제10조 제2항에 따라 최초의 임대차기간을 포함한 전체 임대차기간이 10년을 초과하여 임차인이 계약갱신요구권을 행사할 수 없는 경우에도 임대인은 상가임대차법 제10조의4 제1항에 따른 권리금 회수기회 보호의무를 부담한다고 보아야 합니다.

대법원도 임차인이 임대인과 상가 임대차계약을 체결한 다음 상가를 인도받아 음식점을 운영하면서 2회에 걸쳐 계약을 갱신하였고, 최종 임대차기간이 만료되기 전 신규임차인과 권리금 계약을 체결한 후 임대인에게 신규임차인과 새로운 임대차계약을 체결하여 줄 것을 요청하였으나, 임대인이 노후화된 건물을 재건축하거나 대수선할 계획을 가지고 있다는 등의 이유로 신규임차인과의 임대차계약 체결에 응하지 않은 사안에서, 임차인이 구 상가임대차법(2018. 10. 16. 법률 제15791호로 개정되기 전의 것) 제10조의4 제1항에 따라 임대차기간이 끝나기 3개월 전부터 임대차 종료 시까지 신규임차인을 주선하였으므로, 임대인은 정당한 사유 없이 신규임차인과 임대차계약 체결을 거절해서는 안 되고, 이는 임차인과 임대인 사이의 전체 임대차기간이 5년을 지난 경우에도 마찬가지인데도, 임차인이 신규임차인과 권리금 계약을 체결할 당시 더 이상 임대차계약의 갱신을 요구할 수 없었던 상황이었으므로 임대인이 권리금 회수기회 보호의무를 부담하지 않는다고 본 원심판단에 법리오해의 잘못이 있다고 한 사례가 있습니다(대법원 2019. 5. 16. 선고 2017다225312, 225329 판결 참조).

임대인이 권리금 회수기회 보호의무를 위반하여 임차인에게 손해를 발생하게 한 때에는 그 손해를 배상할 책임이 있는데, 임차인이 이러한 임대인의 권리금 회수 방해행위로 인한 손해배상청구를 하기 위해서는 상가임대차법에서 규정하고 있는 손해배상청구를 위한 요건을 갖추어야 합니다. 따라서 임대인의 권리금 회수 방해행위가 임대차기간이 끝나기 6개월 전부터 임대차 종료 시까지 사이에 있어야 하고, 임차인은 원칙적으로 이 기간 내에 구체적인 인적사항을 제시하면서 신규임차인이 되려는 사람을 임대인에게 주선했어야 합니다. 이 기간 이후에는 임차인이 주선한 신규임차인이 되려는 자와 임대차계약의 체결을 임대인이 거절하더라도 임차인은 손해배상청구를 할 수 없는 것입니다.

다만, 임대인의 권리금 회수 방해행위가 인정되기 위하여 반드시 임차인과 신규임차인이 되려는 사람 사이에 권리금 계약이 미리 체결되어 있어야 하는 것은 아니고, 임대인이 정당한 사유 없이 임차인이 신규임차인이 되려는 사람을 주선하더라도 그와 임대차계약을 체결하지 않겠다는 의사를 확정적으로 표시하였다면 임차인이 실제로 신규임차인을 주선하지 않았더라도 임대인의 위와 같은 거절행위는 상가임대차법 제10조의4 제1항 제4호에서 정한 거절행위(그 밖에 정당한 사유 없이 임대인이 임차인이 주선한 신규임차인이 되려는 자와 임대차계약의 체결을 거절하는 행위)에 해당하고, 임차인은 같은 조 제3항에 따라 임대인에게 권리금 회수 방해로 인한 손해배상을 청구할 수 있습니다(대법원 2019. 7. 4. 선고 2018다284226 판결 참조).

임대인이 권리금 회수기회 보호의무를 위반하여 임차인에게 손해를 발생하게 한 경우 그 손해배상액은 신규임차인이 임차인에게 지급하기로 한 권리금과 임대차 종료 당시의 권리금 중 낮은 금액을 넘지 못합니다. 통상 임대인의 권리금 회수 방해행위로 인한 손해배상 소송에서는 권리금 계약서에 기재된 권리금액이 신규임차인이 임차인에게 지급하기로 한 권리금이 되고, 임대차 종료 당시의 권리금은 법원이 선정한 감정인의 권리금 감정을 통하여 정해지게 됩니다.

또한 임대인의 권리금 회수 방해행위로 인한 손해배상청구권은 임대차가 종료한 날부터 3년 이내에 행사하지 않으면 시효의 완성으로 소멸하므로, 시효가 완성되기 전에 적절한 권리행사를 할 필요가 있습니다.

Q 임대인이 임차상가건물을 더 이상 임대하지 않고 자신이 직접 사용하겠다고 합니다. 이런 경우에도 신규임차인을 주선해야 권리금 회수 방해로 인한 손해배상을 청구할 수 있는 것인지요?

A 그렇지는 않습니다.

상가임대차법의 입법취지에 비추어 보면 임차인이 임대인에게 권리금 회수 방해로 인한 손해배상을 청구하기 위해서는 원칙적으로 임차인이 신규임차인이 되려는 사람을 주선했어야 합니다. 그러나 임대인이 정당한 사유 없이 임차인이 신규임차인이 되려는 사람을 주선하더라도 그와 임대차계약을 체결하지 않겠다는 의사를 확정적으로 표시했다면 이런 경우까지 임차인에게 신규임차인을 주선하도록 요구하는 것은 불필요한 행위를 강요하는 결과가 되어 부당한 것입니다. 따라서 이런 경우에는 임차인이 실제로 신규임차인을 주선하지 않았다고 하더라도 임대인에게 권리금 회수 방해로 인한 손해배상 청구를 할 수 있습니다(대법원 2019. 7. 4. 선고 2018다284226 판결 참조). 또한 임대인이 스스로 영업할 계획이라는 이유만으로 임차인이 주선한 신규 임차인이 되려는 자와 임대차계약의 체결을 거절한 것에는 상가임대차법 제10조의4 제1항 제4호에서 정한 정당한 사유가 있다고 볼 수 없습니다(대법원 2019. 5. 30. 선고 2018다261124, 261131 판결 등 참조).

임대인은 정당한 사유가 있다면 임차인이 주선한 신규임차인이 되려는 사람과 임대차계약의 체결을 거절할 수 있는데, 상가임대차법에서는 아래 4가지 경우에 정당한 사유가 있는 것으로 보고 있습니다.

1. 임차인이 주선한 신규임차인이 되려는 자가 보증금 또는 차임을 지급할 자력이 없는 경우

2. 임차인이 주선한 신규임차인이 되려는 자가 임차인으로서의 의무를 위반할 우려가 있거나 그 밖에 임대차를 유지하기 어려운 상당한 사유가 있는 경우
3. 임대차 목적물인 상가건물을 1년 6개월 이상 영리목적으로 사용하지 아니한 경우
4. 임대인이 선택한 신규임차인이 임차인과 권리금 계약을 체결하고 그 권리금을 지급한 경우

이 중 제3호에서 정하는 '임대차 목적물인 상가건물을 1년 6개월 이상 영리목적으로 사용하지 아니한 경우'는 임대인이 임대차 종료 후 임대차 목적물인 상가건물을 1년 6개월 이상 영리목적으로 사용하지 않는 경우를 말하고, 위 조항에 따른 정당한 사유가 있다고 하기 위해서는 임대인이 임대차 종료 시 그러한 사유를 들어 임차인이 주선한 사람과 신규 임대차계약 체결을 거절하고, 실제로도 1년 6개월 동안 상가건물을 영리목적으로 사용하지 않아야 합니다(대법원 2022. 1. 14. 선고 2021다272346 판결 참조). 그렇지 않고 임대인이 다른 사유로 신규 임대차계약 체결을 거절한 후 사후적으로 1년 6개월 동안 상가건물을 영리목적으로 사용하지 않았다는 사정만으로는 위 조항에 따른 정당한 사유로 인정할 수 없는 것입니다(대법원 2021. 11. 25. 선고 2019다285257 판결 참조).

Q 임대인이 임차상가건물에서 자신이 직접 영업을 하기 위해서 임차상가건물을 1년 6개월 이상 비워 놓는다면 임차인이 주선한 신규임차인과 임대차계약 체결을 거절할 수 있을까요?

A 네 가능합니다.
상가임대차법은 임차인의 노력으로 상권이 활성화되면 임대인이 임차상가건물에서

직접 영업을 하여 영업가치를 가로채거나 임대인이 직접 영업을 한다고 하면서 임차인을 내쫓고 자신이 다른 임차인을 구하여 권리금을 받는 것을 막기 위해서 임대인이 임대차 목적물인 상가건물을 1년 6개월 이상 영리목적으로 사용하지 아니한 경우에 임차인이 주선한 신규임차인과 임대차계약 체결을 거절할 수 있도록 규정하였습니다(상가임대차법 제10조의4 제2항 제3호). 따라서 임대인이 임대차 종료 후 임차상가건물을 1년 6개월 이상 비워 놓는다면 임차인이 주선한 신규임차인과 임대차계약 체결을 거절하고, 1년 6개월 이후 자신이 직접 임차상가건물에서 영업을 할 수 있을 것입니다. 그러나 임대인이 임차상가건물을 1년 6개월 이상 비워 놓는다고 하면서 임차인이 주선한 신규임차인과 임대차계약 체결을 거절하고, 1년 6개월 내에 임차상가건물을 영리목적으로 사용하는 경우에는 권리금 회수 방해행위에 해당하여 임차인에게 손해배상을 하게 될 수 있습니다.

Q 임대인이 임대차가 종료할 당시 임대차 목적물인 상가건물을 1년 6개월 이상 영리목적으로 사용하지 않는다는 사유로 임차인이 주선한 사람과 신규 임대차계약 체결을 거절했습니다. 그런데 1년 6개월이 되기 전에 상가건물의 소유권이 변동되었다면 이러한 임대인의 신규 임대차계약 체결 거절에 정당한 사유가 있다고 할 수 있을까요?

A 그럴 수 있습니다.

종전 소유자인 임대인이 임대차 종료 후 상가건물을 영리목적으로 사용하지 않은 기간이 1년 6개월에 미치지 못하는 사이에 상가건물의 소유권이 변동되었더라도, 임대인이 상가건물을 영리목적으로 사용하지 않는 상태가 새로운 소유자의 소유기간에도 계속하여 그대로 유지될 것을 전제로 처분하고, 실제 새로운 소유자가 그 기간 중에 상가건물을 영리목적으로 사용하지 않으며, 임대인과 새로운 소유자의 비영리 사용기간을 합쳐서 1년 6개월 이상이 되는 경우라면, 임대인에게 임차인의 권리금을 가로챌 의도가 있었다고 보기 어려우므로, 그러한 임대인에 대해서는 정당한 사유를 인정할 수 있습니다(대법원 2022. 1. 14. 선고 2021다272346 판결 참조).

Q 임차인이 신규임차인이 되려는 사람과 2억 원의 권리금 계약을 체결하고, 임대인에게 신규임차인을 주선하였는데, 임대인이 정당한 사유 없이 임차인이 주선한 신규임차인과 임대차계약 체결을 거절하는 경우 임차인은 임대인으로부터 2억 원을 손해배상으로 지급받을 수 있을까요?

A 그렇지는 않습니다.

상가임대차법에서는 손해배상액이 신규임차인이 임차인에게 지급하기로 한 권리금과 임대차 종료 당시의 권리금 중 낮은 금액을 넘지 못한다고 규정하고 있습니다(상가임대차법 제10조의4 제3항). 따라서 임차인이 신규임차인이 되려는 사람과 권리금 계약에서 약정한 2억 원과 임대차 종료 당시 객관적으로 형성되어 있는 권리금 중 낮은 금액이 손해배상액의 상한이 되는 것입니다. 그리고 임대차 종료 당시 객관적으로 형성되어 있는 권리금은 결국 손해배상청구 소송에서 법원이 지정하는 감정인의 감정을 통해 결정됩니다.

Q 임차인이 신규임차인이 되려는 사람과 권리금 계약을 체결한 사실이 있어야만 임대차 종료 시 권리금 보호를 받을 수 있는 것인가요?

A 그렇지는 않습니다.

상가임대차법 제10조의3, 제10조의4의 문언과 내용, 입법 취지 등을 종합하면, 임차인이 구체적인 인적사항을 제시하면서 신규임차인이 되려는 사람을 임대인에게 주선하였는데, 임대인이 권리금 회수 방해 행위를 한 때에는 임대인은 임차인이 입은 손해를 배상할 책임이 있고, 이때 권리금 회수 방해를 인정하기 위해서 반드시 임차인과 신규임차인이 되려는 사람 사이에 권리금 계약이 미리 체결되어 있어야 하는 것은 아닙니다(대법원 2019. 7. 10. 선고 2018다239608 판결 참조).

Q 임대인에게 임차인을 경쟁입찰 방식으로 선정해야 하는 법령상 의무가 있는 경우에 임대인이 상가임대차법의 규정에도 불구하고 임차인이 주선하는 신규임차인과 임대차계약 체결을 거절할 수 있나요?

A 네 가능합니다.

최근 대법원은 학교법인이 사립학교법 등에 따라 연액 또는 총액 기준으로 5,000만 원을 초과하는 임대차계약을 체결하려는 경우 일반경쟁에 부쳐야 하는데, 학교법인이 임차인이 주선한 신규임차인이 되려는 자와 임대차계약을 체결하는 것이 경쟁입찰의 방법으로 임차인을 선정해야 할 법령상 의무를 위반하는 것이 되는 경우, 달리 특별한 사정이 없는 한 학교법인이 그러한 사정을 들어 임대차계약 체결을 거절하는 것에는 상가임대차법 제10조의4 제1항 제4호에서 정한 '정당한 사유'가 있다고 판단한 바 있습니다(대법원 2020. 8. 20. 선고 2019다296172, 296189 판결 참조).

Q 임대인의 임차상가건물 명도청구에 대하여 임차인이 권리금 회수 방해로 인한 손해배상을 받을 때까지 동시이행항변권을 행사하여 명도를 거부할 수 있는지요?

A 그렇지 않습니다.

동시이행의 항변권은 공평의 관념과 신의칙에 입각하여 각 당사자가 부담하는 채무가 서로 대가적 의미를 가지고 관련되어 있을 때 그 이행에 견련관계를 인정하여 당사자 일방은 상대방이 채무를 이행하거나 이행의 제공을 하지 아니한 채 당사자 일방의 채무의 이행을 청구할 때에는 자기의 채무 이행을 거절할 수 있도록 하는 제도입니다. 이러한 제도의 취지에서 볼 때 당사자가 부담하는 각 채무가 쌍무계약에서 고유의 대가관계에 있는 채무가 아니더라도, 양 채무가 동일한 법률요건으로부터 생겨서 대가적 의미가 있거나 공평의 관점에서 보아 견련적으로 이행시킴이 마땅한 경우에는 동시이행의 항변권을 인정할 수 있을 것입니다. 그러나 임차인의 임차목적물 반환의무는 임대차계약의 종료에 의하여 발생하나, 임대인의 권리금 회수 방해로 인한 손해배상의무는 상가건물 임대차보호법에서 정한 권리금 회수기회 보호의무 위반을 원인으로 하고 있으므로 양 채무는 동일한 법률요건이 아닌 별개의 원인에 기하여 발생한 것일 뿐 아니라 공평의 관점에서 보더라도 그 사이에 이행상 견련관계를 인정하기 어렵습니다(대법원 2019. 7. 10. 선고 2018다242727 판결 참조).

상가임대차법의 규정은 강행규정이기 때문에 상가임대차법에 위반된 약정으로서 임차인에게 불리한 것은 효력이 없습니다(상가임대차법 제15조). 따라서 임대인과 임차인이 임대차계약에서 '권리금을 인정하지 않는다.', '신규임차인을 주선하지 않는다.'라는 내용의 약정을 했더라도 이는 상가임대차법에 위반된 약정으로서 임차인에게 불리한 것이므로 효력이 없는 것입니다.

한편, 상가임대차법은 임차인이 임대인에게 자신이 주선한 신규임차인이 되려는 사람의 보증금 및 차임을 지급할 자력 또는 그 밖에 임차인으로서의 의무를 이행할 의사 및 능력에 관하여 자신이 알고 있는 정보를 제공하여야 한다고 규정하고 있습니다. 이러한 규정에 따라 임대인은 임차인에게 신규임차인이 되려는 사람에 대한 정보를 요구할 수 있고, 그에 기초하여 신규임차인이 되려는 사람의 보증금 및 차임을 지급할 능력 등에 관하여 판단을 할 수 있을 것입니다.

[판례]

[대법원 2019. 5. 16. 선고 2017다225312, 225329 판결]

[1] 구 상가건물 임대차보호법(2018. 10. 16. 법률 제15791호로 개정되기 전의 것, 이하 '구 상가임대차법'이라 한다) 제10조의4의 문언과 내용, 입법 취지에 비추어 보면, 구 상가임대차법 제10조 제2항에 따라 최초의 임대차기간을 포함한 전체 임대차기간이 5년을 초과하여 임차인이 계약갱신요구권을 행사할 수 없는 경우에도 임대인은 같은 법 제10조의4 제1항에 따른 권리금 회수기회 보호의무를 부담한다고 보아야 한다.

[2] 갑이 을과 상가 임대차계약을 체결한 다음 상가를 인도받아 음식점을 운영하면서 2회에 걸쳐 계약을 갱신하였고, 최종 임대차기간이 만료되기 전 병과 권리금 계약을 체결한 후 을에게 병과 새로운 임대차계약을 체결하여 줄 것을 요청하였으나, 을이 노후화된 건물을 재건축하거나 대수선할 계획을 가지고 있다는 등의 이유로 병과의 임대차계약 체결에 응하지 아니한 사안에서, 갑이 구 상가건물 임대차보호법(2018. 10. 16. 법률 제15791호로 개정되기 전의 것) 제10조의4 제1항에 따라 임대차기간이 끝나기 3개월 전부터 임대차 종료 시까지 신규임차인을 주선하였으므로, 을은 정당한 사유 없이 신규임차인과 임대차계약 체결을 거절해서는 안 되고, 이는 갑과 을 사이의 전체 임대차기간이 5년을 지난 경우에도 마찬가지인데도, 갑이 병과 권리금 계약을 체결할 당시 더 이상 임대차계약의 갱신을 요구할 수 없었던 상황이었으므로 을이 권리금 회수기회 보호의무를 부담하지 않는다고 본 원심판단에 법리오해의 잘못이 있다고 한 사례.

[대법원 2019. 7. 4. 선고 2018다284226 판결]

구 상가건물 임대차보호법(2018. 10. 16. 법률 제15791호로 개정되기 전의 것, 이하 '상가임대차법'이라 한다) 제10조의3 내지 제10조의7의 내용과 입법 취지에 비추어 보면, 임차인이 임대인에게 권리금 회수 방해로 인한 손해배상을 구하기 위해서는 원칙적으로 임차인이 신규임차인이 되려는 자를 주선하였어야 한다. 그러나 임대인이 정당한 사유 없이 임차인이 신규임차인이 되려는 자를 주선하더라도 그와 임대차계약을 체결하지 않겠다는 의사를 확정적으로 표시하였다면 이러한 경우에까지 임차인에게 신규임차인을 주선하도록 요구하는 것은 불필요한 행위를 강요하는 결과가 되어 부당하다. 이와 같은 특별한 사정이 있다면 임차인이 실제로 신규임차인을 주선하지 않았더라도 임대인의 위와 같은 거절행위는 상가임대차법 제10조의4 제1항 제4호에서 정한 거절행위에 해당한다고 보아야 한다. 따라서 임차인은 같은 조 제3항에 따라 임대인에게 권리금 회수 방해로 인한 손해배상을 청구할 수 있다.

임대인이 위와 같이 정당한 사유 없이 임차인이 주선할 신규임차인이 되려는 자와 임대차계약을 체결할 의사가 없음을 확정적으로 표시하였는지 여부는 임대차계약이 종료될 무렵 신규임차인의 주선과 관련해서 임대인과 임차인이 보인 언행과 태도, 이를 둘러싼 구체적인 사정 등을 종합적으로 살펴서 판단하여야 한다.

[대법원 2022. 1. 14.선고 2021다272346 판결]

상가건물 임대차보호법 제10조의4 제2항 제3호에서 정하는 '임대차 목적물인 상가건물을 1년 6개월 이상 영리목적으로 사용하지 아니한 경우'는 임대인이 임대차 종료 후 임대차 목적물인 상가건물을 1년 6개월 이상 영리목적으로 사용하지 아니하는 경우를 말하고, 위 조항에 따른 정당한 사유가 있다고 하기 위해서는 임대인이 임대차 종료 시 그러한 사유를 들어 임차인이 주선한 자와 신규 임대차계약 체결을 거절하고, 실제로도 1년 6개월 동안 상가건물을 영리목적으로 사용하지 않아야 한다. 이때 종전 소유자인 임대인이 임대차 종료 후 상가건물을 영리목적으로 사용하지 아니한 기간이 1년 6개월에 미치지 못하는 사이에 상가건물의 소유권이 변동되었더라도, 임대인이 상가건물을 영리목적으로 사용하지 않는 상태가 새로운 소유자의 소유기간에도 계속하여 그대로 유지될 것을 전제로 처분하고, 실제 새로운 소유자가 그 기간 중에 상가건물을 영리목적으로 사용하지 않으며, 임대인과 새로운 소유자의 비영리 사용기간을 합쳐서 1년 6개월 이상이 되는 경우라면, 임대인에게 임차인의 권리금을 가로챌 의도가 있었다고 보기 어려우므로, 그러한 임대인에 대하여는 위 조항에 의한 정당한 사유를 인정할 수 있다.

[대법원 2020. 8. 20. 선고 2019다296172, 296189 판결]

구 상가건물 임대차보호법(2018. 10. 16. 법률 제15791호로 개정되기 전의 것, 이하 '구 상가임대차법'이라 한다) 제10조의4는 "임대인은 임대차기간이 끝나기 3개월 전부터 임대차 종료 시까지 다음 각호의 어느 하나에 해당하는 행위를 함으로써 권리금 계약에 따라 임차인이 주선한 신규임차인이 되려는 자로부터 권리금을 지급받는 것을 방해하여서는 아니 된다."라고 정하면서(제1항), 각 호의 사유 중 하나로 '그 밖에 정당한 사유 없이 임대인이 임차인이 주선한 신규임차인이 되려는 자와 임대차계약의 체결을 거절하는 행위'를 들고 있다(제4호). 임대인이 위와 같은 권리금 회수기회 보호의무를 위반하여 임차인에게 손해를 발생하게 한 때에는 그 손해를 배상할 책임을 부담한다(같은 조 제3항).

한편 사립학교법 제33조, 사학기관 재무·회계 규칙 제35조 제1항에 의하면, 학교법인은 국가를 당사자로 하는 계약에 관한 법률 시행령 제26조 제1항 제5호 (가)목의 금액인 5,000만 원(연액 또는 총액 기준)을 초과하는 임대차계약을 체결하려는 경우 위 규칙 제35조 제3항에서 정하는 수의계약에 의할 수 있는 사유가 없는 한 일반경쟁에 부쳐야 한다. 이와 같이 학교법인이 임차인이 주선한 신규임차인이 되려는 자와 임대차계약을 체결하는 것이 경쟁입찰의 방법으로 임차인을 선정해야 할 법령상 의무를 위반하는 것이 되는 경우, 달리 특별한 사정이 없는 한 학교법인이 그러한 사정을 들어 임대차계약 체결을 거절하는 것에는 구 상가임대차법 제10조의4 제1항 제4호에서 정한 '정당한 사유'가 있다고 보아야 한다.

[대법원 2019. 7. 10. 선고 2018다242727 판결]

[1] 동시이행의 항변권은 공평의 관념과 신의칙에 입각하여 각 당사자가 부담하는 채무가 서로 대가적 의미를 가지고 관련되어 있을 때 그 이행에 견련관계를 인정하여 당사자 일방은 상대방이 채무를 이행하거나 이행의 제공을 하지 아니한 채 당사자 일방의 채무의 이행을 청구할 때에는 자기의 채무 이행을 거절할 수 있도록 하는 제도이다. 이러한 제도의 취지에서 볼 때 당사자가 부담하는 각 채무가 쌍무계약에서 고유의 대가관계에 있는 채무가 아니더라도, 양 채무가 동일한 법률요건으로부터 생겨서 대가적 의미가 있거나 공평의 관점에서 보아 견련적으로 이행시킴이 마땅한 경우에는 동시이행의 항변권을 인정할 수 있다.

[2] 임차인의 임차목적물 반환의무는 임대차계약의 종료에 의하여 발생하나, 임대인의 권리금 회수 방해로 인한 손해배상의무는 상가건물 임대차보호법에서 정한 권리금 회수기회 보호의무 위반을 원인으로 하고 있으므로 양 채무는 동일한 법률요건이 아닌 별개의 원인에 기하여 발생한 것일 뿐 아니라 공평의 관점에서 보더라도 그 사이에 이행상 견련관계를 인정하기 어렵다.

[대법원 2000. 4. 11. 선고 2000다4517, 4524 판결]

통상 권리금은 새로운 임차인으로부터만 지급받을 수 있을 뿐이고 임대인에 대하여는 지급을 구할 수 없는 것이므로 임대인이 임대차계약서의 단서 조항에 권리금액의 기재 없이 단지 '모든 권리금을 인정함'이라는 기재를 하였다고 하여 임대차 종료시 임차인에게 권리금을 반환하겠다고 약정하였다고 볼 수는 없고, 단지 임차인이 나중에 임차권을 승계한 자로부터 권리금을 수수하는 것을 임대인이 용인하고, 나아가 임대인이 정당한 사유 없이 명도를 요구하거나 점포에 대한 임대차계약의 갱신을 거절하고 타에 처분하면서 권리금을 지급받지 못하도록 하는 등으로 임차인의 권리금 회수 기회를 박탈하거나 권리금 회수를 방해하는 경우에 임대인이 임차인에게 직접 권리금 지급을 책임지겠다는 취지로 해석해야 할 것이라고 한 사례.

[대법원 2012. 10. 25. 선고 2012다58593 판결]

영업용 건물의 임대차에 수반하여 행하여지는 권리금의 지급이 임대차계약의 내용을 이루는 것은 아니고, 권리금 자체는 거기의 영업시설·비품 등 유형물이나 거래처, 신용, 영업상의 노하우(know-how) 혹은 점포 위치에 따른 영업상의 이점 등 무형의 재산적 가치의 양도 또는 일정 기간 동안의 이용대가라고 볼 것인바, 권리금이 그 수수 후 일정한 기간 이상으로 그 임대차를 존속시키기로 하는 임차권 보장의 약정하에 임차인으로부터 임대인에게 지급된 경우에 보장기간 동안의 이용이 유효하게 이루어지면 임대인은 그 권리금의 반환의무를 지지 아니한다. 반면에 임대인의 사정으로 임대차계약이 중도 해지됨으로써 당초 보장된 기간 동안의 이용이 불가능해졌다는 등의 특별한 사정이 있는 때에는 임대인이 임차인에 대하여 그 잔여기간에 해당하는 권리금의 반환 의무를 진다.

[대법원 2019. 7. 10. 선고 2018다239608 판결]

구 상가건물 임대차보호법(2018. 10. 16. 법률 제15791호로 개정되기 전의 것, 이하 개정 전후와 관계없이 '상가임대차법'이라고 한다) 제10조의3, 제10조의4의 문언과 내용, 입법 취지 등을 종합하면, 임차인이 구체적인 인적사항을 제시하면서 신규임차인이 되려는 자를 임대인에게 주선하였는데, 임대인이 제10조의4 제1항에서 정한 기간에 이러한 신규임차인이 되려는 자에게 권리금을 요구하는 등 제1항 각호의 어느 하나에 해당하는 행위를 함으로써 임차인이 신규임차인으로부터 권리금을 회수하는 것을 방해한 때에는 임대인은 임차인이 입은 손해를 배상할 책임이 있고, 이때 권리금 회수 방해를 인정하기 위하여 반드시 임차인과 신규임차인이 되려는 자 사이에 권리금계약이 미리 체결되어 있어야 하는 것은 아니다. 상세한 이유는 다음과 같다.

① 상가임대차법 제10조의4 제1항 본문에서 정한 '권리금 계약에 따라'라는 문언이, 임차인이 신규임차인이 되려는 자와 권리금 계약을 체결한 상태임을 전제로 하는지는 위 제1항 본문 자체만으로는 명확하지 않다. 그런데 상가임대차법 제10조의4 제1항 각호는 임대인이 신규임차인이 되려는 자에게 권리금을 요구하거나 그로부터 권리금을 수수하는 행위 등을 금지하면서 임차인이 신규임차인이 되려는 자와 반드시 권리금 계약을 체결했어야 함을 전제로 하고 있지 않다. 또한 상가임대차법 제10조의4 제3항은 권리금 계약이 체결되지 않은 경우에도 임대인의 권리금 회수 방해로 인한 손해배상액을 '임대차 종료 당시의 권리금'으로 정할 수 있도록 하고 있다.

② 상가임대차법 제10조의4는 임차인이 임대차 종료 시 스스로 신규임차인이 되려는 자를 찾아 임대인에게 임대차계약을 체결하도록 주선하고 신규임차인으로부터 그동안 투자한 비용이나 영업활동으로 형성된 지명도나 신용 등 경제적 이익을 권리금 형태로 지급받아 회수할 수 있도록 보장하면서 임대인이 부당하게 이를 침해하지 못하도록 한 것이다. 이는 임대인이 임차인과 신규임차인 사이에 체결된 권리금 계약에 따른 이행을 방해하는 것에 한정하지 않고, 임차인이 신규임차인이 되려는 자와 권리금 계약 체결에 이르지 못하도록 하는 등 임차인이 권리금을 지급받을 수 있는 기회를 방해하는 다양한 행위를 금지함으로써 임차인을 보호하는 것이다.

③ 현실적으로 권리금은 임대차계약의 차임, 임차보증금, 기간 등 조건과 맞물려 정해지는 경우가 많다. 신규임차인이 되려는 자가 임대인과의 임대차계약 조건에 따라서 임차인에게 지급하려고 하는 권리금 액수가 달라질 수 있고, 이러한 이유로 권리금 계약과 임대차계약이 동시에 이루어지는 경우도 있다.

임대인이 임대차기간이 종료될 무렵 현저히 높은 금액으로 임차보증금이나 차임을 요구하거나 더 이상 상가건물을 임대하지 않겠다고 하는 등 새로운 임대차계약 체결 자체를 거절하는 태도를 보이는 경우 임차인이 신규임차인이 되려는 자를 찾아 권리금 계약을 체결하는 것은 사실상 불가능하다. 이러한 임대인의 행위는 상가임대차법 제10조의4 제1항 제3호, 제4호에서 정한 방해행위에 해당한다고 볼 수 있고, 임차인과 신규임차인이 되려는 자 사이에 권리금 계약이 체결되지 않았더라도 임대인은 임차인의 권리금 회수 방해를 이유로 손해배상책임을 진다고 보아야 한다.

14. 권리금 적용 제외(제10조의5)

제10조의4는 다음 각 호의 어느 하나에 해당하는 상가건물 임대차의 경우에는 적용하지 아니한다.

1. 임대차 목적물인 상가건물이 「유통산업발전법」 제2조에 따른 대규모점포 또는 준대규모점포의 일부인 경우(다만, 「전통시장 및 상점가 육성을 위한 특별법」 제2조제1호에 따른 전통시장은 제외한다)
2. 임대차 목적물인 상가건물이 「국유재산법」에 따른 국유재산 또는 「공유재산 및 물품 관리법」에 따른 공유재산인 경우

다음과 같은 상가건물 임대차에는 상가임대차법 제10조의4 권리금 회수기회 보호 규정이 적용되지 않습니다.

가. 대규모점포 또는 준대규모점포

1) 대규모점포

유통산업발전법 제2조에 따른 대규모점포란 다음의 요건을 모두 갖춘 매장을 보유한 점포의 집단으로서 대형마트, 전문점, 백화점, 쇼핑센터, 복합쇼핑몰, 그 밖의 대규모 점포 중 하나에 해당하는 것을 말합니다.

① 하나 또는 둘 이상의 연접되어 있는 건물 안에 하나 또는 여러 개로 나누어 설치되는 매장일 것(여기에서 '둘 이상의 연접되어 있는 건물'이란 건물간의 가장 가까운 거리가 50미터 이내이고 소비자가 통행할 수 있는 지하도 또는 지상통로가 설치되어 있어 하나의 대규모점포로 기능할 수 있는 것을 말함)

② 상시 운영되는 매장일 것

③ 매장면적의 합계가 3천제곱미터 이상일 것

2) 준대규모점포

유통산업발전법 제2조에 따른 준대규모점포란 다음의 어느 하나에 해당하는 점포로서 슈퍼마켓과 기타 음·식료품 위주 종합소매업을 영위하는 점포를 말합니다.

① 대규모점포를 경영하는 회사 또는 그 계열회사가 직영하는 점포

② 상호출자제한기업집단의 계열회사가 직영하는 점포

③ 위 ①, ②의 회사 또는 계열회사가 직영점형 체인사업 및 프랜차이즈형 체인사업의 형태로 운영하는 점포

이처럼 임대차 목적물인 상가건물이 대규모점포 또는 준대규모점포의 일부인 경우에는 상가임대차법 제10조의4 권리금 회수기회 보호 규정이 적용되지 않지만, 전통시장의 경우에는 임대차 목적물인 상가건물이 대규모점포 또는 준대규모점포의 일부인 경우에도 상가임대차법 제10조의4 권리금 회수기회 보호 규정이 적용됩니다.

나. 국유재산 또는 공유재산

국유재산이란 국가 소유로 된 부동산·선박·증권·지식재산 등을 말하고, 공유재산이란 지방자치단체 소유로 된 부동산·선박·증권·지식재산 등을 말합니다. 임대차 목적물인 상가건물이 국유재산 또는 공유재산인 경우에는 상가임대차법 제10조의4 권리금 회수기회 보호 규정이 적용되지 않습니다.

15. 표준권리금계약서의 작성 등(제10조의6)

국토교통부장관은 법무부장관과 협의를 거쳐 임차인과 신규임차인이 되려는 자의 권리금 계약 체결을 위한 표준권리금계약서를 정하여 그 사용을 권장할 수 있다.

상가임차인 보호를 더욱 강화하기 위하여 국토교통부장관이 임차인과 신규임차인이 되려는 자가 권리금 계약을 체결하기 위한 표준권리금계약서를 정하여 그 사용을 권장하도록 하였습니다. 이는 권장 사항이지 의무 사항이 아니므로, 권리금 계약을 체결하는 당사자는 표준권리금계약서와 다른 내용의 약정을 할 수 있습니다. 자세한 내용은 부록의 국토교통부 작성 상가건물 임대차 권리금거래계약서를 참고하시기 바랍니다.

16. 권리금 평가기준의 고시[제10조의7]

국토교통부장관은 권리금에 대한 감정평가의 절차와 방법 등에 관한 기준을 고시할 수 있다.

가. 감정평가의 절차

상가권리금 감정평가는 감정평가에 관한 규칙 제8조에 따라 ① 기본적 사항의 확정, ② 처리계획의 수립, ③ 대상물건의 확인, ④ 자료수집 및 정리, ⑤ 자료검토 및 가치형성요인의 분석, ⑥ 감정평가방법의 선정 및 적용, ⑦ 감정평가액의 결정 및 표시의 절차를 거치게 됩니다.

나. 감정평가의 방법

국토교통부 고시 감정평가 실무기준에 따르면, 권리금을 감정평가할 때에는 유형·무형의 재산마다 개별로 감정평가하는 것을 원칙으로 합니다. 그러나 권리금을 개별로 감정평가하는 것이 곤란하거나 적절하지 않은 경우에는 일괄하여 감정평가할 수 있고, 이 경우 감정평가액은 합리적인 배분기준에 따라 유형재산가액과 무형재산가액으로 구분하여 표시할 수 있습니다.

유형재산을 감정평가할 때에는 원가법을 적용해야 하고, 원가법을 적용하는 것이 곤란하거나 부적절한 경우에는 거래사례비교법 등으로 감정평가할 수 있습니다. 그리고 무형재산을 감정평가할 때에는 수익환원법을 적용해야 하고(무형재산으로 인하여 발생할 것으로 예상되는 영업이익이나 현금흐름을 현재가치로 할인하거나 환원하는 방법), 수익환원법을 적용하는 것이 곤란하거나 부적절한 경우에는 거래사례비교법(동일 또는 유사 업종의 무형재산만의 거래사례와 대상의 무형재산을 비교하거나 동일 또는 유사 업종의 권리금 일체 거래사례에서 유형의 재산적 가치를 차감한 가액을 대상의 무형재산과 비교)이나 원가법(대상 상가의 임대차계약 당시 무형재산의 취득가액을 기준으로 취득 당시와 기준시점 당시의 수익 변화 등을 고려하여 감정평가) 등으로 감정평가할 수 있습니다.

수익환원법에 의하여 권리금 중 무형재산의 감정평가를 하는 경우 수익환원법은 대상물건이 "장래" 산출할 것으로 기대되는 순수익이나 "미래"의 현금흐름을 환원하거나 할인하여 대상물건의 가액을 산정하는 감정평가법이므로, 임대인과 임차인이 과거 임대차계약을 체결하면서 정했던 차임을 기준으로 하여 무형재산의 가액을 평가할 수는 없고, 임대차계약 종료 당시의 시장의 차임을 기준으로 하여 무형재산의 가액을 평가해야 합니다(서울고등법원 2017. 9. 7. 선고 2017나2007444 판결 참조).

17. 차임연체와 해지(제10조의8)

임차인의 차임연체액이 3기의 차임액에 달하는 때에는 임대인은 계약을 해지할 수 있다.

임차인이 3기분의 차임을 연체하는 경우, 임대인은 임대차계약을 해지할 수 있습니다. 3기분은 예를 들어 매월 100만 원을 지급하기로 한 임대차의 경우에는 3개월분의 차임, 즉 300만 원이 됩니다. 이때 3기분을 연속으로 연체해야 하는지 또는 3기분을 연체하기만 하면 임대차계약을 해지할 수 있는지 의문이 생길 수 있습니다. 매월 100만 원의 차임을 지급하기로 약정한 경우 연속해서 100만 원씩 세 달의 차임을 연체한 경우는 물론, 1월분과 2월분 차임을 연체하고 1월분 차임은 지불하고 다시 3월분과 4월분 차임을 연체하는 것처럼 총 3개월분의 차임을 연체한 경우에는 임대차계약을 해지할 수 있습니다. 다만, 임차인이 3개월분의 차임을 연체했더라도 그 후 연체차임의 전부 또는 일부를 지급하여 차임연체액이 3개월분의 차임액에 달하지 않게 되었다면 임대인은 계약을 해지할 수 없을 것입니다.

상가임대차법 제15조에 따라 위 규정은 강행규정이므로, 이에 위반된 약정으로서 임차인에게 불리한 것은 효력이 없습니다. 따라서 임대차계약에서 차임을 1번만 연체해도 해지할 수 있다고 약정하거나, 2번 이상 연체하면 해지의 의사표시가 없어도 임대차계약이 자동으로 종료된다고 약정하더라도 이러한 약정은 임차인에게 불리한 것이므로 효력이 없는 것입니다.

Q 임대인과 임차인이 구분점포 2개를 임대차목적물로 하여 임대차계약을 체결하고, 임차인이 이를 사업장 소재지로 하는 사업자등록을 한 후 영업을 하였는데, 임대차기간 중에 제3자가 임대차목적물인 구분점포 중 1개를 경매를 통해 경락을 받았습니다. 이러한 경매 이후에 임차인이 차임을 연체하는 경우, 경락받은 제3자가 단독으로 임대차계약 해지통보를 할 수 있을까요?

A 그렇지 않습니다.

민법 제547조 제1항은 "당사자의 일방 또는 쌍방이 수인인 경우에는 계약의 해지나 해제는 그 전원으로부터 또는 전원에 대하여 하여야 한다."라고 규정하고 있으므로, 여러 사람이 공동임대인으로서 임차인과 사이에 하나의 임대차계약을 체결한 경우에는 민법 제547조 제1항의 적용을 배제하는 특약이 있다는 등의 특별한 사정이 없는 한 공동임대인 전원의 해지의 의사표시에 의하여 임대차계약 전부를 해지하여야 합니다. 이러한 법리는 임대차계약의 체결 당시부터 공동임대인이었던 경우뿐만 아니라 임대차목적물 중 일부가 양도되어 그에 관한 임대인의 지위가 승계됨으로써 공동임대인으로 되는 경우에도 마찬가지로 적용됩니다(대법원 2015. 10. 29. 선고 2012다5537 판결 참조).

이 사안에서는 임대인과 임차인 사이에 구분점포 2개를 임대차목적물로 하는 하나의 임대차계약이 체결되어 유지되던 중 제3자가 구분점포 중 1개를 경락받아 상가임대차법 제3조 제2항에 의하여 그에 관한 임대인의 지위를 승계함으로써 공동임대인이 되었으므로, 민법 제547조 제1항의 적용을 배제하는 약정이 있다는 등의 특별한 사정이 인정되지 않는 한, 경락인인 제3자는 단독으로 자신 소유의 구분점포만을 분리하여 임대차계약을 해지할 수는 없고, 임대인과 경락인인 제3자 전원의 해지의 의사표시에 의하여 임대차계약 전부를 해지해야 하는 것입니다.

[판례]

> **[대법원 2015. 10. 29. 선고 2012다5537 판결]**
>
> 민법 제547조 제1항은 "당사자의 일방 또는 쌍방이 수인인 경우에는 계약의 해지나 해제는 그 전원으로부터 또는 전원에 대하여 하여야 한다."라고 규정하고 있으므로, 여러 사람이 공동임대인으로서 임차인과 하나의 임대차계약을 체결한 경우에는 민법 제547조 제1항의 적용을 배제하는 특약이 있다는 등의 특별한 사정이 없는 한 공동임대인 전원의 해지의 의사표시에 따라 임대차계약 전부를 해지하여야 한다. 이러한 법리는 임대차계약의 체결 당시부터 공동임대인이었던 경우뿐만 아니라 임대차목적물 중 일부가 양도되어 그에 관한 임대인의 지위가 승계됨으로써 공동임대인으로 되는 경우에도 마찬가지로 적용된다.

18. 계약 갱신요구 등에 관한 임시 특례(제10조의9)

임차인이 이 법(법률 제17490호 상가건물 임대차보호법 일부개정법률을 말한다) 시행일부터 6개월까지의 기간 동안 연체한 차임액은 제10조제1항제1호, 제10조의4제1항 단서 및 제10조의8의 적용에 있어서는 차임연체액으로 보지 아니한다. 이 경우 연체한 차임액에 대한 임대인의 그 밖의 권리는 영향을 받지 아니한다.

2020. 9. 29.부터 6개월까지(2021. 3. 29.까지)의 기간 동안 연체한 차임액은 다음과 같이 차임연체액으로 보지 않습니다. 먼저 임차인이 3기의 차임액에 해당하는 금액에 이르도록 차임을 연체한 사실이 있는 경우에도 임대인은 임차인이 임대차기간이 만료되기 6개월 전부터 1개월 전까지 사이에 계약갱신을 요구할 경우 이를 거절하지 못합니다. 그리고 임차인이 3기의 차임액에 해당하는 금액에 이르도록 차임을 연체한 사실이 있는 경우에도 임대인은 임대차기간이 끝나기 6개월 전부터 임대차 종료 시까지 권리금 계약에 따라 임차인이 주선한 신규임차인이 되려는 자로부터 권리금을 지급받는 것을 방해해서는 안 됩니다. 또한 임차인의 차임연체액이 3기의 차임액에 달하는 때에도 임대인은 계약을 해지할 수 없습니다.

19. 차임 등의 증감청구권(제11조)

① 차임 또는 보증금이 임차건물에 관한 조세, 공과금, 그 밖의 부담의 증감이나 「감염병의 예방 및 관리에 관한 법률」 제2조제2호에 따른 제1급감염병 등에 의한 경제사정의 변동으로 인하여 상당하지 아니하게 된 경우에는 당사자는 장래의 차임 또는 보증금에 대하여 증감을

청구할 수 있다. 그러나 증액의 경우에는 대통령령으로 정하는 기준에 따른 비율을 초과하지 못한다.

② 제1항에 따른 증액 청구는 임대차계약 또는 약정한 차임 등의 증액이 있은 후 1년 이내에는 하지 못한다.

③ 「감염병의 예방 및 관리에 관한 법률」 제2조제2호에 따른 제1급감염병에 의한 경제사정의 변동으로 차임 등이 감액된 후 임대인이 제1항에 따라 증액을 청구하는 경우에는 증액된 차임 등이 감액 전 차임 등의 금액에 달할 때까지는 같은 항 단서를 적용하지 아니한다.

가. 차임 또는 보증금 증액청구

임차건물에 관한 조세, 공과금, 그 밖의 부담의 증감이나 감염병의 예방 및 관리에 관한 법률 제2조 제2호에 따른 제1급 감염병 등에 의한 경제사정의 변동으로 인하여 차임 또는 보증금이 상당하지 않게 된 경우에는 임차인 및 임대인은 그 증감을 청구할 수 있습니다. 다만, 임대인이 증액을 청구하는 경우에는 청구 당시의 차임 또는 보증금의 5%의 금액을 초과하지 못합니다.

임대인의 차임증액청구는 당사자 사이에 차임증액을 금지하는 특약이 있는 경우에는 할 수 없으나, 임대인이 차임을 증액하지 않겠다는 특약을 했다 하더라도 약정 후 특약을 그대로 유지시키는 것이 신의칙에 반한다고 인정될 정도의 사정 변경이 있는 경우에는 차임증액청구를 할 수 있습니다(대법원 1996. 11. 12. 선고 96다34061 판결). 그리고 차임 또는 보증금의 증액 청구는 임대차계약 또는 약정한 차임 등의 증액이 있은 후 1년 이내에는 할 수 없습니다. 또한 제1급감염병에 의한 경제사정의 변동으로 차임 등이 감액된 후 임대인이 상가임대차법 제11조 제1항에 따라 증액을 청구하는 경우에는 증액된 차임 등이 감액 전 차임 등의 금액에 달할 때까지는 청구 당시의 차임 또는 보증금의 5%의 금액을 초과하지 못한다는 제한이 적용되지 않습니다.

이러한 상가임대차법 제11조의 규정은 임대차계약의 존속 중 당사자 일방이 약정한 차임 등의 증감을 청구한 경우에 한하여 적용되고, 임대차계약이 종료한 후 재계약을 하거나 임대차계약 종료 전이라도 당사자의 합의로 차임 등을 증액하는 경우에는 적용되지 않습니다(대법원 2014. 2. 13. 선고 2013다80481 판결 참조). 그리고 임대차계약이 갱신되는 경우에도 임대차가 계속되고 있는 것으로 보아야 하므로 상가임대차법 제11조의 규정에 따라 차임 또는 보증금의 증액청구를 할 수 있습니다.

Q 임차인이 상가임대차법 제10조 제1항에 따라 계약갱신요구권을 행사하였고, 그 후 임대인과 임대차갱신계약서를 쓰지 않고, 새로 임대차계약서를 썼습니다. 이렇게 새로 쓴 임대차계약서에서 상가임대차법 제11조 제1항에 따른 증액 비율을 초과하여 차임을 지급하기로 약정하였다면 이러한 약정은 효력이 있는 것인지요?

A 그렇지 않습니다.

임차인이 계약갱신요구권을 행사한 이후 임차인과 임대인이 종전임대차기간이 만료할 무렵 신규 임대차계약의 형식을 취한 경우에도 그것이 임차인의 계약갱신요구권 행사에 따른 갱신의 실질을 갖는다고 평가되는 한 종전 임대차를 갱신한 것으로 봄이 타당하고, 이렇게 갱신된 임대차에는 차임 증감청구권에 관한 상가임대차법 제11조가 적용됩니다. 또한 상가임대차법 제15조에 따르면 상가임대차법의 규정에 위반된 약정으로서 임차인에게 불리한 것은 효력이 없으므로, 상가임대차법 제11조 제1항에 따른 증액 비율을 초과하여 차임을 지급하기로 하는 약정은 그 증액비율을 초과하는 범위 내에서 무효이고, 임차인은 그 초과 지급된 차임에 대하여 부당이득으로 반환을 청구할 수 있습니다(대법원 2014. 4. 30. 선고 2013다35115 판결 참조).

Q 임대차계약에서 임대인은 일방적으로 차임을 인상할 수 있고, 임차인은 이에 대해서 이의를 할 수 없다고 약정하였다면 이러한 약정은 효력이 있는 것인지요?

A 그렇지 않습니다.

상가임대차계약에 있어서 임대차기간 중에 당사자의 일방이 차임을 변경하고자 할 때는 상대방의 동의를 얻어야 하고, 그 동의가 없는 경우에는 상가임대차법 제11조에 의하여 차임의 증감을 청구해야 합니다. 그렇지 않고 임대차계약에서 임대인이 일방적으로 차임을 인상할 수 있고 임차인은 이의를 할 수 없다고 약정하였다면, 이는 상가임대차법 제11조에 위반하는 약정으로서 임차인에게 불리한 것이므로 상가임대차법 제15조에 의하여 효력이 없는 것입니다(대법원 2014. 2. 27. 선고 2009다39233 판결 참조).

나. 차임 또는 보증금 감액청구

임차인은 차임 또는 보증금이 임차건물에 대한 조세, 공과금, 그 밖의 부담의 증감이나 제1급감염병 등에 의한 경제사정의 변동으로 인하여 상당하지 않게 된 경우에는 장래의 차임 또는 보증금에 대하여 감액을 청구할 수 있습니다. 증액금지 특약과 달리 감액금지 특약은 임차인에게 불리하기 때문에 효력이 없습니다. 따라서 임차인은 차임감액을 청구하지 않겠다는 특약을 했다 하더라도 경제사정의 변경 등을 원인으로 차임감액청구를 할 수 있습니다.

다. 보증금 증액 부분에 대한 대항력

　예를 들어 대항력을 갖춘 임차인이 저당권설정등기 이후에 임대인과의 합의 하에 보증금을 증액한 경우, 보증금 중 증액된 부분은 저당권의 설정 이후에 새로이 체결된 계약에 따른 금액이므로 저당권에 기해 건물을 경락 받은 소유자에게 대항할 수 없게 됩니다(대법원 1990. 8. 14. 선고 90다카11377 판결). 따라서 임대인의 증액청구에 따라 차임 또는 보증금을 증액하였거나 재계약을 통해서 증액한 경우에는 그 증액된 부분에 대한 임대차계약서를 작성하여 확정일자를 받아야 그날부터 증액된 부분에 대해서 후순위권리자보다 우선하여 변제를 받을 수 있습니다.

[판례]

> **[대법원 2014. 2. 13. 선고 2013다80481 판결]**
> 상가건물 임대차보호법 제11조 제1항에서 "차임 또는 보증금이 임차건물에 관한 조세, 공과금, 그 밖의 부담의 증감이나 경제사정의 변동으로 인하여 상당하지 아니하게 된 경우에는 당사자는 장래의 차임 또는 보증금에 대하여 증감을 청구할 수 있다. 그러나 증액의 경우에는 대통령령으로 정하는 기준에 따른 비율을 초과하지 못한다."고 규정하고, 제2항에서 "제1항에 따른 증액 청구는 임대차계약 또는 약정한 차임 등의 증액이 있은 후 1년 이내에는 하지 못한다."고 규정하고 있는바, 위 규정은 임대차계약의 존속 중 당사자 일방이 약정한 차임 등의 증감을 청구한 경우에 한하여 적용되고, 임대차계약이 종료한 후 재계약을 하거나 임대차계약 종료 전이라도 당사자의 합의로 차임 등을 증액하는 경우에는 적용되지 않는다.
>
> **[대법원 2014. 4. 30. 선고 2013다35115 판결]**
> 구 상가건물 임대차보호법(2009. 1. 30. 법률 제9361호로 개정되기 전의 것, 이하 '법'이라 한다)의 입법 목적, 차임의 증감청구권에 관한 규정의 체계 및 취지 등에 비추어 보면, 법제11조 제1항에 따른 증액비율을 초과하여 지급하기로 하는 차임에 관한 약정은 증액비율을

초과하는 범위 내에서 무효이고, 임차인은 초과 지급된 차임에 대하여 부당이득으로 반환을 구할 수 있다.

20. 폐업으로 인한 임차인의 해지권(제11조의2)

① 임차인은 「감염병의 예방 및 관리에 관한 법률」 제49조제1항제2호에 따른 집합 제한 또는 금지 조치(같은 항 제2호의2에 따라 운영시간을 제한한 조치를 포함한다)를 총 3개월 이상 받음으로써 발생한 경제사정의 중대한 변동으로 폐업한 경우에는 임대차계약을 해지할 수 있다.

② 제1항에 따른 해지는 임대인이 계약해지의 통고를 받은 날부터 3개월이 지나면 효력이 발생한다.

최근 코로나19의 여파로 인해 국내 소비 지출이 위축되고 상가임차인의 매출과 소득이 급감하는 등 영업 유지가 사실상 불가능하여 폐업을 하거나 폐업을 고려하는 상가임차인이 증가하고 있는 상황입니다. 그러나 폐업을 하더라도 임대차계약의 효력은 그대로이기 때문에 임차인은 임대료를 계속 지급해야만 하고, 이러한 상황이 임차인에게 과도한 부담이 되고 있었습니다. 이에 임차인이 3개월 이상 감염병 예방을 위한 집합 제한 또는 금지 조치를 받음으로써 발생한 경제사정의 중대한 변동으로 폐업한 경우에는 사정 변경을 이유로 임대차계약을 해지할 수 있도록 명문의 규정을 마련한 것입니다. 그리고 부칙 제2조(임차인의 해지권에 관한 적용례)에 의하면 이 개정 규정은 이 법 시행 당시 존속 중인 임대차에 대해서도 적용하도록 규정하고 있습니다.

21. 월 차임 전환 시 산정률의 제한(제12조)

보증금의 전부 또는 일부를 월 단위의 차임으로 전환하는 경우에는 그 전환되는 금액에 다음 각 호 중 낮은 비율을 곱한 월 차임의 범위를 초과할 수 없다.
1. 「은행법」에 따른 은행의 대출금리 및 해당 지역의 경제 여건 등을 고려하여 대통령령으로 정하는 비율
2. 한국은행에서 공시한 기준금리에 대통령령으로 정하는 배수를 곱한 비율

가. 월 차임 전환

보증금의 전부 또는 일부는 월세로 전환할 수 있는데, 이처럼 보증금의 전부 또는 일부를 월세로 전환하는 경우 그 전환되는 금액에 다음 중 낮은 비율을 곱한 월 차임의 범위를 초과할 수 없습니다.

- 은행의 대출금리 및 해당 지역의 경제 여건 등을 고려하여 연 12%
- 한국은행에서 공시한 기준금리에 4.5배를 곱한 비율

나. 월 차임 전환 이율의 제한

예를 들어 2022. 4. 14. 기준으로 보증금의 전부 또는 일부를 월세로 전환하는 경우 그 전환되는 금액에 6.75%(=기준금리1.5% × 4.5배)를 곱한 월 차임의 범위를 초과할 수 없습니다(상가임대차법 시행령 제5조). 만일 임대차보증금이 5천만 원인 상가건물 임대차계약에서 임대차보증금 중 1천만 원을 돌려받고, 이를 월세로 전환하는 경우에 전환되는 월세는 돌려받은 1천만 원에 6.75%를 곱한 675,000원을 12개월로 나눈 56,250원을 초과할 수 없는 것입니다.

22. 전대차관계에 대한 적용 등(제13조)

① 제10조, 제10조의2, 제10조의8, 제10조의9(제10조 및 제10조의8에 관한 부분으로 한정한다), 제11조 및 제12조는 전대인(轉貸人)과 전차인(轉借人)의 전대차관계에 적용한다.

② 임대인의 동의를 받고 전대차계약을 체결한 전차인은 임차인의 계약갱신요구권 행사기간 이내에 임차인을 대위(代位)하여 임대인에게 계약갱신요구권을 행사할 수 있다.

제10조(계약갱신 요구 등), 제10조의2(계약갱신의 특례), 제10조의8(차임연체와 해지), 제10조의9(계약 갱신요구 등에 관한 임시 특례, 제10조 및 제10조의8에 관한 부분으로 한정), 제11조(차임 등의 증감청구권) 및 제12조(월 차임 전환 시 산정률의 제한)는 전대인과 전차인의 전대차관계에 적용합니다.

임대인의 동의를 받고 전대차계약을 체결한 전차인은 전대인(임차인)의 계약갱신요구권 행사 기간 이내에 전대인(임차인)을 대위하여 임대인에게 계약갱신요구권을 행사할 수 있는데, 이는 전대인(임차인)이 가지고 있는 계약갱신요구권을 전차인이 대위하여 행사하는 것이기 때문에 이를 가지고 임대인에 대하여 전차인 자신과 직접 임대차계약을 체결할 것을 요구할 수는 없고, 다만 임대인에 대하여 전대인(임차인)과의 임대차계약을 갱신하여 줄 것을 요구할 수 있는 것입니다.

Q 임대인의 동의를 받아 전대차계약을 체결한 전차인이 사업자등록 신청도 한 경우 10년 동안 계약갱신요구도 할 수 있고, 권리금 보호도 받을 수 있는 것인가요?

A 계약갱신요구는 할 수 있지만 권리금 보호는 받을 수 없습니다.

상가임대차법에서 제10조(계약갱신 요구 등)를 전대차관계에 적용하도록 하고 있으므로, 전차인은 전대인(임차인)에게 최초의 임대차기간을 포함한 전체 임대차기간 10년 이내에 계약갱신요구권을 행사할 수 있습니다. 또한 임대인의 동의를 받아 전대차계약을 체결한 전차인은 전대인(임차인)의 계약갱신요구권 행사 기간 이내에 전대인(임차인)을 대위하여 임대인에게 계약갱신요구권을 행사할 수 있습니다. 다만, 상가임대차법에서 제10조의4(권리금 회수 기회보호 등)를 전대차관계에 적용하도록 하고 있지 않으므로, 전차인은 상가임대차법에 따른 권리금 회수기회 보호를 받을 수 없습니다.

23. 보증금 중 일정액의 보호(제14조)

① 임차인은 보증금 중 일정액을 다른 담보물권자보다 우선하여 변제받을 권리가 있다. 이 경우 임차인은 건물에 대한 경매신청의 등기 전에 제3조제1항의 요건을 갖추어야 한다.

② 제1항의 경우에 제5조제4항부터 제6항까지의 규정을 준용한다.

③ 제1항에 따라 우선변제를 받을 임차인 및 보증금 중 일정액의 범위와 기준은 임대건물가액(임대인 소유의 대지가액을 포함한다)의 2분의 1 범위에서 해당 지역의 경제 여건, 보증금 및 차임 등을 고려하여 제14조의2에 따른 상가건물임대차위원회의 심의를 거쳐 대통령령으로 정한다.

임차건물에 대한 경매신청의 등기 전에 대항력을 갖춘 소액임차인은 경매 또는 공매 시 임차건물의 환가대금에서 보증금 중 일정액을 다른 담보물권자보다 가장 우선하여 배당받을 권리가 있습니다.

가. 소액임차인

환산보증금액이 다음의 금액에 해당되는 상가건물의 임차인을 소액임차인이라고 합니다.

- 서울특별시: 6천 500만 원 이하
- 수도권정비계획법에 따른 과밀억제권역(서울특별시 제외): 5천 500만 원 이하
- 광역시(수도권정비계획법에 따른 과밀억제권역에 포함된 지역과 군 지역은 제외), 안산시, 용인시, 김포시 및 광주시: 3천 800만 원 이하
- 그 밖의 지역: 3천만 원 이하

그러나 임차권등기명령의 집행에 따른 임차권등기를 마친 건물(임대차의 목적이 건물의 일부분인 경우에는 그 부분으로 한정)을 그 이후에 임차한 임차인은 소액임차인에 해당되어도 우선변제를 받을 권리가 없습니다(상가임대차법 제6조 제6항). 또한 처음 임대차계약을 체결할 당시 임대차보증금의 액수가 적어서 소액임차인에 해당한다고 하더라도 그 후 갱신과정에서 증액되어 그 한도를 초과하면 더 이상 소액임차인에 해당하지 않게 된다는 취지의 하급심 판결이 있으므로(대구지방법원 2004. 3. 31. 선고 2003가단134010 판결 참조), 이러한 경우에는 우선변제권을 행사할 수 없을 것으로 보입니다.

나. 최우선변제의 범위

소액임차인이 최우선변제를 받을 보증금 중 일정액의 범위는 다음 구분에 의한 금액 이하로 합니다. 이 경우 최우선변제 금액이 상가건물의 가액의 2분의 1을 초과하는 경우에는 상가건물의 가액의 2분의 1에 해당하는 금액에 한하여 최우선변제권이 있습니

다(상가임대차법 시행령 제7조 제1항 및 제2항).

- 서울특별시: 2천 200만 원 이하
- 수도권정비계획법에 따른 과밀억제권역(서울특별시는 제외한다): 1천 900만 원 이하
- 광역시(수도권정비계획법에 따른 과밀억제권역에 포함된 지역과 군 지역은 제외한다), 안산시, 용인시, 김포시 및 광주시: 1천 300만 원 이하
- 그 밖의 지역: 1천만 원 이하

하나의 상가건물에 임차인이 2명 이상이고, 그 각 보증금 중 일정액의 합산액이 상가건물의 가액의 2분의 1을 초과하는 경우에는 그 각 보증금 중 일정액의 합산액에 대한 각 임차인의 보증금 중 일정액의 비율로 그 상가건물의 가액의 2분의 1에 해당하는 금액을 분할한 금액을 각 임차인의 보증금 중 일정액으로 봅니다(상가임대차법 시행령 제7조 제3항).

소액임차인 및 최우선변제의 범위를 표로 정리하면 아래와 같습니다.

구분	소액임차인의 범위	최우선변제의 범위
서울특별시	6천 500만 원 이하	2천 200만 원 이하
수도권정비계획법에 따른 과밀억제권역(서울특별시는 제외한다)	5천 500만 원 이하	1천 900만 원 이하
광역시(수도권정비계획법에 따른 과밀억제권역에 포함된 지역과 군 지역은 제외한다), 안산시, 용인시, 김포시 및 광주시	3천 800만 원 이하	1천 300만 원 이하
그 밖의 지역	3천만 원 이하	1천만 원 이하

다. 상가임대차법 제14조 제1항 후문에서 말하는 '경매신청의 등기'의 의미

상가임대차법 제14조 제1항 후문에서 말하는 '경매신청의 등기'란 국세징수법에 의한 공매에 있어서는 조세채권의 내용을 실현하고 그 만족을 얻기 위한 체납처분의 최초의 절차로서 납세자의 특정 재산을 강제적으로 확보하기 위하여 처분을 금지하는 '체납처분에 의한 압류등기'를 의미합니다(서울행정법원 2006. 4. 18. 선고 2005구합27734 판결 참조).

24. 상가건물임대차위원회(제14조의2)

① 상가건물 임대차에 관한 다음 각 호의 사항을 심의하기 위하여 법무부에 상가건물임대차위원회(이하 "위원회"라 한다)를 둔다.
1. 제2조제1항 단서에 따른 보증금액
2. 제14조에 따라 우선변제를 받을 임차인 및 보증금 중 일정액의 범위와 기준

② 위원회는 위원장 1명을 포함한 10명 이상 15명 이하의 위원으로 성별을 고려하여 구성한다.

③ 위원회의 위원장은 법무부차관이 된다.

④ 위원회의 위원은 다음 각 호의 어느 하나에 해당하는 사람 중에서 위원장이 임명하거나 위촉하되, 제1호부터 제6호까지에 해당하는 위원을 각각 1명 이상 임명하거나 위촉하여야 하고, 위원 중 2분의 1 이상은 제1호 · 제2호 또는 제7호에 해당하는 사람을 위촉하여야 한다.
1. 법학 · 경제학 또는 부동산학 등을 전공하고 상가건물 임대차 관련 전문지식을 갖춘 사람으로서 공인된 연구기관에서 조교수 이상 또는 이에 상당하는 직에 5년 이상 재직한 사람
2. 변호사 · 감정평가사 · 공인회계사 · 세무사 또는 공인중개사로서 5년 이상 해당 분야에서

상가임대차법의 적용범위에 관한 상가건물의 임대차 보증금액, 우선변제를 받을 임차인 및 보증금 중 일정액의 범위와 기준에 관한 사항을 심의하기 위하여 법무부에 상가건물임대차위원회를 설치하되, 위원장은 법무부차관으로 하고, 위원은 국토교통부에서 상가건물 임대차 관련 업무를 담당하는 고위공무원단에 속하는 공무원 등으로 하는 내용의 상가임대차법 제14조의2를 두고 있습니다.

25. 강행규정(제15조)

이 법의 규정에 위반된 약정으로서 임차인에게 불리한 것은 효력이 없다.

Q 임대차계약을 체결하면서 특약사항으로 임대인이 일방적으로 차임을 인상할 수 있고, 임차인은 이에 대하여 어떠한 이의도 제기하지 않기로 한다고 약정한 경우 임대인이 일방적으로 차임을 인상할 수 있는지요?

A 그렇지 않습니다.

상가임대차계약에 있어서 임대차기간 중에 당사자의 일방이 차임을 변경하고자 할 때에는 상대방의 동의를 얻어야 하고, 그 동의가 없는 경우에는 상가임대차법 제11조에 의하여 차임의 증감을 청구해야 합니다. 그렇지 않고 임대차계약을 체결하면서 특약사항으로 임대인이 일방적으로 차임을 인상할 수 있고 상대방은 이의를 할 수 없다고 약정하였다면, 이는 상가임대차법 제11조에 위반하는 약정으로서 임차인에게 불리한 것이므로 상가임대차법 제15조에 의하여 효력이 없는 것입니다(대법원 2014. 2. 27. 선고 2009다39233 판결 참조).

26. 일시사용을 위한 임대차(제16조)

이 법은 일시사용을 위한 임대차임이 명백한 경우에는 적용하지 아니한다.

사업자등록의 대상이 되는 상가건물의 임대차이더라도 이것이 일시사용을 위한 임대차임이 명백한 경우에는 상가임대차법이 적용되지 않습니다. 그러나 일시사용을 위한 임대차가 어떤 것인지에 관하여는 규정을 두고 있지 않기 때문에 결국 임대차의 목적과 임대차목적물의 종류, 구조, 차임액 등 제반요건을 고려하여 당사자 사이에 임대차계약을 일시적으로만 존속시킬 의사가 있었다고 판단되면 이를 일시사용을 위한 임대차로 볼 수 있을 것입니다.

27. 미등기전세에의 준용(제17조)

> 목적건물을 등기하지 아니한 전세계약에 관하여 이 법을 준용한다. 이 경우 "전세금"은 "임대차의 보증금"으로 본다.

전세권자는 전세금을 지급하고 타인의 부동산을 점유하여 그 부동산의 용도에 좇아 사용·수익하며, 그 부동산 전부에 대하여 후순위권리자 기타 채권자보다 전세금의 우선변제를 받을 권리가 있습니다(민법 제303조 제1항). 이러한 전세권은 전세권설정자와 전세권자가 전세권설정계약을 체결하고 전세권등기를 함으로써 취득하는 것인데, 전세권설정계약만 체결하고 전세권등기를 하지 않은 경우를 미등기전세라고 합니다. 상가임대차법 제17조에 따라 이러한 미등기전세에는 민법 제303조 이하의 전세권에 관한 규정이 적용되지 않고, 상가임대차법이 준용되는 것입니다. 이 경우 전세금은 임대차의 보증금으로 보게 됩니다.

28. 소액사건심판법의 준용(제18조)

> 임차인이 임대인에게 제기하는 보증금반환청구소송에 관하여는 소액사건심판법 제6조·제7조·제10조 및 제11조의2를 준용한다.

임차인이 임대인에게 제기하는 보증금반환청구소송에 관하여는 소액사건이 아닌 경우에도 아래와 같이 소액사건심판법 제6조·제7조·제10조 및 제11조의2를 준용하여 소송절차를 신속하게 진행할 수 있습니다.

- 임차인이 제기한 보증금반환청구소송의 소장 부본은 법원이 지체 없이 임대인에게 송달해야 합니다(소액사건심판법 제6조).

- 보증금반환청구의 소의 제기가 있는 경우에 판사는 바로 변론기일을 정할 수 있고, 되도록 1회의 변론기일로 심리를 마치도록 해야 하며, 변론기일전이라도 당사자로 하여금 증거신청을 하게 하는 등 필요한 조치를 취할 수 있습니다(소액사건심판법 제7조).

- 판사는 필요하다고 인정한 때에는 직권으로 증거조사를 할 수 있으나, 그 증거조사의 결과에 관하여는 당사자의 의견을 들어야 합니다. 증인은 판사가 신문하나 당사자는 판사에게 고하고 신문할 수 있고, 판사는 상당하다고 인정한 때에는 증인 또는 감정인의 신문에 갈음하여 서면을 제출하게 할 수 있습니다(소액사건심판법 제10조).

- 판결의 선고는 변론종결 후 즉시 할 수 있고, 판결을 선고함에는 주문을 낭독하고 주문이 정당함을 인정할 수 있는 범위 안에서 그 이유의 요지를 구술로 설명하여야 하며, 판결서에는 이유를 기재하지 않을 수 있습니다(소액사건심판법 제11조의2).

29. 표준계약서의 작성 등(제19조)

법무부장관은 국토교통부장관과 협의를 거쳐 보증금, 차임액, 임대차기간, 수선비 분담 등의 내용이 기재된 상가건물임대차표준계약서를 정하여 그 사용을 권장할 수 있다.

상가임차인 보호를 더욱 강화하기 위하여 법무부장관이 상가건물 임대차계약에 관한 표준계약서를 마련하여 그 사용을 권장하도록 하였습니다. 표준권리금계약서의 경우와 마찬가지로 이는 권장 사항이지 의무 사항이 아니므로, 상가건물 임대차계약을 체결하는 당사자는 상가건물 임대차계약에 관한 표준계약서와 다른 내용의 약정을 할 수 있습니다. 자세한 내용은 부록의 법무부 작성 상가건물 임대차 표준계약서를 참고하시기 바랍니다.

30. 상가건물임대차분쟁조정위원회(제20조)

① 이 법의 적용을 받는 상가건물 임대차와 관련된 분쟁을 심의 · 조정하기 위하여 대통령령으로 정하는 바에 따라 「법률구조법」 제8조에 따른 대한법률구조공단의 지부, 「한국토지주택공사법」에 따른 한국토지주택공사의 지사 또는 사무소 및 「한국감정원법」에 따른 한국감정원의 지사 또는 사무소에 상가건물임대차분쟁조정위원회(이하 "조정위원회"라 한다)를 둔다. 특별시 · 광역시 · 특별자치시 · 도 및 특별자치도는 그 지방자치단체의 실정을 고려하여 조정위원회를 둘 수 있다.

② 조정위원회는 다음 각 호의 사항을 심의 · 조정한다.

1. 차임 또는 보증금의 증감에 관한 분쟁
2. 임대차 기간에 관한 분쟁
3. 보증금 또는 임차상가건물의 반환에 관한 분쟁
4. 임차상가건물의 유지 · 수선 의무에 관한 분쟁
5. 권리금에 관한 분쟁
6. 그 밖에 대통령령으로 정하는 상가건물 임대차에 관한 분쟁

③ 조정위원회의 사무를 처리하기 위하여 조정위원회에 사무국을 두고, 사무국의 조직 및 인력 등에 필요한 사항은 대통령령으로 정한다.

④ 사무국의 조정위원회 업무담당자는 「주택임대차보호법」 제14조에 따른 주택임대차분쟁조정위원회 사무국의 업무를 제외하고 다른 직위의 업무를 겸직하여서는 아니 된다.

기존의 상가임대차법은 임차인과 임대인의 갈등이 꾸준히 발생하고 있음에도 상가건물 임대차 분쟁 해결을 위한 분쟁조정위원회제도가 도입되어 있지 않아 이를 먼저 도입한 주택임대차보호법과 형평성이 맞지 않는다는 지적이 있어 왔습니다. 이에 상가건물 임대차에 관한 분쟁을 조정하기 위하여 2018. 10. 16. 상가임대차법 개정을 통해 법률구조법에 따른 대한법률구조공단의 지부에 상가건물임대차분쟁조정위원회를 설치하였습니다. 이는 임대인과 임차인 간의 분쟁이 신속하게 해결될 수 있도록 함으로써 상인들이 안정적으로 생업에 종사할 수 있게 하기 위한 것입니다.

31. 주택임대차분쟁조정위원회 준용(제21조)

조정위원회에 대하여는 이 법에 규정한 사항 외에는 주택임대차분쟁조정위원회에 관한 「주택임대차보호법」 제14조부터 제29조까지의 규정을 준용한다. 이 경우 "주택임대차분쟁조정위원회"는 "상가건물임대차분쟁조정위원회"로 본다.

상가건물임대차분쟁조정위원회에 관해서는 상가임대차법에 규정한 사항 외에는 별도의 규정을 두지 않고, 이를 먼저 도입한 주택임대차보호법의 주택임대차분쟁조정위원회에 관한 규정을 준용하도록 하고 있습니다.

32. 벌칙 적용에서 공무원 의제(제22조)

공무원이 아닌 상가건물임대차위원회의 위원 및 상가건물임대차분쟁조정위원회의 위원은 「형법」 제127조, 제129조부터 제132조까지의 규정을 적용할 때에는 공무원으로 본다.

공무원이 아닌 상가건물임대차위원회의 위원 및 상가건물임대차분쟁조정위원회의 위원은 형법 제127조(공무상 비밀의 누설), 제129조(수뢰, 사전수뢰), 제130조(제삼자뇌물제공), 제131조(수뢰후부정처사, 사후수뢰), 제132조(알선수뢰)까지의 규정을 적용할 때에는 공무원으로 보도록 규정하고 있습니다. 이렇게 공무원이 아닌 사람을 공무원으로 의제하여 처벌할 수 있도록 하는 것은 다루는 업무의 공공성이 크기 때문에 그 업무수행을 할 때 공정성과 책임성을 확보하기 위한 것입니다.

제2장

민법에 규정된 임대차

01. 임대차의 의의(제618조)

임대차는 당사자 일방이 상대방에게 목적물을 사용, 수익하게 할 것을 약정하고 상대방이 이에 대하여 차임을 지급할 것을 약정함으로써 그 효력이 생긴다.

가. 임대인

1) 임대차계약의 당사자

- 소유자

상가건물의 소유자는 임대인이 될 수 있고, 상가건물의 소유자가 아닌 사람도 상가건물에 대한 처분권 또는 임대권한을 가지고 있다면 임대인이 될 수 있습니다. 임대차계약상의 임대인의 의무는 목적물을 사용, 수익하게 할 의무로서 목적물에 대한 소유권이 있을 것을 성립요건으로 하고 있지 않습니다. 따라서 임대인이 소유권을 상실하였다고 하더라도 그런 이유만으로는 임대차계약상의 임대인의 의무가 이행불능되었다고 할 수 없습니다(대법원 1994. 5. 10. 선고 93다37977 판결 참조).

임대인이 임차상가건물에 대한 소유권 기타 이를 임대할 권한이 없다고 하더라도 임대차계약은 유효하게 성립합니다. 따라서 임대인은 임차인이 임차상가건물을 완전하게 사용·수익하도록 할 의무가 있고 또한 임차인은 이러한 임대인의 의무가 이행불능으로 되지 않는 한 그 사용·수익의 대가로 차임을 지급할 의무가 있습니다. 그리고 임대차 관계가 종료되면 임차인은 임대인에게 임차상가건물을 명도하고 임대차 종료일까지의 연체차임을 지급할 의무가 있음은 물론, 임대차 종료일 이후부터 임차상가건물의 명도 완료일까지 이를 점유·사용함에 따른 차임 상당의 부당이득금을 반환할 의무도 있습니다. 그러나 임차인이 진실한 소유자로부터 임차상가건물의 반환청구나 임료 내지 그 해당액의 지급요구를 받는 등의 이유로 임대인이 임차인으로 하여금 임차상가건물을 사용·수익하게 할 수가 없게 되었다면 임대인의 채무는 이행불능으로 되고, 임차인은 이행불능으로 인한 임대차의 종료를 이유로 그때 이후의 임대인의 차임지급 청구를 거절할 수 있습니다(대법원 1996. 9. 6. 선고 94다54641 판결 참조). 그리고 이러한 이행불능의 경우 임대차는 당사자의 해지 의사표시를 기다릴 필요 없이 당연히 종료되는 것입니다(대법원 1996. 3. 8. 선고 95다15087 판결 참조).

- 상가건물의 공유자

상가건물이 공유물인 경우 이러한 상가건물을 임대하는 행위 및 그 임대차계약을 해지하는 행위는 공유물의 관리행위에 해당하고, 공유물의 관리에 관한 사항은 공유자의 지분의 과반수로 결정하도록 하고 있습니다(민법 제265조, 대법원 1991. 9. 24. 선고 88다카33855 판결 참조). 따라서 상가건물의 공유자와 임대차계약을 체결하는 경우에는 등기부를 통해서 이러한 공유자의 지분이 과반수인지 확인해야 합니다. 이에 관해 판례는 과반수 지분의 공유자는 다른 공유자와 사이에 미리 공유물의 관리방법에 관한 협의가 없었다 하더라도 공유물의 관리에 관한 사항을 단독으로 결정할 수 있으므로, 과반수 지분의 공유자가 그 공유물의 특정 부분을 배타적으로 사용·수익하기로 정하는 것은 공유물의 관리방법으로서 적법하다고 보고 있습니다(대법원 2002. 5. 14. 선고 2002다9738 판결 참조).

한편 대법원은 공유물의 소수지분권자가 공유물의 전부 또는 일부를 독점적으로 점유·사용하는 경우 다른 소수지분권자가 공유물의 보존행위로서 공유물의 인도를 청구할 수 있다는 취지의 판결들을 선고해 왔습니다. 그러다가 대법원 2020. 5. 21. 선고 2018다287522 전원합의체 판결을 통하여, 공유물의 소수지분권자가 다른 공유자와 협의 없이 공유물의 전부 또는 일부를 독점적으로 점유·사용하고 있는 경우에도 다른 소수지분권자는 공유물의 보존행위로서 그 인도를 청구할 수는 없고, 다만 자신의 지분권에 기초하여 공유물에 대한 방해 상태를 제거하거나 공동 점유를 방해하는 행위의 금지 등을 청구할 수 있다고 판례를 변경하였습니다.

상가건물의 공유자가 공동으로 건물을 임대하고 보증금을 수령한 경우, 특별한 사정이 없는 한 그 임대는 각자 공유지분을 임대한 것이 아니고 임대목적물을 다수의 당사자로서 공동으로 임대한 것이고, 그 보증금 반환채무는 성질상 불가분채무에 해당합니다 (대법원 1998. 12. 8. 선고 98다43137 판결 참조).

상가건물의 공유자 중 1인이 다른 공유자의 동의 없이 그 부동산을 제3자에게 임대하였다면 이로 인한 수익 중 자신의 지분을 초과하는 부분에 대해서는 법률상 원인 없이 취득한 부당이득이 되어 이를 반환할 의무가 있고, 이 경우 반환해야 할 범위는 상가건물의 임대차로 인한 차임상당액이 됩니다(대법원 1991. 9. 24. 선고 91다23639 판결 참조).

그리고 임대차의 내용이 미등기전세이거나 보증금이 있는 경우에는 전세금이나 보증금의 이자 상당액이 차임에 해당되거나 차임에 보태어지는 것입니다. 이와 관련하여 대법원은 임대차에 보증금이 있는 경우 차임에 해당하는 이자 상당액의 계산에 있어서는 간주 임대료에 관한 세법의 규정을 그대로 적용 또는 준용할 수는 없을 것이지만, 임대차 기간이 1년 이상인 경우에는 임대인의 특별한 재능이나 노력이 없더라도 시중 은행의 계약기간 1년의 정기예금 이자율에 의한 금액 정도는 당연히 취득할 수 있을 것이라는 이유로, 세법의 규정과 같이 계약기간 1년의 정기예금 이자율에 의하여 이자를 산정한 원심의 판단을 수긍한 사례가 있습니다(대법원 1995. 7. 14. 선고 94다15318 판결 참조).

- 대리인

대리인과 상가건물의 임대차계약을 체결하는 경우에는 위임장을 통해서 이러한 대리인이 상가건물 임대차계약을 체결할 권한을 가지고 있는지 확인해야 합니다. 또한 판례는 일상생활비로서 객관적으로 타당한 범위를 넘어선 금전 차용이나 가옥 임대, 부동산 처분 행위 등은 일상적인 가사의 범위에 속하지 않는다고 보고 있으므로(대법원 1993. 9. 28. 선고 93다16369 판결 참조), 상가건물 소유자의 배우자와 임대차계약을 체결하는 경우에는 위임장 등을 통해서 이러한 상가건물 소유자의 배우자가 상가건물 임대차계약을 체결할 권한을 가지고 있는지 확인할 필요가 있습니다.

2) 임대인 지위양도

임대차계약에 있어 임대인의 지위의 양도는 임대인의 의무의 이전을 수반하는 것이지만 임대인의 의무는 임대인이 누구인가에 의하여 이행방법이 특별히 달라지는 것은 아니고, 목적물의 소유자의 지위에서 거의 완전히 이행할 수 있으며, 임차인의 입장에서 보아도 신 소유자에게 그 의무의 승계를 인정하는 것이 오히려 임차인에게 훨씬 유리할 수도 있으므로 임대인과 신 소유자와의 계약만으로 그 지위의 양도를 할 수 있습니다. 그러나 이 경우에 임차인이 원하지 않으면 임대차의 승계를 임차인에게 강요할 수는 없는 것이어서 스스로 임대차를 종료시킬 수 있어야 한다는 공평의 원칙 및 신의성실의 원칙에 따라 임차인이 곧 이의를 제기함으로써 승계되는 임대차관계의 구속을 면할 수 있고, 임대인과의 임대차관계도 해지할 수 있는 것입니다(대법원 1998. 9. 2. 98마100 결정 참조).

Q 집합건물에서 상가관리운영위원회가 구분소유자들을 대리하여 구분점포의 임대차계약을 체결하고, 그 후 관리단집회 결의를 통하여 상가관리운영위원회를 관리인으로 선임하고, 관리인인 상가관리운영위원회에게 상가건물에 대한 임대권한을 위임하는 내용의 관리규약까지 제정한 경우, 이러한 관리규약이 상가관리운영위원회에게 자신의 구분점포에 대한 임대권한을 위임하지 않은 구분소유자에게도 효력을 미치는지요?

A 그렇지 않습니다.

집합건물법 제28조, 제29조는 단체자치의 원칙에 따라 자율적으로 규약을 제정할 수 있음을 명시하고 있는데, 이러한 절차에 따라 제정된 집합건물의 규약은 그 내용이 강행법규에 위배된다거나, 구분소유자의 소유권을 필요하고 합리적인 범위를 벗어나 과도하게 침해 내지 제한함으로써 선량한 풍속 기타 사회질서에 위배된다고 볼 정도로 사회관념상 현저히 타당성을 잃었다고 인정되는 경우에는 무효가 됩니다. 집합건물의 관리인에게 건물 전체 또는 상당 부분에 대한 임대권한을 위임하는 내용의 규약은, 구분소유자가 원칙적으로 독점적·배타적 사용·관리 권한을 가지는 전유부분에 대하여 다른 구분소유자와의 조정의 범위를 초과하는 사용제한을 설정한 것으로서, 구분소유자의 소유권을 과도하게 침해 내지 제한함으로써 사회관념상 현저히 타당성을 잃은 것으로서 무효라고 할 것입니다(대법원 2009. 4. 9. 선고 2009다242 판결 참조). 따라서 이러한 규약은 자신의 전유부분에 대한 임대권한을 위임하지 않은 구분소유자에게는 효력을 미치지 않는 것입니다.

Q 임차인이 임대인과 임대차계약을 체결하고 임차상가건물을 인도받아 차임을 지급하고 임대차계약 내용대로 이를 사용하였습니다. 그런데 임대인이 제3자와의

소송에서 패소하여 임차상가건물에 관한 임대인의 소유권등기가 말소된 경우, 임차인은 소유자가 아닌 임대인에 대하여 차임 상당의 부당이득반환청구권이 있는지요?

A 그렇지 않습니다.

임대인이 임차상가건물의 소유자가 아닌 경우라도 임차인이 임대차계약 내용대로 임차상가건물을 사용하였다면 그 임대차계약은 적법하게 이행되었고, 임차인이 임대인에 대하여 부당이득반환청구권을 취득하는 것이 아닙니다(수원지방법원 1988. 7. 15. 선고 87나663 판결 참조). 또한 민법 제201조(점유자와 과실) 제1항에서는 선의의 점유자는 점유물의 과실을 취득한다고 규정하고 있는데, 임대차계약에 의하여 임차상가건물을 점유한 임차인의 점유는 과실취득권이 있는 선의의 점유로 추정되므로, 특별한 사정이 없는 한 임차인은 선의점유자로서 임차상가건물에 대한 과실취득권이 있다고 할 것이고, 진정한 소유자인 제3자에 대하여 임차상가건물의 과실에 해당하는 차임 상당의 부당이득을 반환할 의무도 없는 것입니다.

Q 임대인이 임대차목적물을 임차인에게 인도하여 임차인이 이를 사용·수익하고 있던 중 임대인이 소유권을 상실하여 임대차목적물을 사용·수익하게 할 수 없는 사정이 발생한 경우 임대차계약이 소급하여 무효가 되는지요? 이러한 경우에 임차인은 임대인에게 임대차목적물을 반환하지 않아도 되는지요?

A 그렇지 않습니다.

임대차는 당사자의 일방이 상대방에게 임대차목적물을 사용·수익하게 할 것을 약정하면 되는 것으로서 임대인이 임대차목적물에 대한 소유권이나 기타 그것을 처분할 권한을 반드시 가져야 하는 것은 아닙니다. 따라서 임대차계약이 일단 유효하게 성립하고 임대인이 임대차목적물을 인도하여 임차인이 이를 사용·수익하고 있었다면 그 후에 임대인이 임대차목적물에 대한 사용·수익권을 상실하는 등으로 그 계약의 목적을 달성할 수 없는 사정이 발생한다 하더라도 특별한 사정이 없는 한 그 계약이 소급하여 무효로 되는 것은 아닙니다. 또한 이러한 사정으로 임대차계약이 종료되면 임차인은 임대인이 임대차목적물에 대한 소유권 기타 사용·수익권이 있는지 여부와 관계없이 점유하고 있는 임대차목적물을 임대인에게 반환해야 할 임대차계약상 의무가 있습니다(대법원 1991. 3. 27. 선고 88다카30702 판결 참조).

Q 상가건물의 1/7 지분을 소유한 공유자가 다른 공유자들의 동의 없이 이를 임대하여 임차인으로부터 임대차보증금을 받고, 임대료도 지급받았다면, 다른 공유자들은 상가건물을 임대한 공유자를 상대로 지분비율에 따른 임대차보증금과 차임의 반환을 청구할 수 있는 것인지요?

A 지분비율에 따른 차임 상당액은 청구할 수 있으나, 지분비율에 따른 임대차보증금은 청구할 수 없습니다.

상가건물의 1/7 지분을 소유한 공유자가 다른 공유자들의 동의 없이 상가건물을 임대하였다면 이로 인한 수익 중 자신의 지분을 초과하는 부분에 대하여는 법률상 원인 없이 취득한 부당이득이 되어 이를 반환할 의무가 있습니다. 또한 이러한 무단임대행위는 다른 공유자들의 사용·수익을 침해한 불법행위가 되어 그 손해를 배상할 의무가 있습니다. 다만, 그 반환 또는 배상의 범위는 상가건물의 임대차로 인한 차임 상당액이 되는 것이고, 임대차보증금 자체에 대한 지분비율 상당액의 반환 또는 배상은 청구할 수 없습니다(대법원 1991. 9. 24. 선고 91다23639 판결 참조).

Q 임차인이 공인중개사에게 자신이 임차상가건물의 소유자라고 하면서 임차인이 되려는 사람을 소개해 달라고 하였고, 공인중개사가 그 말을 믿고 임차상가건물의 소유자를 확인하지 않은 채 임차인에게 제3자를 소개하여 임대차계약이 체결되고, 임대차보증금 및 임대료가 지급되었는데, 사실은 임차인이 임대인으로부터 임차상가건물에 대한 임대차 등 처분권한을 수여받은 사실이 없었고, 자력도 없었던 경우에 공인중개사가 제3자에게 손해배상책임을 부담하는지요?

A 네 그렇습니다.

부동산중개업자는 선량한 관리자의 주의와 신의성실로써 부동산을 임대하려는 자가 그 부동산의 진정한 권리자로서 적법하게 임대할 수 있는지 여부를 부동산등기부와 주민등록증 등으로 조사확인하여 임차인에게 정확하게 설명해야 할 의무가 있습니다(서울지방법원 동부지원 1994. 6. 1. 선고 93가단41427 판결 참조). 따라서 공인중개사가 이러한 절차를 간과하고 임차인의 말만 믿고 임대차계약을 중개하였다면 이로 인해 제3자에게 발생한 재산상 손해를 배상할 의무가 있는 것입니다.

Q 임차인이 막대한 시설비를 투자하여 양식 음식점 시설을 갖추고 영업을 해 왔으나, 누수로 인하여 상당한 부분의 식당 시설이 훼손되고 정화조 탱크가 파손되는 등 임차상가건물에 하자가 있어 영업을 계속하지 못하게 된 경우에 임차인이 이로 인한 정신적 고통에 관해서도 임대인을 상대로 위자료를 청구할 수 있는가요?

A 반드시 그렇지는 않습니다.

일반적으로 임대차계약에 있어서 임대인의 채무불이행으로 인하여 임차인이 임차의 목적을 달성할 수 없게 되어 손해가 발생한 경우, 이로 인하여 임차인이 받은 정신적 고통은 그 재산적 손해에 대한 배상이 이루어짐으로써 회복된다고 보고 있습니다. 따라서 임차인이 재산적 손해의 배상만으로는 회복될 수 없는 정신적 고통을 입었다는 특별한 사정이 있고, 임대인이 이와 같은 사정을 알았거나 알 수 있었을 경우에 한하여 정신적 고통에 대한 위자료를 인정할 수 있습니다(대법원 1993. 11. 9. 선고 93다19115 판결 참조).

임대인은 임대차기간 중 임차인에게 임차상가건물을 사용, 수익하게 함에 필요한 상태를 유지하게 할 의무가 있습니다. 임대인이 이러한 의무를 위반함으로 인하여 누수가 발생하였고, 상당한 부분의 식당시설이 훼손되고 정화조 탱크가 파손되는 등 임차상가건물에 하자가 있어 임차인이 영업을 계속하지 못하게 된 경우에 임차인이 입게 된 정신적 고통에 대하여 임대인이 위자료를 지급할 의무가 있다고 하기 위해서는 임차인이 재산적 손해의 배상만으로는 회복될 수 없는 정신적 고통을 입었다는 특별한 사정이 있고, 임대인이 이와 같은 사정을 알았거나 알 수 있었어야 하는 것입니다(대법원 1994. 12. 13. 선고 93다59779 판결 참조).

Q 임차인이 차임을 연체하여 임대인이 임대차계약 해지 통지를 했는데, 알고 보니 임차상가건물은 임대인의 소유가 아니었고 소유자가 따로 있었습니다. 그렇다면 임차인은 이러한 임대인에게 임차상가건물을 명도하지 않아도 되는 것인지요?

A 그렇지 않습니다.

임대인이 임차상가건물에 대한 소유권 기타 이를 임대할 권한이 없다고 하더라도 임대차계약은 유효하게 성립하고, 따라서 임대인은 임차인으로 하여금 임차상가건물을 완전하게 사용·수익하게 할 의무가 있고, 또한 임차인은 이러한 임대인의 의무가 이행불능으로 되지 않는 한 그 사용·수익의 대가로 차임을 지급할 의무가 있다고 할 것이며, 임대차관계가 종료되면 임차인은 임차상가건물을 임대인에게 반환해야 할 계약상의 의무가 있습니다. 다만 이런 경우 임차인이 진실한 소유자로부터 목적물의 반환청구나 임료 내지 그 해당액의 지급요구를 받는 등의 이유로 임대인이 임차인으로 하여금 사용·수익하게 할 수가 없게 되면 임대인의 채무는 이행불능으로 되고 임차인은 이행불능으로 인한 임대차의 종료를 이유로 그때 이후의 임대인의 차임 지급 청구를 거절할 수 있는 것입니다(대법원 1972. 6. 27. 선고 71다1848 판결, 1978. 9. 12. 선고 78다1103 판결 등 참조).

따라서 임차상가건물이 임대인의 소유가 아니라고 하더라도 임대차계약이 임차인의 차임 연체로 해지되었다면, 특별한 사정이 없는 한 임차인은 임대인에게 임차상가건물을 명도해야 하고 해지로 인한 임대차 종료 시까지의 연체 차임 및 그 이후부터 명도 완료일까지 임차상가건물의 점유·사용에 따른 차임 상당의 부당이득금을 반환할 의무가 있는 것입니다.

Q 임대인이 임대차계약을 체결하면서 임차인에게 임차상가건물이 경매진행 중인 사실을 고지하지 않았습니다. 이러한 경우에 임차인에게도 등기부를 확인하지 않은 과실이 있으므로 임대인에게 사기죄가 성립하지 않는 것인지요?

A 그렇지 않습니다.

사기죄의 요건으로서의 기망은 널리 재산상의 거래관계에 있어 서로 지켜야 할 신의와 성실의 의무를 저버리는 모든 적극적 또는 소극적 행위를 말하는 것입니다. 이러한 소극적 행위로서의 부작위에 의한 기망은 법률상 고지의무 있는 자가 일정한 사실에 관하여 상대방이 착오에 빠져 있음을 알면서도 이를 고지하지 않는 것을 말합니다. 일반 거래의 경험칙상 상대방이 그 사실을 알았더라면 당해 법률행위를 하지 않았을 것이 명백한 경우에는 신의칙에 비추어 그 사실을 고지할 법률상 의무가 인정된다고 하겠습니다. 이와 관련하여 대법원은 임대인이 임대차계약을 체결하면서 임차인에게 임대목적물이 경매진행중인 사실을 알리지 않은 경우, 임차인이 등기부를 확인 또는 열람하는 것이 가능하더라도 사기죄가 성립한다고 본 사례가 있습니다(대법원 1998. 12. 8. 선고 98도3263 판결 참조).

Q 임차인이 임대차계약을 체결하고 임차상가건물을 사용·수익하던 중, 절도범이 침입하여 금품을 도난당하였는데, 임차상가건물이 주위 담장이 낮고, 차면시설이 불량하였다면, 임차인은 임대인에 대하여 안전배려의무 위반을 이유로 손해배상을 청구할 수 있을까요?

A 그렇지 않습니다.

통상의 임대차관계에 있어서 임대인의 임차인에 대한 의무는 특별한 사정이 없는 한 단순히 임차인에게 임대목적물을 제공하여 임차인으로 하여금 이를 사용·수익하게 함에 그치는 것이고, 더 나아가 임차인의 안전을 배려하여 주거나 도난을 방지하는 등의 보호의무까지 부담한다고 볼 수는 없습니다. 또한 임대인이 임차인에게 임대목적물을 제공하여 그 의무를 이행한 경우 임대목적물은 임차인의 지배 아래 놓이게 되어 그 이후에는 임차인의 관리하에 임대목적물의 사용·수익이 이루어지는 것입니다(대법원 1999. 7. 9. 선고 99다10004 판결 참조).

Q 임대인의 방해행위로 인하여 임차인이 임차상가건물을 사용·수익할 수 없게 됨으로써 임대인으로서의 의무가 이행불능되어 임대차계약이 종료되었다면, 임차인은 임대인에 대하여 임대차기간 만료일까지 임차상가건물을 정상적으로 사용·수익하였다면 얻을 수 있었던 영업이익 전부를 손해로서 배상받을 수 있을까요?

A 그렇지 않습니다.

임대인의 방해행위로 임차인의 임대차 목적물에 대한 사용·수익이 사회통념상 불가능하게 됨으로써 임대인의 귀책사유에 의하여 임대인으로서의 의무가 이행불능되어 임대차계약이 종료되는 경우에도, 임차인은 임대인에 대하여 임대차보증금 반환청구권을 행사할 수 있고 그 이후의 차임 지급의무를 면하며 특별한 사정이 없는 한 임대차목적물을 대신할 다른 목적물을 마련하기 위하여 합리적으로 필요한 기간 동안 임대차목적물을 이용하여 영업을 계속하였더라면 얻을 수 있었던 이익, 즉 휴업손해를 그에 대한 증명이 가능한 한 통상의 손해로서 배상을 받을 수 있을 뿐, 더 나아가 임대차기간 만료시까지 계속해서 임대차목적물을 사용·수익할 수 없음으로 인한 일실수입 손해를 별도의 손해로서 그 배상을 청구할 수는 없는 것입니다(대법원 2006. 1. 27. 선고 2005다16591, 16607 판결 참조).

Q 유치권자가 소유자인 채무자의 승낙 없이 상가건물을 임대한 경우, 소유자에게 임대차의 효력을 주장할 수 있을까요?

A 그렇지 않습니다.

유치권의 성립요건인 유치권자의 점유는 직접점유이든 간접점유이든 관계없지만, 유치권자는 채무자의 승낙이 없는 이상 그 목적물을 다른 사람에게 임대할 수 있는 처분권한이 없습니다. 따라서 유치권자의 그러한 임대행위는 소유자의 처분권한을 침해하는 것으로서 소유자에게 그 임대의 효력을 주장할 수 없는 것입니다. 그리고 소유자인 채무자의 승낙 없이 유치권자로부터 부동산을 임차한 점유자는 소유자의 부동산 인도 및 부당이득반환청구에 대하여 대항할 수 없습니다(부산지방법원 2008. 3. 24. 선고 2006가단126019 판결 참조).

Q 집합건물의 관리인에게 건물 전체 또는 상당 부분에 대한 임대권한을 위임하는 내용의 규약을 제정할 수 있을까요?

A 그렇지 않습니다.

집합건물의 관리인에게 건물 전체 또는 상당 부분에 대한 임대권한을 위임하는 내용의 규약은 구분소유자가 원칙적으로 독점적·배타적 사용·관리 권한을 가지는 전유부분에 대하여 다른 구분소유자와의 조정의 범위를 초과하는 사용제한을 설정하는 것입니다. 이는 구분소유자의 소유권을 과도하게 침해 내지 제한함으로써 사회관념상 현저히 타당성을 잃은 것으로서 무효라고 할 것입니다(대법원 2009. 4. 9. 선고 2009다242 판결 참조).

Q 집합상가건물 분양사업의 시행사가 상가 전체를 임대하면서, 수분양자 앞으로 소유권이전등기가 이루어지는 점포는 임대인의 지위가 수분양자에게 승계되고, 임대인은 그 과반수에 공통적으로 해당하는 사유에 의해서만 임대차계약을 해지할 수 있으며, 그 과반수의 의결 및 통지를 통하여 계약의 해제, 해지를 통보하도록 약정하였다면, 임대차계약의 기간만료 통보에 의한 종료의 경우에도 수분양자 과반수의 결의 및 통보가 필요한 것일까요?

A 그렇지 않습니다.

소유권 행사에는 다양한 공법상 또는 사법상 제한이 따를 수 있고, 소유자 스스로의 의사로 임차권을 설정하여 소유권 행사를 제한할 수도 있습니다. 그러나 임대차기간이 경과한 후에는 소유자가 그러한 제한으로부터 벗어나 자유롭게 소유권을 행사할 수 있는 권리가 보장되어야 할 것이므로, 임대차기간 중의 해제·해지 의사표시에 어떠한 절차가 요구되거나 제한이 따른다고 하여 임대차기간 만료에 의한 임대차계약의 종료 시에도 당연히 그와 같은 제한이 적용된다고 확대해석하여서는 안 되고, 기간만료로 인한 임대차계약의 종료에 어떠한 제한이 따른다고 하기 위해서는 그러한 내용의 법률 규정이나 당사자 사이의 별도의 명시적 또는 묵시적 약정이 있어야 할 것입니다(대법원 2014. 6. 26. 선고 2014다14122 판결 참조). 따라서 사안의 경우에도 수분양자 과반수의 의결 및 통보를 요하는 것은 임대차계약의 의무이행과 관련되는 해제, 해지에 한정해야 할 것이고, 기간만료로 인한 종료 시에까지 그러한 제약을 인정할 수는 없다고 할 것입니다.

Q 임대차계약에서 임대인과 임차인이 계약금을 임대차보증금의 10%로 정하고, 이를 채무불이행 시 손해배상액으로 하기로 예정하였는데, 임차인이 잔금일에 임대차보증금 잔금을 지급하지 않았고, 이에 임대인이 잔금일로부터 3일 만에 임대차계약을 해제하였다면, 임차인은 소송을 통해서 임대차계약 해제 시까지의 시간적 간격이 짧은데, 그에 비해 손해배상 예정액이 부당하게 과다하므로 계약금을 돌려달라고 할 수 있을까요?

A 그렇지 않습니다.

법원이 손해배상의 예정액이 부당하게 과다하다고 하여 감액하려면 채권자와 채무자의 경제적 지위, 계약의 목적과 내용, 손해배상액을 예정한 경위와 동기, 채무액에 대한 예정액의 비율, 예상 손해액의 크기, 당시의 거래 관행과 경제상태 등을 참작한 결과 손해배상 예정액의 지급이 경제적 약자의 지위에 있는 채무자에게 부당한 압박을 가하여 공정을 잃는 결과를 초래한다고 인정되는 경우라야 하고, 단지 예정액 자체가 크다든가 계약 체결 시부터 계약 해제 시까지의 시간적 간격이 짧다든가 하는 사유만으로는 부족한 것입니다(대법원 2014. 7. 24. 선고 2014다209227 판결 참조).

Q 임차인이 임대인으로부터 상가건물 일부를 임차하는 임대차계약을 체결하면서 임대차기간을 5년으로 정하였는데, 임차면적을 확대하면서 임대차기간을 8년으로 연장하기로 하여 새로 임대차계약서를 작성하였다가 다시 임대차기간을 5년으로 단축하기로 하여 임대차계약서를 새로 작성하였다면 결국 임대차기간은 몇 년으로 정한 것으로 보아야 할까요?

A 임대차기간은 나중에 작성된 계약서에서 정한 대로 5년으로 보아야 합니다.

하나의 법률관계를 둘러싸고 각기 다른 내용을 정한 여러 개의 계약서가 순차로 작성되어 있는 경우 당사자가 그러한 계약서에 따른 법률관계나 우열관계를 명확하게 정하고 있다면 그와 같은 내용대로 효력이 발생합니다. 그러나 여러 개의 계약서에 따른 법률관계 등이 명확히 정해져 있지 않다면 각각의 계약서에 정해져 있는 내용 중 서로 양립할 수 없는 부분에 관해서는 원칙적으로 나중에 작성된 계약서에서 정한 대로 계약 내용이 변경되었다고 해석하는 것이 합리적입니다(대법원 2020. 12. 30. 선고 2017다17603 판결 참조).

[판례]

[대법원 2009. 4. 9. 선고 2009다242 판결]

[1] 집합건물의 소유 및 관리에 관한 법률 제28조, 제29조는 단체자치의 원칙에 따라 자율적으로 규약을 제정할 수 있음을 명시하고 있는데, 이러한 절차에 따라 제정된 집합건물의 규약은 그 내용이 강행법규에 위배된다거나, 구분소유자의 소유권을 필요하고 합리적인 범위를 벗어나 과도하게 침해 내지 제한함으로써 선량한 풍속 기타 사회질서에 위배된다고 볼 정도로 사회관념상 현저히 타당성을 잃었다고 인정되는 경우에는 무효이다.

[2] 집합건물의 관리인에게 건물 전체 또는 상당 부분에 대한 임대권한을 위임하는 내용의 규약은, 구분소유자가 원칙적으로 독점적 · 배타적 사용 · 관리 권한을 가지는 전유부분에

대하여 다른 구분소유자와의 조정의 범위를 초과하는 사용제한을 설정한 것으로서, 구분소유자의 소유권을 과도하게 침해 내지 제한함으로써 사회관념상 현저히 타당성을 잃은 것으로서 무효라고 한 사례.

[수원지방법원 1988. 7. 15. 선고 87나663 판결]

임대인이 임대목적물의 소유자가 아닌 경우라도 임차인이 임대차계약 내용대로 임차목적물을 사용하였다면 그 임대차계약은 적법히 이행되었고, 임차인이 임대인에 대하여 부당이득반환청구권을 취득하는 것이 아니다.

[대법원 1991. 3. 27. 선고 88다카30702 판결]

임대차는 당사자의 일방이 상대방에게 목적물을 사용, 수익케 할 것을 약정하면 되는 것으로서 나아가 임대인이 그 목적물에 대한 소유권이나 기타 그것을 처분할 권한을 반드시 가져야 하는 것은 아니며, 임대차계약이 일단 유효하게 성립하고 임대인이 목적물을 인도하여 임차인이 이를 사용 수익하고 있었다면 그 후에 임대인의 목적물에 대한 사용수익권의 상실 등으로 그 계약의 목적을 달성할 수 없는 사정이 발생한다 하더라도 특별한 사정이 없는 한 그 계약이 소급하여 무효로 되는 것은 아니고 위와 같은 사정으로 임대차계약이 종료되면 임차인은 임대인이 목적물에 대한 소유권 기타 사용수익권이 있는지 여부와 관계없이 점유하고 있는 임차물을 임대인에게 반환하여야 할 계약상 의무가 있는 것이다.

[대법원 1991. 9. 24. 선고 91다23639 판결]

[1] 부동산의 1/7 지분 소유권자가 타공유자의 동의없이 그 부동산을 타에 임대하여 임대차보증금을 수령하였다면, 이로 인한 수익 중 자신의 지분을 초과하는 부분에 대하여는 법률상 원인없이 취득한 부당이득이 되어 이를 반환할 의무가 있고, 또한 위 무단임대행위는 다른 공유지분권자의 사용, 수익을 침해한 불법행위가 성립되어 그 손해를 배상할 의무가 있다.

[2] 위 [1]항의 경우 반환 또는 배상해야 할 범위는 위 부동산의 임대차로 인한 차임 상당액이라 할 것으로서 타공유자는 그 임대보증금 자체에 대한 지분비율 상당액의 반환 또는 배상을 구할 수는 없다.

[서울지방법원 동부지원 1994. 6. 1. 선고 93가단41427 판결]

부동산중개업자는 선량한 관리자의 주의와 신의성실로써 부동산을 임대하려는 자가 그 부동산의 정한 권리자로서 적법히 임대할 수 있는지 여부를 부동산등기부와 주민등록증 등으로 조사확인하여 임차인에게 정확하게 설명하여야 할 의무가 있다.

[대법원 1994. 12. 13. 선고 93다59779 판결]

일반적으로 임대차계약에 있어서 임대인의 채무불이행으로 인하여 임차인이 임차의 목적을 달할 수 없게 되어 손해가 발생한 경우, 이로 인하여 임차인이 받은 정신적 고통은 그 재산적 손해에 대한 배상이 이루어짐으로써 회복된다고 보아야 할 것이므로, 임차인이 재산적 손해의 배상만으로는 회복될 수 없는 정신적 고통을 입었다는 특별한 사정이 있고, 임대인이 이와 같은 사정을 알았거나 알 수 있었을 경우에 한하여 정신적 고통에 대한 위자료를 인정할 수 있다.

[대법원1996. 9. 6. 선고94다54641판결]

[1] 임대인이 임대차 목적물에 대한 소유권 기타 이를 임대할 권한이 없다고 하더라도 임대차계약은 유효하게 성립하고, 따라서 임대인은 임차인으로 하여금 그 목적물을 완전하게 사용·수익케 할 의무가 있고 또한 임차인은 이러한 임대인의 의무가 이행불능으로 되지 아니하는 한 그 사용·수익의 대가로 차임을 지급할 의무가 있으며, 그 임대차관계가 종료되면 임차인은 임차목적물을 임대인에게 반환하여야 할 계약상의 의무가 있지만, 임차인이 진실한 소유자로부터 목적물의 반환청구나 임료 내지 그 해당액의 지급요구를 받는 등의 이유로 임대인이 임차인으로 하여금 사용·수익케 할 수가 없게 되었다면 임대인의 채무는 이행불능으로 되고, 임차인은 이행불능으로 인한 임대차의 종료를 이유로 그 때 이후의 임대인의 차임지급 청구를 거절할 수 있다.

[2] 임대인이 국가 소유의 부동산을 임대하였는데 임차인의 차임 연체로 인하여 그 임대차계약이 해지되었다면, 특별한 사정이 없는 한 임차인은 임대인에게 그 부동산을 명도하고 해지로 인한 임대차 종료시까지의 연체차임 및 그 이후부터 명도 완료일까지 그 부동산을 점유·사용함에 따른 차임 상당의 부당이득금을 반환할 의무가 있다고 한 사례.

[대법원 1998. 12. 8. 선고 98도3263 판결]

[1] 사기죄의 요건으로서의 기망은 널리 재산상의 거래관계에 있어 서로 지켜야 할 신의와 성실의 의무를 저버리는 모든 적극적 또는 소극적 행위를 말하는 것이고, 이러한 소극적 행위로서의 부작위에 의한 기망은 법률상 고지의무 있는 자가 일정한 사실에 관하여 상대방이 착오에 빠져 있음을 알면서도 이를 고지하지 아니함을 말하는 것으로서, 일반거래의 경험칙상 상대방이 그 사실을 알았더라면 당해 법률행위를 하지 않았을 것이 명백한 경우에는 신의칙에 비추어 그 사실을 고지할 법률상 의무가 인정되는 것이다.

[2] 임대인이 임대차계약을 체결하면서 임차인에게 임대목적물이 경매진행중인 사실을 알리지 아니한 경우, 임차인이 등기부를 확인 또는 열람하는 것이 가능하더라도 사기죄가 성립한다고 본 사례.

[대법원 1999. 7. 9. 선고 99다10004 판결]

통상의 임대차관계에 있어서 임대인의 임차인에 대한 의무는 특별한 사정이 없는 한 단순히 임차인에게 임대목적물을 제공하여 임차인으로 하여금 이를 사용·수익하게 함에 그치는 것이고, 더 나아가 임차인의 안전을 배려하여 주거나 도난을 방지하는 등의 보호의무까지 부담한다고 볼 수 없을 뿐만 아니라 임대인이 임차인에게 임대목적물을 제공하여 그 의무를 이행한 경우 임대목적물은 임차인의 지배 아래 놓이게 되어 그 이후에는 임차인의 관리하에 임대목적물의 사용·수익이 이루어지는 것이다.

[대법원 2006. 1. 27. 선고 2005다16591,16607 판결]

임대인의 방해행위로 임차인의 임대차 목적물에 대한 임차권에 기한 사용·수익이 사회통념상 불가능하게 됨으로써 임대인의 귀책사유에 의하여 임대인으로서의 의무가 이행불능되어 임대차계약이 종료되었다고 하는 경우에도, 임대인이나 제3자의 귀책사유로 그 임대차계약의 목적물이 멸실되어 임대인의 이행불능 등으로 임대차계약이 종료되는 경우와 마찬가지로, 임차인으로서는 임대인에 대하여 그 임대차보증금 반환청구권을 행사할 수 있고 그 이후의 차임 지급의무를 면하는 한편 다른 특별한 사정이 없는 한 그 임대차 목적물을 대신할 다른 목적물을 마련하기 위하여 합리적으로 필요한 기간 동안 그 목적물을 이용하여 영업을 계속하였더라면 얻을 수 있었던 이익, 즉 휴업손해를 그에 대한 증명이 가능한 한 통상의 손해로서 배상을 받을 수 있을 뿐이며(그 밖에 다른 대체 건물로 이전하는 데에 필요한 부동산중개료, 이사비용 등은 별론으로 한다), 더 나아가 장래 그 목적물의 임대차기간 만료시까지 계속해서 그 목적물을 사용·수익할 수 없음으로 인한 일실수입 손해는 이를 별도의 손해로서 그 배상을 청구할 수 없다.

[부산지방법원 2008. 3. 24. 선고 2006가단126019 판결]

[1] 유치권의 성립요건인 유치권자의 점유는 직접점유이든 간접점유이든 관계없지만, 유치권자는 채무자의 승낙이 없는 이상 그 목적물을 타에 임대할 수 있는 처분권한이 없으므로(민법 제324조 제2항 참조), 유치권자의 그러한 임대행위는 소유자의 처분권한을 침해하는 것으로서 소유자에게 그 임대의 효력을 주장할 수 없다.

[2] 소유자인 채무자의 승낙 없이 유치권자로부터 부동산을 임차한 점유자는 소유자의 부동산 인도 및 부당이득반환청구에 대하여 대항할 수 없다고 한 사례.

[대법원 2014. 6. 26. 선고 2014다14122 판결]

민법 제211조는 '소유자는 법률의 범위 내에서 그 소유물을 사용, 수익, 처분할 권리가 있다.'고 규정하고 있다. 소유자의 위와 같은 소유권 행사에는 다양한 공법상 또는 사법상 제한이 따를 수 있고, 소유자 스스로의 의사에 기한 임차권 등 용익권의 설정에 의하여 소유권 행사가 제한될 수도 있다. 그러나 임대차기간 등 용익권 설정계약의 기간이 경과한 후에는 소유자가 용익권 설정으로 인한 제한으로부터 벗어나 자유롭게 소유권을 행사할 수 있는 권리가 보장되어야 할 것이므로, 임대차기간 중의 해제·해지 의사표시에 어떠한 절차가 요구되거나 제한이 따른다고 하여 임대차기간만료에 의한 임대차계약의 종료 시에도 당연히 그와 같은 제한이 적용된다고 확대해석하여서는 안 되고, 기간만료로 인한 임대차계약의 종료에 어떠한 제한이 따른다고 하기 위해서는 그러한 내용의 법률 규정이나 당사자 사이의 별도의 명시적 또는 묵시적 약정이 있어야 할 것이다.

[대법원 2014. 7. 24. 선고 2014다209227 판결]

[1] 법원이 손해배상의 예정액을 부당히 과다하다고 하여 감액하려면 채권자와 채무자의 경제적 지위, 계약의 목적과 내용, 손해배상액을 예정한 경위와 동기, 채무액에 대한 예정액의 비율, 예상 손해액의 크기, 당시의 거래 관행과 경제상태 등을 참작한 결과 손해배상예정액의 지급이 경제적 약자의 지위에 있는 채무자에게 부당한 압박을 가하여 공정을 잃는 결과를 초래한다고 인정되는 경우라야 하고, 단지 예정액 자체가 크다든가 계약 체결시부터 계약 해제 시까지의 시간적 간격이 짧다든가 하는 사유만으로는 부족하다.

[2] 임차인 갑이 임대인 을과의 임대차계약에서 채무불이행에 따른 손해배상액으로 예정한 계약금이 임대차계약의 잔금 지급기일로부터 3일 만에 해제된 사정을 고려하면 부당히 과다하다고 주장하면서 을을 상대로 계약금 반환 등을 구한 사안에서, 임대차계약 해제 시까지의 시간적 간격이 짧다는 사정만을 근거로 손해배상 예정액이 부당하게 과다하다고 본 원심판결에 법리오해의 잘못이 있다고 한 사례.

[대법원 2020. 12. 30. 선고 2017다17603 판결]

[1] 처분문서는 그 성립의 진정함이 인정되는 이상 법원은 그 기재 내용을 부인할 만한 분명하고도 수긍할 수 있는 반증이 없으면 처분문서에 기재된 문언대로 의사표시의 존재와 내용을 인정하여야 한다. 당사자 사이에 법률행위의 해석을 둘러싸고 다툼이 있어 처분문서에 나타난 당사자의 의사해석이 문제 되는 경우에는 문언의 내용, 법률행위가 이루어진 동기와 경위, 법률행위로써 달성하려는 목적, 당사자의 진정한 의사 등을 종합적으로 고찰하여 논리와 경험칙에 따라 합리적으로 해석하여야 한다.

[2] 하나의 법률관계를 둘러싸고 각기 다른 내용을 정한 여러 개의 계약서가 순차로 작성되어 있는 경우 당사자가 그러한 계약서에 따른 법률관계나 우열관계를 명확하게 정하고 있다면 그와 같은 내용대로 효력이 발생한다. 그러나 여러 개의 계약서에 따른 법률관계 등이 명확히 정해져 있지 않다면 각각의 계약서에 정해져 있는 내용 중 서로 양립할 수 없는 부분에 관해서는 원칙적으로 나중에 작성된 계약서에서 정한 대로 계약 내용이 변경되었다고 해석하는 것이 합리적이다.

[3] 갑이 을로부터 상가건물 일부를 임차하는 임대차계약을 체결하면서 임대차기간을 5년으로 정하였는데, 그 후 갑과 을이 위 임대차계약의 내용을 변경하면서 임차면적, 임대차기간, 월차임, 특약사항에 관하여 내용이 약간씩 다른 4개의 임대차계약서를 차례로 작성한 사안에서, 세 번째로 작성된 임대차계약서가 세무서에 제출할 목적으로 허위로 작성된 사실에 대하여는 갑과 을 사이에 다툼이 없으나, 가장 마지막으로 작성된 임대차계약서(이하 '제4 임대차계약서'라 한다)에 대하여는 을만이 이를 허위로 작성된 이면계약서라고 주장하는데, 을이 제출한 증거나 을의 주장에 부합하는 취지의 사실확인서만으로는 제4 임대차계약서가 허위로 작성된 이면계약서라고 볼 수 없고, 제4 임대차계약서의 특약사항으로 임대시작일이 명시된 점 등에 비추어 갑과 을이 임차면적을 확대하면서 임대차기간을 8년으로 연장하기로 하여 2개의 임대차계약서를 작성하였다가 다시 임대차기간을 5년으로 단축하기로 하여 제4 임대차계약서를 새로 작성한 것으로 보이므로, 제4 임대차계약서에 기재된 문언에 따라 임대차계약 기간을 위 계약서의 특약사항에서 정한 임대시작일로부터 5년이라고 본 원심 판단에는 법리오해 등의 잘못이 없다고 한 사례.

나. 임차인

1) 차임 지급 의무 등

임차인은 상가건물을 사용·수익하고 그 대가로 임대인에게 차임을 지급해야 합니다. 상가건물의 소유자가 아닌 사람도 상가건물에 대한 처분권 또는 임대권한을 가지고 있다면 임대인이 될 수 있으므로, 임대인이 상가건물의 소유자가 아닌 경우에도 임차인은 임대인의 의무가 이행불능으로 되지 않는 한 그 사용·수익의 대가로 차임을 지급할 의무가 있습니다(대법원 2009. 9. 24. 선고 2008다38325 판결).

한편, 임차인은 임대차기간 동안 상가건물을 선량한 관리자의 주의로 보존해야 하는

데, 임차인이 상가건물반환의무 이행불능으로 인한 손해배상책임을 면하려면 임차인은 그 이행불능이 임차인 자신의 귀책사유로 인한 것이 아님을 입증할 책임이 있습니다. 그러나 그 이행불능이 상가건물을 임차인이 사용·수익하기에 필요한 상태로 유지해야 할 임대인의 의무 위반에 원인이 있음이 밝혀진 경우에까지 임차인이 별도로 상가건물보존의무를 다하였음을 주장·입증해야만 그 책임을 면할 수 있는 것은 아닙니다(대법원 2009. 5. 28. 선고 2009다13170 판결 참조).

임대차계약에서 임대차보증금을 지급했다는 입증책임은 임대차보증금의 반환을 구하는 임차인이 부담하고, 임대차계약이 성립했다면 임대인에게 임대차계약에 기한 임대료 채권이 발생했다고 할 것이므로 임대료를 지급했다는 입증책임도 임차인이 부담하는 것입니다(대법원 2001. 8. 24. 선고 2001다28176 판결 참조).

Q 임대차계약서에서 임차인의 채무불이행시 계약금을 임대인에게 귀속시키기로 하는 위약금 약정을 하였다면 이러한 위약금 약정이 임대인의 채무불이행의 경우에도 적용될까요?

A 네 그럴 것으로 보입니다.

다소 오래된 하급심 판례이긴 하지만, 임대차계약서상 임차인이 임대차보증금의 납부조건을 위반할 경우 계약금이 임대인에게 귀속되도록 한 위약금 약정에 따라 임차인도 임대인에게 채무불이행을 이유로 계약금 상당의 위약금의 지급을 구할 수 있다고 본 사례가 있습니다(서울지방법원 1999. 7. 14. 선고 98가합27222 판결 참조).

[판례]

[서울지방법원 1999. 7. 14. 선고 98가합27222 판결]

[1] 임대차계약서상 임차인이 임차보증금의 납부조건을 위반할 경우 계약금이 임대인에게 귀속되도록 한 위약금 약정에 따라 임차인도 임대인에게 채무불이행을 이유로 계약금 상당의 위약금의 지급을 구할 수 있다고 본 사례.

[2] 임차보증금 16억 5천만 원 중 6억 5천만 원을 실제로 지급하고 나머지 10억 원은 이에 대한 월 2%의 비율에 의한 이자 상당액인 금 2천만 원을 차임으로 지급하기로 한 임대차계약에서 위약금으로 정하여진 계약금 1억 6천만 원이 과다하다고 보아 위약금을 1억 원으로 감액한 사례.

2) 차임채권의 소멸시효

대법원은 차임채권에 관하여 3년의 단기소멸시효가 적용된다고 보고 있고, 또한 차임채권의 소멸시효는 임대차계약에서 정한 지급기일부터 진행한다고 보고 있습니다(2016. 11. 25. 선고 2016다211309 판결 참조). 임대차보증금의 액수가 차임에 비해 상당히 큰 금액인 경우가 많은 우리 사회의 실정에 비추어 보면, 차임 지급채무가 상당 기간 연체되고 있음에도, 임대인이 임대차계약을 해지하지 않고 임차인도 연체차임에 대한 담보가 충분하다는 것에 의지하여 임대차관계를 지속하는 경우에는, 임대인과 임차인 모두 차임채권이 소멸시효와 상관없이 임대차보증금에 의하여 담보되는 것으로 신뢰하고, 나아가 장차 임대차보증금에서 충당 공제되는 것을 용인하겠다는 묵시적 의사를 가지고 있는 것이 일반적입니다.

한편, 민법 제495조는 "소멸시효가 완성된 채권이 그 완성 전에 상계할 수 있었던 것이면 그 채권자는 상계할 수 있다."라고 규정하고 있는데, 임대인의 임대차보증금 반환채무는 임대차계약이 종료된 때에 비로소 이행기에 도달하므로, 임대차 존속 중 차임채권의 소멸시효가 완성된 경우에는 양 채권이 상계할 수 있는 상태에 있었다고 할 수 없어, 임대인이 이미 소멸시효가 완성된 차임채권을 자동채권으로 삼아 임대차보증금 반환채무와 상계하는 것은 민법 제495조에 의하더라도 인정될 수 없습니다. 하지만, 임대차 존속 중 차임이 연체되고 있음에도 임대차보증금에서 연체차임을 충당하지 않고 있었던 임대인의 신뢰와 차임연체 상태에서 임대차관계를 지속해 온 임차인의 묵시적 의사를 감안하면 연체차임은 민법 제495조의 유추적용에 의하여 임대차보증금에서 공제할 수는 있다고 할 것입니다(2016. 11. 25. 선고 2016다211309 판결 참조).

Q 수수료위탁판매장계약에서 임차인이 매출신고를 누락하는 경우 판매수수료의 100배에 해당하고 매출신고누락분의 10배에 해당하는 벌칙금을 임대인에게 배상하기로 위약벌의 약정을 한 경우에 이러한 약정은 무효일까요?

A 반드시 그렇지는 않습니다.

백화점, 쇼핑몰 등에 입점해 있는 업체나 대형 프랜차이즈 매장의 경우 매출액 중 일정 비율의 금액을 임대료로 지급하기로 하는 방식의 임대차계약을 체결하는 경우가 많습니다. 이러한 경우 임대인은 정확한 임대료 확보를 위해서 임차인의 정확한 매출신고를 담보할 필요가 있고, 이를 위해 통상 임대차계약에서 임차인이 매출금액을 누락하는 경우 위약벌을 부담하기로 하는 약정을 하고 있습니다. 이러한 위약벌의 약정은 채무의 이행을 확보하기 위하여 정해지는 것으로서 손해배상의 예정과는 그 내용이 다르므로 손해배상의 예정에 관한 민법 제398조 제2항을 유추 적용하여 그 액을 감액할 수는 없고, 다만 그 의무의 강제에 의하여 얻어지는 채권자의 이익에 비하여 약정된 벌이 과도하게 무거울 때에는 그 일부 또는 전부가 공서양속에 반하여 무효로 되는 것입니다. 따라서 위약벌의 약정이 공서양속에 반하여 무효로 되는지 여부는 소송에서 법원의 판단을 받아야 하는 문제이고, 백화점 수수료위탁판매매장계약에서 임차인이 매출신고를 누락하는 경우 판매수수료의 100배에 해당하고 매출신고누락분의 10배에 해당하는 벌칙금을 임대인에게 배상하기로 한 위약벌의 약정이 공서양속에 반하지 않는다고 한 사례도 있으나(대법원 1993. 3. 23. 선고 92다46905 판결 참조), 결국은 소송을 통해 개별적 사례에서 위와 같은 기준에 따라 구체적으로 판단이 이루어져야 할 부분입니다.

Q 갑이 을 명의로 건물을 임차하여 을로 하여금 식당을 경영하게 하던 중 을이 갑에 대하여 실질적인 임차인은 갑이며 자신은 명의상의 임차인임을 인정하고 임차인으로서의 권리 일체를 갑에게 환원하기로 약정하였다면 그때부터는 갑이 임차인이 되는 것인지요?

A 그렇지 않습니다.

갑이 임대인에 대하여 임차인의 지위를 주장하기 위해서 임대차계약서상의 임차인 명의를 자신의 명의로 갱신할 필요까지는 없다 하더라도 적어도 당초의 임차명의인인 을이 임차인으로서의 권리 일체를 갑에게 환원하기로 약정한 사실을 임대인에게 통지하였다거나 임대인이 임차인의 변경을 승낙하였어야 합니다. 이와 같은 통지나 승낙 등의 절차를 거치지 않았다면 갑과 을 사이의 이러한 약정은 그들 내부관계의 사정에 불과하여 그 약정만으로 갑이 임대인에 대하여 임차인의 지위를 주장할 수는 없는 것입니다 (대법원 1993. 4. 27. 선고 92다55497 판결 참조).

Q 갑과 을 사이에서 사용대차계약이라는 명칭으로 체결된 계약의 내용이, 을이 갑 소유의 상가건물에 점포를 조성하여 그 때부터 일정기간 동안 이를 사용·수익하되 기간이 종료한 때에는 을이 설치한 시설, 집기 등 점포 운영에 필요한 일체의

권리를 갑에게 무상 양도하기로 약정되어 있고, 부대계약서에 을이 설치한 시설, 집기 등의 단가 및 총액이 명시되어 있다면, 이러한 계약은 사용대차계약으로 보아야 할까요? 또는 임대차계약으로 보아야 할까요?

A 이러한 계약은 임대차계약으로 보아야 합니다.

사용대차는 당사자 일방이 상대방에게 무상으로 사용, 수익하게 하기 위하여 목적물을 인도할 것을 약정하고 상대방은 이를 사용, 수익한 후 그 물건을 반환할 것을 약정함으로써 그 효력이 생기는 것입니다(민법 제609조). 즉, 사용대차와 임대차의 가장 큰 차이점은 목적물을 무상으로 사용, 수익하는지 아니면 차임을 지급하고 사용, 수익하는지에 있는 것입니다. 따라서 계약서상의 명칭이 사용대차계약으로 되어 있다 하더라도 을이 갑 소유의 상가건물에 점포를 조성하여 그때부터 일정기간 동안 이를 사용·수익하되 기간이 종료한 때에는 을이 설치한 시설, 집기 등 점포 운영에 필요한 일체의 권리를 갑에게 무상 양도하기로 약정되어 있고, 부대계약서에 을이 설치한 시설, 집기 등의 단가 및 총액이 명시되어 있다면 이러한 을의 의무는 상가건물의 사용과 대가관계에 있다고 할 것이므로, 이러한 계약은 임대차계약으로 보아야 하는 것입니다(대법원 1994. 12. 2. 선고 93다31672 판결 참조).

Q 임차인이 임대차계약을 체결한 이후 건축물대장 등을 살펴보니 임차상가건물의 실제 면적이 임대차계약서에 기재된 면적보다 적은 것을 알게 되었습니다. 그렇다면 임차인은 임대인을 상대로 그동안 면적 부족분에 해당하는 임대료를 과다지급 하였음을 이유로 그만큼을 돌려달라고 할 수 있을까요?

A 반드시 그렇지는 않습니다.

임대차계약이 수량을 지정한 임대차였던 경우에는 임대료 과다지급으로 인한 부당이득반환이나 손해배상을 청구할 수 있을 것이나, 임대차계약이 수량을 지정한 임대차로 인정되기 위해서는 임대차계약을 체결함에 있어 임차인이 건물면적의 일정한 수량이 있는 것으로 믿고 계약을 체결하였고, 임대인도 그 일정 수량이 있는 것으로 명시적 또는 묵시적으로 표시하였으며, 또한 임대차보증금과 월 임대료 등도 그 수량을 기초로 하여 정하여졌어야 하는 것입니다. 따라서 임대차계약이 수량을 지정한 임대차가 아니었던 경우에는 임차상가건물의 실제 면적이 임대차계약서에 기재된 면적보다 적은 것으로 밝혀지더라도 면적 부족분에 해당하는 임대료 과다지급으로 인한 부당이득반환이나 손해배상을 청구할 수 없습니다. 한편, 대법원은 임대차계약에서 임대차면적에 따른 임대차보증금(전세금)을 일단 계산한 후 그 금액의 15% 내외의 금액을 임대차보증금으로 지급하고 그 나머지 금액에 월 2%를 곱한 금액을 월 임료로 지급하기로 약정한 경우, 임차인은 임대인에게 귀책사유가 있는 목적물의 면적 부족분에 해당하는 임대차보증금 과다지급분에 대하여는, 그 금액에 월 2%를 곱한 금액만큼의 임료를 지급하지 않아도 될 것임에도 불구하고 그에 상당한 금액을 임료로 과다지급함으로써 손해를 입었다고 할 것이므로, 그 과다지급 임대차보증금에 2%를 곱하여 임대차보증금의 과다지급으로 인한 손해를 산정하는 것이 정당하다고 판단한 사례가 있습니다(대법원 1995. 7. 14. 선고 94다38342 판결 참조).

Q 갑과 을이 일부씩 임대차보증금을 부담하여 임대인 병과 임대차계약을 체결하면서 계약기간 종료 후 임대차보증금 전액을 갑이 반환받는다는 의미에서 임차인을 갑 단독 명의로 한 경우, 누가 임차인이 될까요?

A 갑과 을이 공동임차인이 됩니다.

대법원은, 갑과 을이 임대차보증금 중 각 일부를 부담하기로 하되 갑이 을로부터 지급받아야 할 채권이 많았기 때문에 그 임대차기간 종료 시 임대차보증금 전액을 갑이 반환받기로 하고, 이에 따라 갑과 을, 임대인 병 3자 합의에 의하여 임대차계약서를 작성하면서 그 임대차보증금 전액을 갑이 반환받는다는 의미에서 임차인 명의를 갑 단독으로 한 경우, 그 임대차계약서상의 임차인 명의에 불구하고 갑과 을이 공동임차인으로서 병과 임대차계약을 체결한 것이라고 판단한 사례가 있습니다. 또한 이 사례에서는 을이 임대인 병에게 지급한 임대차보증금의 반환채권을 갑의 을에 대한 채권의 지급을 담보할 목적으로 갑에게 양도하고 임대인 병이 이를 승낙한 것으로 보았습니다(대법원 1999. 8. 20. 선고 99다18039 판결 참조).

[판례]

[대법원 1993. 3. 23. 선고 92다46905 판결]

[1] 위약벌의 약정은 채무의 이행을 확보하기 위하여 정해지는 것으로서 손해배상의 예정과는 그 내용이 다르므로 손해배상의 예정에 관한 민법 제398조 제2항을 유추 적용하여 그 액을 감액할 수는 없고 다만 그 의무의 강제에 의하여 얻어지는 채권자의 이익에 비하여 약정된 벌이 과도하게 무거울 때에는 그 일부 또는 전부가 공서양속에 반하여 무효로 된다.

[2] 백화점 수수료위탁판매매장계약에서 임차인이 매출신고를 누락하는 경우 판매수수료의 100배에 해당하고 매출신고누락분의 10배에 해당하는 벌칙금을 임대인에게 배상하기로 한 위약벌의 약정이 공서양속에 반하지 않는다고 한 사례.

[대법원 1993. 4. 27. 선고 92다55497 판결]

[1] 갑이 을 명의로 건물을 임차하여 을로 하여금 식당을 경영하게 하던 중 을이 갑에 대하여 실질적인 임차인은 갑이며 자신은 명의상의 임차인임을 인정하고 임차인으로서의 권리 일체를 갑에게 환원하기로 한 약정은 갑, 을 사이의 내부관계에 지나지 않고 임대인에 대한 통지 또는 임대인의 승낙이 없는 한 임대인에게 대항할 수 없다 한 사례.

[2] 을이 위 [1]항과 같은 약정을 한 후 소송과정에서 자기가 임대차계약상의 권리자라고 주장한다 하더라도 그것만으로 신의칙 또는 금반언의 원칙에 위반된다고 할 수 없다 한 사례.

[대법원 1994. 12. 2. 선고 93다31672 판결]

갑과 을 사이에 을이 갑 소유의 토지에 공원을 조성하여 그 때부터 일정기간 동안 그 토지를 사용·수익하되 기간이 종료한 때에는 을이 건립한 공원시설물 및 공원운영에 필요한 일체의 권리를 갑에게 무상 양도하기로 약정되어 있고, 부대계약서에 을이 설치할 시설물의 단가 및 총액이 명시되어 있다면, 을의 그와 같은 의무는 토지의 사용과 대가관계에 있다고 할 것이므로 갑과 을 사이에 체결된 대차계약은 그 계약서상의 명칭이 사용대차계약으로 되어 있다 하더라도 임대차계약에 해당하는 것으로 봄이 상당하다.

[대법원 1995. 7. 14. 선고 94다38342 판결]

[1] 건물 일부의 임대차계약을 체결함에 있어 임차인이 건물면적의 일정한 수량이 있는 것으로 믿고 계약을 체결하였고, 임대인도 그 일정 수량이 있는 것으로 명시적 또는 묵시적으로 표시하였으며, 또한 임대차보증금과 월임료 등도 그 수량을 기초로 하여 정하여진 경우에는, 그 임대차는 수량을 지정한 임대차라고 봄이 타당하다.

[2] 임대차계약에서 임대차면적에 따른 임대차보증금(전세금)을 일단 계산한 후 그 금액의 15% 내외의 금액을 임대차보증금으로 지급하고 그 나머지 금액에 월 2%를 곱한 금액을 월임료로 지급하기로 약정한 경우, 임차인은 임대인에게 귀책사유가 있는 목적물의 면적 부족분에 해당하는 임대차보증금 과다지급분에 대하여는, 그 금액에 월 2%를 곱한 금액만큼의 임료를 지급하지 않아도 될 것임에도 불구하고 그에 상당한 금액을 임료로 과다지급함으로써 손해를 입었다고 할 것이므로, 그 과다지급 임대차보증금에 2%를 곱하여 임대차보증금의 과다지급으로 인한 손해를 산정하는 것이 정당하다.

[대법원 1999. 8. 20. 선고 99다18039 판결]

갑과 을이 임대차보증금 중 각 일부를 부담하기로 하되 갑이 을로부터 지급받아야 할 채권이 많았기 때문에 그 임대차기간 종료시 임대차보증금 전액을 갑이 반환받기로 하고, 이에 따라 갑과 을, 임대인 병 3자 합의에 의하여 임대차계약서를 작성하면서 그 임대차보증금 전액을 갑이 반환받는다는 의미에서 임차인 명의를 갑 단독으로 한 경우, 그 임대차계약서상의 임차인 명의에 불구하고 갑과 을이 공동임차인으로서 병과 임대차계약을 체결한 것이고, 다만 을이 병에게 지급한 임대차보증금의 반환채권을 갑의 을에 대한 채권의 지급을 담보할 목적으로 갑에게 양도하고 병이 이를 승낙한 것으로 봄이 상당하다고 한 사례.

다. 임대차보증금 반환의무

1) 동시이행의 관계

상가건물임대차에서 임대차보증금은 임대차존속중의 차임뿐만 아니라 건물명도의무를 이행할 때까지 발생한 손해배상채권 등 임대차계약에 의하여 임대인이 임차인에 대하여 갖는 일체의 채권을 담보하는 것입니다. 따라서 임대차 종료 후에 임차상가건물을 임대인에게 명도할 때 연체 차임 등 모든 피담보채무를 공제한 잔액이 있을 것을 조건으로 하여 그 잔액에 관해 임차인의 보증금반환청구권이 발생합니다(대법원 1987. 6. 9. 선고 87다68 판결 참조).

임대차가 종료되면, 임대차계약의 내용에 따라 임차인은 임차상가건물을 반환할 의무 등을 부담하게 되고, 임대인은 보증금을 반환할 의무를 부담하게 됩니다. 임차인이 임차상가건물을 명도할 의무와 임대인이 보증금 중 연체 차임 등 당해 임대차에 관하여 명도시까지 생긴 모든 채무를 청산한 나머지를 반환할 의무는 동시이행 관계에 있습니다(대법원 1977. 9. 28. 선고 77다1241 전원합의체 판결 참조). 그리고 임대인과 임차인이 임대차계약을 체결하면서 임대차보증금을 전세금으로 하는 전세권설정등기를 경료한 경우 임대차보증금은 전세금의 성질을 겸하게 되므로, 당사자 사이에 다른 약정이 없는 한 임대차보증금 반환의무는 민법 제317조에 따라 전세권설정등기의 말소의무와도 동시이행관계에 있습니다(대법원 2011. 3. 24. 선고 2010다95062 판결 참조).

Q 상가건물의 매수인이 아직 소유권을 취득하지 못한 상태에서 매도인의 동의를 얻어 제3자에게 임대를 하였으나, 매수인이 매매대금을 지급하지 못하여 매도인이 매매계약을 해제하고 임차인인 제3자에게 임차상가건물의 명도를 요구하는 경우, 임차인인 제3자의 임차상가건물 명도의무와 임대인인 매수인의 임대차보증금 반환의무가 동시이행관계에 있는 것인가요?

A 그렇지 않습니다.

이러한 경우에 임차인은 매도인에 대한 관계에서 임차상가건물의 전차인과 흡사한 지위에 있다고 할 것입니다. 임대인의 동의 있는 전차인도 임차인의 채무불이행으로 임대차계약이 해지되면 특단의 사정이 없는 한 임대인에 대해서 전차인의 전대인에 대한 권리를 주장할 수가 없고, 또한 임차인이 매매계약목적물에 대하여 직접 임차권을 취득했다고 보더라도, 대항력을 갖추지 않은 상태에서는 그 매매계약이 해제되어 소급적으로 실효되면 그 권리를 보호받을 수가 없다는 점에 비추어 볼 때, 임차인의 임차상가건물 명도의무와 임대인인 매수인의 임대차보증금 반환의무는 동시이행관계에 있다고 할 수 없는 것입니다(대법원 1990. 12. 7. 선고 90다카24939 판결 참조). 따라서 임차인인 제3자는 매도인의 임차상가건물 명도청구에 대해 임대인인 매수인의 임대차보증금반환과 동시이행을 주장할 수 없습니다.

Q 임차인이 목욕탕을 임차하여 영업을 하다가 임대차 종료 후 일부 비품과 시설을

남겨 둔 채 임대인에게 점유를 이전하였으나 폐업신고를 하지 않은 경우, 임대인에 대한 명도의무를 이행한 것으로 볼 수 있을까요? 그리고 임차인의 폐업신고 의무와 임대인의 임대차보증금 반환의무는 동시이행의 관계에 있는 것일까요?

A 임차인은 명도의무를 이행한 것으로 볼 수 있고, 폐업신고 의무와 임대차보증금 반환의무는 동시이행의 관계에 있습니다.

임차인이 목욕탕을 임차하여 영업을 한 경우에 임대차 종료 시 관할 관청에 그에 대한 폐업신고를 해야 할 의무는 임차인으로서 임대인에 대하여 부담하는 원상회복의무에는 포함됩니다만, 건물의 명도란 건물에서 점유자의 물품을 반출한 후 점유를 이전하는 것을 의미하므로 임차인이 폐업신고를 하지 않았다고 해서 목욕탕이 명도되지 않았다고 볼 수는 없는 것입니다. 따라서 임차인이 일부 비품과 시설을 남겨 둔 채 목욕탕에 대한 점유를 임대인에게 이전했다면 그 시점에서 목욕탕의 명도는 이루어졌다고 할 것이고, 임차인의 폐업신고 의무는 임대인의 임대차보증금 반환의무와 동일한 법률관계로부터 생긴 것이므로, 공평의 관념에 비추어 볼 때 동시이행의 관계에 있는 것입니다(서울지방법원 1999. 6. 9. 선고 98가합103706 판결 참조).

Q 임차인이 임대인으로부터 임대차보증금을 반환받아 전세자금으로 사용하려고 했는데, 임대인이 반환을 지체하여 대출을 받게 되었고, 임대인에게 이런 사정을 알려 주기도 하였다면 임대인은 임차인에게 대출이자 상당액을 손해배상으로 지급할 의무가 있는 것일까요?

A 그렇지 않습니다.

민법 제397조 제1항에 의하면, 금전채무불이행의 손해배상액은 법정이율에 의하나,

법령의 제한에 위반하지 않은 약정이율이 있으면 그 이율에 의하고, 제2항에 의하면, 위와 같은 손해배상에 관하여는 채권자는 손해의 증명을 요하지 않고 채무자는 과실 없음을 항변하지 못합니다. 원칙으로 보면 금전채권자도 채무자의 채무불이행으로 인하여 입은 구체적인 손해를 주장·증명하여 그 손해가 민법 제393조 등의 배상범위에 있는 경우 그 배상을 청구할 수 있다고 볼 수도 있으나, 오늘날 금전의 범용성으로 인하여 그 이용양태는 무궁무진하므로 금전채무의 불이행으로 인한 이용가능성의 박탈이라는 손해가 채권자에게 발생하리라는 것은 쉽사리 일반적으로 추인되는 반면 위와 같은 일반원칙에 의하면 그 구체적인 배상액의 산정은 매우 다양하여 균형을 잃을 수 있으므로, 금전채무불이행으로 인한 손해배상문제를 균일하게 처리하기 위하여 추상적인 손해로서 법정이율로 산정한 액을 기준으로 하는 민법 제397조 제1항 본문이 마련되었습니다 (대법원 2009. 12. 24. 선고 2009다85342 판결 등 참조).

따라서 채무자는 발생된 손해가 법정이율로 계산한 손해보다 작음을 증명하여도 그 범위 내에서 면책이나 감책을 주장할 수 없고, 채권자도 실제 발생된 손해가 법정이율로 계산한 손해보다 큰 것을 증명하여도 그 실손해의 배상을 청구할 수 없는 것이므로, 임대인의 임대차보증금 반환 지체로 인하여 임차인이 대출을 받게 되었고, 임대인도 이런 사정을 알고 있었다고 하더라도 임대인은 임차인에게 대출이자 상당액을 손해배상으로 지급할 의무는 없는 것입니다(서울고등법원 2017. 9. 7. 선고 2017나2007444 판결 참조).

[판례]

[대법원 1990. 12. 7. 선고 90다카24939 판결]
건물매수인이 아직 건물의 소유권을 취득하지 못한 채 매도인의 동의를 얻어 제3자에게 임대하였으나 매수인(임대인)의 채무불이행으로 매도인이 매매계약을 해제하고 임차인에게 건물의 명도를 구하는 경우 임차인은 매도인에 대한 관계에서 건물의 전차인의 지위와 흡사하다 할 것인바, 임대인의 동의 있는 전차인도 임차인의 채무불이행으로 임대차계약이 해지되면 특단

의 사정이 없는 한 임대인에 대해서 전차인의 전대인에 대한 권리를 주장할 수가 없고, 또 임차인이 매매계약목적물에 대하여 직접 임차권을 취득했다고 보더라도, 대항력을 갖추지 아니한 상태에서는 그 매매계약이 해제되어 소급적으로 실효되면 그 권리를 보호받을 수가 없다는 점에 비추어 볼 때, 임차인의 건물명도의무와 매수인(임대인)의 보증금반환의무를 동시이행 관계에 두는 것은 오히려 공평의 원칙에 반한다 할 것이다.

[서울지방법원 1999. 6. 9. 선고 98가합103706 판결]

임차인이 목욕탕을 임차하여 영업을 한 경우에 임대차 종료시 관할 관청에 그에 대한 폐업신고를 하여야 할 의무는 임차인으로서 임대인에 대하여 부담하는 원상회복의무에는 포함된다고 할 것이나, 건물의 명도란 건물에서 점유자의 물품을 반출한 후 점유를 이전하는 것을 의미하므로 임차인이 폐업신고를 하지 않았다고 하여 목욕탕이 명도되지 않았다고 볼 수는 없으며, 임차인이 선풍기 등 일부 물품만을 남겨둔 채 목욕탕에 대한 점유를 임대인에게 이전하였다면 그 시점에서 목욕탕의 명도는 이루어졌다고 할 것이고, 임차인의 폐업신고 의무는 임대인의 임차보증금 반환의무와 동일한 법률관계로부터 생긴 것이어서 공평의 관념에 비추어 볼 때 동시이행의 관계에 있다 할 것이다.

2) 차임 상당의 손해배상

임대인이 임대차보증금의 반환의무를 이행하거나 적법하게 이행제공을 하는 등으로 임차인의 동시이행항변권을 상실시키지 않은 이상, 임대차계약 종료 후 임차인이 목적물을 계속 점유하더라도 그 점유를 불법점유라고 할 수 없고 임차인은 이에 대한 손해배상의무를 지지 않습니다. 그러나 임차인이 그러한 동시이행항변권을 상실하였는데도 목적물의 반환을 계속 거부하면서 점유하고 있다면, 달리 점유에 관한 적법한 권원이 인정될 수 있는 특별한 사정이 없는 한 이러한 점유는 적어도 과실에 의한 점유로서 불법행위를 구성합니다(대법원 2020. 5. 14. 선고 2019다252042 판결 참조).

부동산의 불법점유로 인하여 소유자가 입게 되는 손해액은 특별한 사정이 없는 한 그 부동산의 차임에 상당하는 금액을 기준으로 산정해야 하는 것인데, 부동산의 임차인이 임대차가 종료되었음에도 불구하고 임차상가건물을 반환하지 않고 불법점유하는 경우에, 그 불법점유로 인한 임대인의 손해액을 특별한 사정이 없는 한 종전의 차임에 상당하는 금액을 기준으로 산정하는 것은, 임대인이 임대차가 종료된 후에 바로 타인에게 그 부동산을 임대하였더라면 그 정도의 차임은 받을 수 있었을 것으로 볼 수 있기 때문입니다(대법원 1991. 9. 24. 선고 91다20197 판결 참조).

Q 임대인이 임대차기간 만료 후 임차인을 피공탁자로 하여 임대차보증금에서 연체차임 등을 공제한 돈을 변제공탁하였는데, 임차인은 임대차기간이 만료된 후에도 집기 등을 둔 상태로 임대차목적물을 점유하다가 임대인에게 임대차목적물을 인도하였고, 다만 임대차목적물을 본래의 임대차계약상의 목적에 따라 사용·수익하지는 않았습니다. 이러한 경우에도 임차인에게 차임 상당의 부당이득반환의무가 성립하는지요?

A 차임 상당의 부당이득반환의무가 성립하지 않고, 불법행위로 인한 차임 상당의 손해배상의무가 성립합니다.

임대인이 임대차계약이 종료한 다음 연체차임 등을 공제한 임대차보증금을 적법하게 변제공탁하면 임차인은 임대차목적물을 인도할 의무에 대해 임대차보증금의 반환과 동시이행을 주장할 수 없고, 달리 임차인이 임대차목적물을 점유할 적법한 권원이 없는 한 임차인이 변제공탁의 통지를 받은 다음부터 임대차목적물을 임대인에게 인도할 때까지 적어도 과실에 의한 불법점유를 한 것으로 볼 수 있어 불법행위로 인한 차임 상당의 손해배상의무가 성립하게 됩니다(대법원 2020. 5. 14. 선고 2019다252042 판결 참조).

Q 임대인이 임차인을 피공탁자로 하여 임대차보증금에서 연체차임 등을 공제한 돈을 변제공탁하지 않으면, 임대차계약이 해지된 후 임차인이 집기 등을 둔 상태로 임대차목적물을 계속 점유하면서 이를 본래의 임대차계약상의 목적에 따라 사용·수익하지는 않는 경우에 임차인에 대하여 불법점유로 인한 차임 상당의 손해배상청구를 할 수 없는 것인지요?

A 그렇지는 않습니다.

임대차 종료 시에 발생하는 임차인의 임대차목적물 반환채무와 임대인의 잔존 임대차보증금 반환채무는 서로 동시이행의 관계에 있는 것이므로, 임차인이 동시이행의 항변권에 기하여 임대차보증금 반환청구채권을 확보하려고 임대차목적물을 계속 점유하는 경우에는 본래의 용도대로 사용·수익하고 있지 않은 이상 그로 인하여 실질적으로 이익을 얻고 있다고 할 수 없으므로, 임차인이 임대차목적물을 계속 점유하였다고 하여 바로 불법점유로 인한 손해배상책임이나 부당이득반환채무가 발생하는 것은 아닙니다. 다만, 임대차계약이 해지된 후에 임대인이 임차인에게 잔존 임대차보증금 반환채무의 이행을 제공하였음에도 불구하고 임차인이 임대차목적물을 명도하지 않음으로써 임차인의 임대차목적물 반환채무가 이행지체에 빠지는 등의 사유로 임차인이 동시이행의 항변권을 상실하는 경우에는 불법점유로 인한 손해배상책임이 발생한다고 할 것입니다. 이때 잔존 임대차보증금 반환채무의 이행제공은 미리 임차인이 잔존 임대차보증금을 변제받기를 거절하였다든지 임대차목적물 명도의무의 이행을 거절한 경우에는 구두의 제공으로 족하다고 할 것입니다(대법원 1989. 10. 27. 선고 89다카4298 판결 참조).

Q 임대차계약이 종료된 후 임차인이 원상회복을 하지 않을 의사를 명백히 표시하였고, 이에 임대인이 임대차보증금을 준비하고 임차인에게 그 수령 및 임대차목적

물의 원상회복과 명도를 최고함으로써 임차인이 이행지체에 빠지게 되었습니다. 그렇다면 임대인은 자신의 비용으로 원상회복을 완료할 때까지 차임 상당의 손해 배상청구를 할 수 있는지요?

A 그렇지는 않습니다.

대법원은 이러한 경우 임대인이 입은 손해는 임차인의 이행지체일로부터 임대인이 실제로 자신의 비용으로 원상회복을 완료한 날까지의 임대료 상당액이 아니라 임대인 스스로 원상회복을 할 수 있었던 상당한 기간까지의 임대료 상당액의 손해배상청구를 할 수 있다고 판단한 바 있습니다(대법원 1990. 10. 30. 선고 90다카12035 판결 참조). 따라서 임차인에 대한 차임 상당의 손해배상청구를 위해서는 우선 임차인이 임차할 당시의 목적물의 상태와 원상회복의 범위가 확정되어야 하고, 임대인은 이를 스스로 원상회복하는 데 통상 필요한 기간까지의 차임 상당액에 관하여 손해배상청구를 할 수 있다고 보아야 할 것입니다.

Q 임차인이 임차상가건물에서 카페를 운영하여 매달 얻는 매출액 중 일정 비율 상당액을 임대인에게 월 차임으로 지급하기로 약정한 경우, 임대차기간이 종료된 후에 임차인이 임차상가건물을 불법점유함으로써 임대인이 입게 되는 손해액을 이러한 차임 상당액을 기준으로 산정할 수 있는지요?

A 그렇지는 않습니다.

임차인이 임차상가건물에서 카페를 운영하여 매달 얻는 매출액 중의 일정 비율에 상당하는 금액을 월 차임으로 지급하기로 약정한 경우에는, 임차상가건물의 객관적인 사용가치뿐만 아니라 임차인의 기업경영능력이나 노력 등의 주관적인 요소도 함께 반영될 수밖에 없는 위와 같은 매출액의 다과에 따라 차임액이 산정되었던 것입니다. 따라서 임차상가건물에 관한 임대차계약이 기간 만료로 종료된 후에 이를 반환하였더라면 임대인이 바로 타인에게 임차상가건물을 임대하여 같은 정도의 차임을 받을 수 있었을 것이라고 속단할 수는 없는 것이므로, 이를 기준으로 하여 임대차기간 만료 후 불법점유로 인한 손해액을 산정할 수는 없을 것입니다(대법원 1991. 9. 24. 선고 91다20197 판결 참조).

[판례]

[대법원 2020. 5. 14. 선고 2019다252042 판결]

[1] 임대차계약이 종료되면 임차인은 목적물을 반환하고 임대인은 연체차임을 공제한 나머지 보증금을 반환해야 한다. 이러한 임차인의 목적물반환의무와 임대인의 보증금반환의무는 동시이행관계에 있으므로, 임대인이 임대차보증금의 반환의무를 이행하거나 적법하게 이행제공을 하는 등으로 임차인의 동시이행항변권을 상실시키지 않은 이상, 임대차계약 종료 후 임차인이 목적물을 계속 점유하더라도 그 점유를 불법점유라고 할 수 없고 임차인은 이에 대한 손해배상의무를 지지 않는다. 그러나 임차인이 그러한 동시이행항변권을 상실하였는데도 목적물의 반환을 계속 거부하면서 점유하고 있다면, 달리 점유에 관한 적법한 권원이 인정될 수 있는 특별한 사정이 없는 한 이러한 점유는 적어도 과실에 의한 점유로서 불법행위를 구성한다.

[2] 갑 학교법인이 을 주식회사와 체결한 식당 임대차계약의 기간 만료 전 을 회사에 임대차계약이 종료할 예정이라며 임대차계약에 따른 원상회복을 이행할 것을 통지하였고, 기간 만료 후 을 회사를 피공탁자로 하여 임대차보증금에서 연체차임 등을 공제한 돈을 변제공탁하였는데, 을 회사가 갑 법인을 상대로 식당에 지출한 비용의 상환을 구하는 소를 제기하면서 임대차기간이 만료된 후에도 식탁, 집기류 등 장비를 둔 상태로 식당을 점유하다가 갑 법인에 식당을 인도하였고, 그 후 을 회사의 위 청구를 기각하는 판결이 선고·확정된 사안에서, 갑 법인이 임대차계약이 종료한 다음 연체차임 등을 공제한 임대차보증금을 적법하게 변제공탁하였다면 을 회사가 식당을 인도할 의무에 대해 임대차보증금의 반환과 동시이행을 주장할 수 없고, 을 회사는 위 소송에서 식당에 지출한 비용의 상환을 청구

하였으나 청구를 기각하는 판결이 확정되었으며, 달리 을 회사가 식당을 점유할 적법한 권원이 없는 한 을 회사가 변제공탁의 통지를 받은 다음부터 식당을 갑 법인에 인도할 때까지 적어도 과실에 의한 불법점유를 한 것으로 볼 수 있는데도, 갑 법인의 적법한 변제공탁으로 을 회사가 동시이행항변권을 상실하였는지, 변제공탁이 을 회사에 통지된 때가 언제인지, 을 회사가 식당을 점유할 적법한 권원이 있는지 등 필요한 심리를 다하지 아니한 채 을 회사가 식당을 점유한 것이 고의나 과실에 의한 불법점유라고 보기 어렵다고 한 원심판단에 심리미진 등의 잘못이 있다고 한 사례.

[대법원 1989. 10. 27. 선고 89다카4298 판결]

[1] 임대차종료시 발생하는 임차인의 임차목적물반환채무와 임대인의 잔존임차보증금반환채무는 서로 동시이행의 관계에 있는 것이므로, 임차인이 동시이행의 항변권에 기하여 임차보증금반환청구채권을 확보하려고 임차목적물을 계속 점유하는 경우에는 본래의 용도대로 사용 수익하고 있지 아니한 이상 그로 인하여 실질적으로 이익을 얻고 있다고도 할 수 없으므로, 임차인이 임차목적물을 계속 점유하였다고 하여 바로 불법점유로 인한 손해배상책임이나 부당이득반환채무가 발생하는 것은 아니라고 볼 것이다.

[2] 임차인의 임차보증금반환청구채권이 전부된 경우에도 채권의 동일성은 그대로 유지되는 것이어서 동시이행관계도 당연히 그대로 존속한다고 해석 할 것이므로 임대차계약이 해지된 후에 임대인이 잔존임차보증금반환청구 채권을 전부받은 자에게 그 채무를 현실적으로 이행하였거나 그 채무이행을 제공하였음에도 불구하고 임차인이 목적물을 명도하지 않음으로써 임차목적물반환채무가 이행지체에 빠지는 등의 사유로 동시이행의 항변권을 상실하게 되었다는 점에 관하여 임대인이 주장, 입증을 하지 않은 이상, 임차인의 목적물에 대한 점유는 동시이행의 항변권에 기한 것이어서 불법점유라고 볼 수 없다.

[대법원 1990. 10. 30. 선고 90다카12035 판결]

[1] 전 임차인이 무도유흥음식점으로 경영하던 점포를 임차인이 소유자로부터 임차하여 내부시설을 개조 단장하였다면 임차인에게 임대차 종료로 인하여 목적물을 원상회복하여 반

환할 의무가 있다고 하여도 별도의 약정이 없는 한 그것은 임차인이 개조한 범위 내의 것으로서 임차인이 그가 임차 받았을 때의 상태로 반환하면 되는 것이지 그 이전의 사람이 시설한 것까지 원상회복할 의무가 있다고 할 수는 없다.

[2] 임차인에게 임대차 종료로 인한 원상회복의무가 있는데도 이를 지체한 경우 이로 인하여 임대인이 입은 손해는 이행지체일로부터 임대인이 실제로 자신의 비용으로 원상회복을 완료한 날까지의 임대료 상당액이 아니라 임대인 스스로 원상회복을 할 수 있었던 기간까지의 임대료 상당액이다.

[대법원 1991. 9. 24. 선고 91다20197 판결]

[1] 부동산의 불법점유로 인하여 그 소유자가 입게 되는 손해의 액은 특별한 사정이 없는 한 그 부동산의 임료에 상당하는 금액을 기준으로 산정하여야 하는 것인 바, 부동산의 임차인이 임대차가 종료되었음에도 불구하고 임차물을 반환하지 않고 불법점유하는 경우에, 그 불법점유로 인한 임대인의 손해액을 특별한 사정이 없는 한 종전의 임료에 상당하는 금액을 기준으로 산정하는 것은, 임대인이 임대차가 종료된 후에 바로 타인에게 그 부동산을 임대하였더라면 그 정도의 임료는 받을 수 있었을 것으로 볼 수 있기 때문이다.

[2] 임차인이 임차부동산에서 제과점을 경영하여 얻는 매출액 중의 일정비율에 상당하는 금액을 임료로 약정한 경우에는, 임차물의 객관적인 사용가치뿐만 아니라 임차인의 기업경영능력이나 노력 등의 주관적인 요소도 함께 반영될 수밖에 없는 위와 같은 매출액의 다과에 따라 임료의 액이 산정되었던 것이므로 그 점포에 관한 임대차계약이 해지된 후에 이를 반환하였더라면 임대인이 바로 타인에게 위 점포를 임대하여 같은 정도의 임료를 받을 수 있었을 것이라고 속단할 수는 없는 것이므로 이를 기준으로 하여 임대차기간 만료 후의 불법점유로 인한 손해금을 산정하였음은 부당하다.

3) 차임 상당의 부당이득반환

임대차계약 종료에 따른 임차인의 임대차목적물 반환의무와 임대인의 연체차임을 공제한 나머지 보증금 반환의무는 동시이행의 관계에 있습니다. 따라서 임대차계약 종료 후에 임차인이 동시이행의 항변권을 행사하며 임차상가건물을 계속 점유하는 경우에 임차인의 이러한 점유를 불법점유라고 할 수는 없으나, 그에 따른 이득은 부당이득으로서 반환해야 합니다.

법률상의 원인 없이 이득하였음을 이유로 한 부당이득의 반환에 있어서 이득이라 함은 실질적인 이익을 가리키는 것이므로 법률상 원인 없이 건물을 점유하고 있다 하여도 이를 사용·수익하지 않았다면 이익을 얻은 것이라고 볼 수 없는 것입니다. 따라서 임차인이 임대차계약 종료 이후에도 동시이행의 항변권을 행사하는 방법으로 임대차목적물의 반환을 거부하기 위하여 임차상가건물 부분을 계속 점유하기는 하였으나 이를 본래의 임대차계약상의 목적에 따라 사용·수익하지 아니하여 실질적인 이득을 얻은 바 없는 경우에는 그로 인하여 임대인에게 손해가 발생하였다 하더라도 임차인의 부당이득반환의무는 성립되지 않는 것입니다(대법원 1992. 4. 14. 선고 91다45202, 45219 판결 참조). 이는 임차인의 사정으로 인하여 임차상가건물 부분을 사용·수익하지 못하였거나 임차인이 자신의 시설물을 반출하지 않았다고 하더라도 마찬가지입니다(대법원 2004. 1. 29. 선고 2003다60488 판결 참조). 그리고 임대차계약이 종료된 경우 임대차보증금이 반환되지 않은 상태에서 임차인이 임대차목적물을 사용·수익하지 않고 점유만을 계속하고 있는 경우 임대차목적물 인도 시까지의 관리비는 임대인이 부담해야 합니다(대법원 2005. 4. 29. 선고 2005다1711 판결 취지 참조).

상가건물임차인이 상가건물에 관한 임대차계약이 종료된 이후로 이를 상가건물임대인에게 반환하지 않고 그대로 계속 점유·사용한 기간 동안 상가건물의 사용·수익에 따른 차임상당액을 부당이득으로 상가건물임대인에게 반환할 의무가 있는 경우, 여기서 차임상당액을 산정함에 있어, 통상적으로 상가건물을 임대하는 경우는 당연히 그 부지부분의 이용을 수반하는 것이고 그 차임 상당액 속에는 상가건물의 차임 외에도 부지

부분의 차임(지대)도 포함되는 것이므로, 상가건물의 차임은 물론이고 그 부지부분의 차임도 함께 계산해야 합니다(대법원 1994. 12. 9. 선고 94다27809 판결 참조).

임대차계약 해지 후의 계속 점유를 원인으로 차임 상당액을 부당이득으로 반환하는 경우에 종전 임대차에서 약정 차임에 대한 부가가치세 상당액을 공급을 받는 자인 임차인이 부담하기로 하는 약정이 있었다면, 달리 특별한 사정이 없는 한 부당이득으로 지급되는 차임 상당액에 대한 부가가치세 상당액도 계속 점유하는 임차인이 부담하는 것입니다(대법원 2002. 11. 22. 선고 2002다38828 판결 참조).

한편, 불법점유가 없었더라도 부동산소유자에게 임료 상당 이익이나 기타 소득이 발생할 여지가 없는 특별한 사정이 있는 때에는 손해배상이나 부당이득반환을 청구할 수 없는 것이지만, 그와 같은 특별한 사정에 관하여는 손실이 발생하지 않았음을 주장하는 쪽에서 증명할 책임을 지는 것입니다(대법원 1997. 7. 22. 선고 96다14227 판결 등 참조).

Q 임차인이 임차상가건물에서 커피전문점을 운영하였는데, 운영이 어려워져 폐업을 하고, 차임도 지급하지 못하는 상황에 이르자 임대인이 임차인에게 차임 연체를 이유로 임대차계약 해지통고를 하였습니다. 이러한 해지통고 이후에도 임차인이 임차상가건물에 영업비품들을 그대로 비치하는 등으로 이를 계속하여 점유하고 있다면, 임차인은 임대인에게 차임 또는 차임 상당의 부당이득금을 지급할 의무가 있는 것인지요?

A 그렇지 않습니다.

법률상 원인 없이 이익을 얻고 이로 인하여 타인에게 손해를 가한 때에는 그 이익을 반환하여야 합니다(민법 제741조). 여기에서 이익이라 함은 실질적인 이익을 의미하므로, 임대차계약관계가 소멸된 이후에 임차인이 임차건물 부분을 계속 점유하기는 하였으나 이를 본래의 임대차계약상의 목적에 따라 사용·수익하지 아니하여 실질적인 이득을 얻은 바 없는 경우에는, 그로 인하여 임대인에게 손해가 발생하였다고 하더라도 임차인의 부당이득반환의무는 성립하지 않습니다. 이는 임차인의 사정으로 인하여 임차건물 부분을 사용·수익하지 못하였거나 임차인이 자신의 시설물을 반출하지 않았다고 하더라도 마찬가지입니다(대법원 1998. 7. 10. 선고 98다8554 판결 등 참조).

많은 분들이 임차인이 임대차계약 종료 후에도 임차상가건물을 점유하고 있다면 임차인에 대하여 차임 상당의 부당이득반환청구를 할 수 있다고 알고 계신데, 판례는 이와 같이 점유와 사용·수익을 별개의 개념으로 보고 있고, 부당이득반환의무 성립을 위해서는 점유를 넘어 사용·수익이 있어야 한다고 판단하고 있기 때문에 임차상가건물에 대한 폐업신고를 한 이후에는 비록 점유를 계속하고 있었다 하더라도 본래의 임대차계약상의 목적에 따른 사용·수익을 한 것이 아니어서 실질적인 이익을 얻은 바 없으므로, 그로 인하여 임대인에게 손해가 발생하였다 하더라도 임차인의 부당이득반환의무가 성립하지 않는 것입니다(대법원 2018. 11. 29. 선고 2018다240424, 240431 판결 참조).

Q 임대인과 임차인이 모두 주식회사라면 이들이 체결한 임대차계약이 상행위에 해당하여 임대인의 차임 상당의 부당이득반환채권의 소멸시효 시간이 상사소멸시효 기간인 5년이 적용되는 것일까요?

A 그렇지 않습니다.

주식회사인 임대인과 임차인이 체결한 임대차계약은 상행위에 해당하고, 상법 제64조에 따르면 상행위로 인한 채권은 5년간 행사하지 않으면 소멸시효가 완성됩니다. 그러나 임대차계약이 상행위에 해당한다고 하더라도 그 계약기간 만료를 원인으로 한 차임 상당의 부당이득반환채권은 법률행위가 아닌 법률의 규정에 의하여 발생하는 것이고, 그 발생 경위나 원인 등에 비추어 상거래 관계에 있어서와 같이 정형적으로나 신속하게 해결할 필요성이 있다고 볼 것은 아니므로, 특별한 사정이 없는 한 5년의 상사소멸시효 기간이 아니라 10년의 민사소멸시효 기간이 적용되는 것입니다(대법원 2012. 5. 10. 선고 2012다4633 판결 참조).

Q 구분소유자 중 일부가 정당한 권원 없이 집합건물의 복도, 계단 등과 같은 공용부분을 배타적으로 점유·사용한 경우, 해당 공용부분을 점유·사용함으로써 얻은 이익을 부당이득으로 반환할 의무가 있을까요?

A 네 그렇습니다.

구분소유자 중 일부가 정당한 권원 없이 집합건물의 복도, 계단 등과 같은 공용부분을 배타적으로 점유·사용함으로써 이익을 얻고, 그로 인하여 다른 구분소유자들이 해당 공용부분을 사용할 수 없게 되었다면, 공용부분을 무단점유한 구분소유자는 특별한 사정이 없는 한 해당 공용부분을 점유·사용함으로써 얻은 이익을 부당이득으로 반환할 의무가 있습니다. 그리고 이러한 법리는 구분소유자가 아닌 제3자가 집합건물의 공용부분을 정당한 권원 없이 배타적으로 점유·사용하는 경우에도 마찬가지로 적용됩니다(대법원 2020. 5. 21. 선고 2017다220744 전원합의체 판결 참조).

Q 임차인이 3기분 이상의 차임을 연체하여 임대인이 임대차계약을 해지하였는데, 임차인이 임차상가건물을 사용·수익하지 않고 점유만을 계속하다가 임차상가건물에서 이틀간 외부 행사를 개최하였다면 이러한 임차인은 임대인에게 임차상가건물을 명도할 때까지 관리비를 지급할 의무가 있을까요?

A 그렇지는 않습니다.

임대차계약이 종료된 경우 임대차보증금이 반환되지 않은 상태에서 임차인이 임대차목적물을 사용·수익하지 않고 점유만을 계속하고 있는 경우라면 임대차목적물 인도 시까지의 관리비는 임대인이 부담하여야 합니다(대법원 2005. 4. 29. 선고 2005다1711 판결 취지 참조). 그리고 대법원은 임차인이 임대인과 상가건물 임대차계약을 체결한 다음 식당을 운영하다가 폐업하였고, 그 후 3기 이상의 차임 연체를 이유로 임대차계약이 해지되었으나 임차인이 건물 인도 전까지 하루씩 두 차례 위 건물에서 제3자의 행사를 개최하였는데, 임대인이 임차인을 상대로 건물 인도 시까지의 관리비 전부의 지급을 구한 사안에서, 임차인은 임대차계약 종료 시까지의 관리비와 임대차계약 종료 이후 건물을 사용·수익한 2일분에 해당하는 관리비를 지급할 의무가 있을 뿐 나머지 기간 동안의 관리비를 지급할 의무는 없다고 한 사례가 있습니다(대법원 2021. 4. 1. 선고 2020다286102, 286119 판결 참조).

[판례]

> **[대법원 2018. 11. 29. 선고 2018다240424, 240431 판결]**
>
> [1] 임차인이 임대차계약 종료 후 임대차건물을 계속 점유하였으나, 본래의 임대차계약상의 목적에 따라 사용·수익하지 않은 경우, 임차인의 부당이득반환의무가 성립하는지 여부(소극) 및 이는 임차인의 사정으로 인하여 임대차건물 부분을 사용·수익하지 못하였거나 임차인이 시설물을 반출하지 않은 경우에도 마찬가지인지 여부(적극)
>
> [2] 임대인 갑 등과 임차인 을 사이에 체결된 임대차계약이 을의 차임 연체를 이유로 해지된 후 을이 점포에 대한 폐업신고를 하였는데, 을이 영업비품들을 그대로 비치하는 등 점포를 계속하여 점유하자 갑 등이 을을 상대로 부당이득반환을 구한 사안에서, 을이 점포에 대한 폐업신고를 한 이후에는 비록 점유를 계속하고 있었다 하더라도 본래의 임대차계약상의 목적에 따른 사용·수익을 한 것이 아니어서 실질적인 이익을 얻은 바 없으므로, 그로

인하여 갑 등에게 손해가 발생하였다 하더라도 을의 부당이득반환의무는 성립하지 않는데도, 을이 영업에 필요한 비품 등을 그대로 남겨둔 채 점포를 폐쇄한 사정 등을 들어 을이 폐업신고를 한 이후에도 차임 상당의 부당이득반환의무가 성립한다고 판단한 원심판결에 법리오해의 잘못이 있다고 한 사례

[대법원 2012. 5. 10. 선고 2012다4633 판결]

[1] 임대인 갑 주식회사와 임차인 을 주식회사 사이에 체결된 건물임대차계약이 종료되었는데도 을 회사가 임차건물을 무단으로 점유·사용하자 갑 회사가 을 회사를 상대로 부당이득반환을 구한 사안에서, 을 회사는 갑 회사에 대하여 임차건물의 점유·사용으로 인한 차임 상당의 부당이득금을 반환할 의무가 있는데, 주식회사인 갑 회사, 을 회사 사이에 체결된 임대차계약은 상행위에 해당하지만 계약기간 만료를 원인으로 한 부당이득반환채권은 법률행위가 아닌 법률규정에 의하여 발생하는 것이고, 발생 경위나 원인 등에 비추어 상거래 관계에서와 같이 정형적으로나 신속하게 해결할 필요성이 있는 것도 아니므로, 특별한 사정이 없는 한 10년의 민사소멸시효가 적용된다고 한 사례.

[2] 건물에 관한 임대차계약이 종료된 이후 이를 건물임대인에게 반환하지 않고 그대로 계속 점유·사용하는 자는 점유기간 동안 건물의 사용·수익에 따른 차임 상당액을 부당이득으로 반환할 의무가 있는데, 여기서 차임 상당액을 산정할 때 통상적으로 건물을 임대하는 경우 당연히 부지 부분의 이용을 수반하는 것이고 차임 상당액 속에는 건물 차임 외에도 부지 부분 차임(지대)도 포함되므로, 건물 차임은 물론이고 부지 부분 차임도 함께 계산되어야 한다. 그리고 건물소유자가 부지 부분에 관한 소유권을 상실하였다 하여도 건물소유자는 의연 토지소유자와 관계에서는 토지 위에 있는 건물의 소유자인 관계로 건물 부지의 불법점유자라 할 것이고, 따라서 건물 부지 부분에 관한 차임 상당의 부당이득 전부에 관한 반환의무를 부담하게 되며, 건물을 점유하고 있는 건물임차인이 토지소유자에게 부지점유자로서 부당이득반환의무를 진다고 볼 수 없다. 그러므로 건물소유자는 이러한 채무의 부담한도 내에서 건물임차인의 건물 불법점유에 상응하는 부지 부분의 사용·수익에 따른 임료 상당의 손실이 생긴 것이고, 건물에 관한 임대차계약 종료 이후 이를 계속

점유 · 사용하는 건물임차인은 건물소유자에 대한 관계에서 건물 부지의 사용 · 수익으로 인한 이득이 포함된 건물임료 상당의 부당이득을 하였다고 보아야 한다.

[대법원 2020. 5. 21. 선고 2017다220744 전원합의체 판결]

[다수의견] (가) 구분소유자 중 일부가 정당한 권원 없이 집합건물의 복도, 계단 등과 같은 공용부분을 배타적으로 점유 · 사용함으로써 이익을 얻고, 그로 인하여 다른 구분소유자들이 해당 공용부분을 사용할 수 없게 되었다면, 공용부분을 무단점유한 구분소유자는 특별한 사정이 없는 한 해당 공용부분을 점유 · 사용함으로써 얻은 이익을 부당이득으로 반환할 의무가 있다. 해당 공용부분이 구조상 이를 별개 용도로 사용하거나 다른 목적으로 임대할 수 있는 대상이 아니더라도, 무단점유로 인하여 다른 구분소유자들이 해당 공용부분을 사용 · 수익할 권리가 침해되었고 이는 그 자체로 민법 제741조에서 정한 손해로 볼 수 있다. 그 상세한 이유는 다음과 같다.

① 물건의 소유자는 다른 특별한 사정이 없는 한 법률이 정한 바에 따라 그 물건에 관한 모든 이익을 향유할 권리를 가진다. 소유권의 내용으로서 민법 제211조에서 정한 '사용 · 수익 · 처분'의 이익이 그 대표적인 예이다.

집합건물의 소유 및 관리에 관한 법률에 따르면, 각 공유자는 전원의 공유에 속하는 공용부분을 그 용도에 따라 사용할 수 있고(제11조), 규약에 달리 정한 바가 없으면 그 지분비율에 따라 공용부분에서 생기는 이익을 취득한다(제17조).

② 구분소유자 중 일부가 정당한 권원 없이 집합건물의 복도, 계단 등과 같은 공용부분을 배타적으로 사용하는 경우 다른 구분소유자들은 해당 공용부분을 사용할 수 없게 되는 불이익을 입게 된다. 즉 다른 구분소유자들의 해당 공용부분에 대한 사용권이 침해되는 것이다.

③ 구분소유자 중 일부가 정당한 권원 없이 공용부분을 배타적으로 점유 · 사용한 경우 해당 공용부분이 구조상 별개 용도로 사용될 수 있는지 여부나 다른 목적으로 임대할 수 있는 대상인지 여부는 부당이득반환의무의 성립 여부를 좌우하는 요소가 아니다. 정당한 권원 없이 집합건물의 공용부분을 배타적으로 점유하여 사용한 자는 부동산의 점유 · 사용 그 자체로 부당한 이익을 얻게 된다. 이로 인하여 다른 구분소유자들은 해당 공용부분을 사용할 수 있는 가능성이 원천적으로 봉쇄되는 손해를 입었으므로 이로써 민법 제741조에 따른 부당

이득반환의 요건이 충족되었다고 볼 수 있다. 그 외에 해당 공용부분에 대한 별개 용도로의 사용 가능성이나 다른 목적으로 임대할 가능성이 추가적으로 요구된다고 볼 수 없다.

④ 일반적으로 부동산의 무단점유·사용에 대하여 차임 상당액을 부당이득으로 반환해야 한다고 보는 이유는 해당 부동산의 점유·사용으로 인한 이익을 객관적으로 평가할 때 그 부동산 사용에 관한 권리가 당사자 간의 합의로 설정된다고 가정하였을 경우 약정되었을 대가로 산정하는 것이 합리적이기 때문이지, 해당 부동산이 임대 가능한 부동산일 것을 요건으로 하기 때문이 아니다. 이렇듯 '차임 상당액'은 부동산의 무단점유·사용으로 얻은 부당이득을 금전적으로 평가하는 데 필요한 기준일 뿐이다.

⑤ 공용부분을 정당한 권원 없이 배타적으로 점유·사용한 자가 그로 인한 이익을 누렸는데도, 해당공용부분이 구조상 별개의 용도로 사용하거나 다른 목적으로 임대할 수 있는 대상이 아니라는 이유로 다른 구분소유자들에게 손해가 없다고 한다면, 이는 공용부분을 배타적으로 사용한 자로 하여금 점유·사용으로 인한 모든 이익을 보유하도록 하는 것으로서 부당이득반환제도의 취지인 공평의 이념에도 반한다.

(나) 이러한 법리는 구분소유자가 아닌 제3자가 집합건물의 공용부분을 정당한 권원 없이 배타적으로 점유·사용하는 경우에도 마찬가지로 적용된다.

[대법원 2021. 4. 1. 선고 2020다286102, 286119 판결]

[1] 임대차계약이 종료된 후 임대차보증금이 반환되지 않은 상태에서 임차인이 임대차목적물을 사용·수익하지 않고 점유만을 계속하고 있는 경우, 임대차목적물 인도 시까지의 관리비를 부담하는 자(=임대인)

[2] 갑이 을 주식회사와 상가건물 임대차계약을 체결한 다음 식당을 운영하다가 폐업하였고, 그 후 3기 이상의 차임 연체를 이유로 임대차계약이 해지되었으나 갑이 건물 인도 전까지 하루씩 두 차례 위 건물에서 병 단체의 행사를 개최하였는데, 을 회사가 갑을 상대로 건물 인도 시까지의 관리비 전부의 지급을 구한 사안에서, 갑은 임대차계약 종료 시까지의 관리비와 임대차계약 종료 이후 건물을 사용·수익한 2일분에 해당하는 관리비를 지급할 의무가 있을 뿐 나머지 기간 동안의 관리비를 지급할 의무는 없다고 한 사례

4) 보증금 공제

임대차에 있어서 수수된 보증금은 차임채무, 목적물의 멸실·훼손 등으로 인한 손해배상채무 등 임대차에 따른 임차인의 모든 채무를 담보하는 것으로서 그 피담보채무 상당액은 임대차관계의 종료 후 목적물이 반환될 때에 특별한 사정이 없는 한 별도의 의사표시 없이 보증금에서 당연히 공제됩니다(대법원 1999. 12. 7. 선고 99다50729 판결 등 참조). 따라서 임대차계약이 종료되었다 하더라도 목적물이 명도되지 않았다면 임차인은 임대차보증금이 있음을 이유로 연체차임의 지급을 거절할 수 없습니다. 또한 임대차보증금액보다도 임차인의 채무액이 많은 경우에는 민법 제477조에서 정하고 있는 법정충당순서에 따라야 합니다(대법원 2007. 8. 23. 선고 2007다21856, 21863 판결 참조).

한편, 임대차보증금이 임대인에게 교부되어 있더라도 임대인은 임대차관계가 계속되고 있는 동안에는 임대차보증금에서 연체된 차임 등을 충당할 것인지를 자유로이 선택할 수 있으므로, 임대차계약 종료 전에는 연체된 차임 등이 공제 등 별도의 의사표시 없이 임대차보증금에서 당연히 공제되는 것은 아니지만, 임대차계약이 종료되거나 목적물이 인도되기 전이라도 임대인은 연체된 차임 등을 임대차보증금에서 공제한다는 의사표시를 함으로써 이를 공제할 수 있습니다(대법원 2012. 9. 27. 선고 2012다49490 판결, 대법원 2013. 2. 28. 선고 2011다49608, 49615 판결 등 참조).

보증금이 수수된 임대차계약에서 임차인은 그 임대차계약이 종료되어 목적물을 반환할 때까지 연체한 차임 및 차임 상당 부당이득금을 보증금에서 공제할 것을 주장할 수 있습니다(대법원 2015. 3. 26. 선고 2013다77225 판결 참조).

임대차계약에 있어 임대차보증금은 임대차계약 종료 후에 발생하는 차임 상당의 부당이득반환채권뿐만 아니라 훼손된 건물 부분의 원상복구비용 상당의 손해배상 채권 등도 담보하는 것이므로, 임대인으로서는 임대차보증금에서 그 피담보채무를 공제한 나머지만을 임차인에게 반환할 의무가 있습니다. 임대인은 임대차보증금에 의하여 담보되는 부당이득 반환채권 및 손해배상 채권의 발생에 관하여 주장·입증 책임을 부담하는 것이고, 다만 그 발생한 채권이 변제 등의 이유로 소멸하였는지에 관하여는 임차인이 주장·입증 책임을 부담하는 것입니다(대법원 1995. 7. 25. 선고 95다14664, 14671 판결 참조).

임대인과 임차인 사이에서 장래 임대차목적물 반환 시 원상복구비용의 보증금 명목으로 지급하기로 약정한 금액은 임대차관계에서 당연히 발생하는 임차인의 채무가 아니라 임대인과 임차인 사이의 약정에 기하여 비로소 발생하는 채무이므로, 이를 반환할 임대차보증금에서 당연히 공제할 수 있는 것은 아닙니다. 또한 임대차계약서에 임차인의 원상복구의무를 규정하고 원상복구비용을 임대차보증금에서 공제할 수 있는 것으로 약정하였다 하더라도 임대인이 원상복구할 의사 없이 임차인이 설치한 시설을 그대로 이용하여 타인에게 다시 임대하려 하는 경우에는 원상복구비용을 임대차보증금에서 공제할 수 없다고 보아야 합니다(대법원 2002. 12. 10. 선고 2002다52657 판결 참조).

한편, 임차인에게 임대차 종료로 인한 원상회복의무가 있는데도 이를 지체한 경우 이로 인하여 임대인이 입은 손해는 이행지체일로부터 임대인이 실제로 자신의 비용으로 원상회복을 완료한 날까지의 임대료 상당액이 아니라 임대인 스스로 원상회복을 할 수 있었던 기간까지의 임대료 상당액입니다(대법원 1990. 10. 30. 선고 90다카12035 판결 참조).

보증금에 의하여 담보되는 채권에는 연체차임 및 그에 대한 지연손해금도 포함되는데, 차임지급채무는 그 지급에 확정된 기일이 있는 경우에는 그 지급기일 다음 날부터 지체책임이 발생하고 보증금에서 공제되었을 때 비로소 그 채무 및 그에 따른 지체책임이 소멸되는 것입니다. 따라서 연체차임에 대한 지연손해금은 임대차계약의 해지 시까지가 아니라 목적물이 반환되는 때까지 발생하게 되는 것입니다(대법원 2014. 2. 27. 선고 2009다39233 판결 참조).

Q 임대차계약의 존속 중에 임차인에게 채권을 가진 사람이 임차인의 임대차보증금 반환채권에 대하여 법원에 전부명령을 신청하였고, 전부명령이 임대인에게 송달되었습니다. 그렇다면 임대인은 전부명령을 송달받은 때까지 발생한 연체 차임 등만 임대차보증금에서 공제할 수 있는 것인지요?

A 그렇지 않습니다.

임차인의 임대차보증금반환채권은 임대차 종료 후에 임차상가건물을 임대인에게 명도할 때 연체 차임 등 모든 피담보채무를 공제하고 남은 잔액이 있을 것을 조건으로 하여 그 잔액에 관해 발생합니다. 그리고 임대차보증금반환채권에 대하여 전부명령이 있는 경우에도 제3채무자인 임대인은 임차인에게 대항할 수 있는 사유로써 전부채권자에게 대항할 수 있습니다. 따라서 임대차보증금반환채권에 대한 전부명령의 효력은 전부명령이 임대인에게 송달되었을 때 발생합니다만, 그 효력은 연체 차임 등 임대인의 모든 채권을 공제하고 남은 잔액에 관해서만 발생하는 것입니다(대법원 1987. 6. 9. 선고 87다68 판결 참조).

Q 임대차계약이 해지에 의하여 종료된 후, 임차인이 임대인으로부터 임대차보증금을 반환받기 위하여 동시이행항변권에 기하여 임차상가건물을 점유하고 있던 중, 임차인의 관리 소홀로 임차상가건물의 내부 시설물이 파손되거나 임차인이 임대인 명의로 사용한 전기요금을 납부하지 않아 전기의 동력선이 끊기고 이를 재설치하는 데 상당한 비용이 소요되는 손해를 입은 경우, 임대인은 임대차보증금에서 이러한 손해배상채무를 공제할 수 있는 것인가요?

A 네 그렇습니다.

임대차 종료 후 임차인의 임대차목적물 명도의무와 임대인의 연체차임 기타 명도시까지 발생한 손해배상금 등을 공제하고 남은 임대보증금반환 채무는 동시이행의 관계에 있습니다. 따라서 임차인은 이를 지급받을 때까지 동시이행의 항변권에 기하여 임차상가건물을 유치하면서 명도를 거절할 권리가 있으나, 또한 임차인은 임대차목적물을 명도할 때까지는 선량한 관리자의 주의로 이를 보존할 의무가 있습니다. 만일 임차인이 이러한 주의의무를 위반하여 임대차목적물이 멸실, 훼손된 경우에는 그에 대한 손해를 배상할 채무가 발생하며, 임차인이 책임을 면하려면 임차상가건물의 보존에 관하여 선량한 관리자의 주의의무를 다하였음을 입증하여야 합니다(대법원 1991. 10. 25. 선고 91다22605, 22612 판결 참조). 따라서 임차인이 동시이행항변권에 기하여 임차상가건물을 점유하고 있던 중, 임차인의 관리 소홀로 임차상가건물의 내부 시설물이 파손되거나 임차인이 임대인 명의로 사용한 전기요금을 납부하지 않아 전기의 동력선이 끊기고 이를 재설치하는 데 상당한 비용이 소요되는 손해를 입은 경우, 임차인이 임차상가건물의 보존에 관하여 선량한 관리자의 주의의무를 다하였음을 입증하지 못하는 한, 임차인으로서는 그 손해에 대한 배상책임을 면할 수 없고, 이는 임대차보증금반환 채권액에서 공제되어야 하는 것입니다.

Q 임차인이 50만 원이 소요되는 전기시설의 원상회복을 하지 않은 채 임차상가건물의 명도 이행을 제공하였다면, 임대인이 이를 이유로 1억 원의 잔존 임대차보증금 전액의 반환을 거부할 수 있을까요?

A 그렇지 않습니다.

동시이행의 항변권은 근본적으로 공평의 관념에 따라 인정되는 것입니다. 따라서 임차인이 불이행한 원상회복의무가 사소한 부분이고 그로 인한 손해배상액 역시 근소한 금액인 경우에도 임대인이 원상회복을 받을 때까지, 혹은 현실로 목적물의 명도를 받을 때까지 원상회복의무 불이행으로 인한 손해배상액 부분을 넘어서서 거액의 잔존 임대차보증금 전액에 대하여 반환을 거부할 수 있다고 하는 것은 오히려 공평의 관념에 반하는 것이 되어 부당하고, 그와 같은 임대인의 동시이행의 항변은 신의칙에 반하는 것이 되어 허용할 수 없는 것입니다(대법원 1999. 11. 12. 선고 99다34697 판결 참조).

Q 임대차계약 체결 당시 이미 임차상가건물에 근저당권이 설정되어 있는 경우, 공인중개사는 임대차보증금의 보호를 위하여 어떠한 조치를 취해야 할까요?

A 이러한 경우 공인중개사의 업무상 주의의무는 아래와 같습니다.

임대차계약의 체결 당시 이미 임대차목적물에 근저당권이 설정되어 있는 경우, 공인중개사는 잔금지급 이후 근저당권이 말소되지 않을 경우 그 근저당권의 실행으로 인해 임대차보증금을 보호받지 못할 위험성이 있음을 충분히 설명하고 그러한 법률관계를 확인하는 서면을 작성하여야 하며, 그 위험성에 대한 대비책으로 임대차보증금이 위 근저당권의 피담보채무의 상환에 사용되는 등의 조치가 제대로 이루어지는지 관여하여 확인하거나, 임차인으로 하여금 잔금을 임대인측에게 직접 지급하지 말고 예치하거나 또는 차라리 잔금기일을 더 연기하더라도 근저당권의 말소와 동시에 지급하도록 하는 등 임대차보증금의 보호를 위한 여러 법적 조치 내지 위험대비책 등을 적극적으로 조언할 업무상 주의의무가 있습니다(울산지방법원 2007. 8. 31. 선고 2006가단52531 판결 참조).

Q 임차인이 임대차목적물을 사용·수익하는 동안 그 사용·수익을 위해 발생한 관리비·수도료·전기료 등 용익에 관한 채무가 임대차보증금에 의하여 담보되는 임차인

의 채무에 속하는 것일까요?

A 네 그렇습니다.

임차인이 임대차목적물을 사용·수익하는 동안 그 사용·수익을 위하여 그 목적물에 관하여 발생한 관리비·수도료·전기료 등 용익에 관한 채무는 임대차계약에서 달리 약정하였다는 등의 특별한 사정이 없는 한 임대차관계의 성질상 임대차보증금에 의하여 담보되는 임차인의 채무에 속하는 것입니다(대법원 2005. 9. 28. 선고 2005다8323, 8330 판결 등 참조). 따라서 전기요금을 예로 들면, 임대인이 한국전력공사에 전기요금을 실제로 납부하였는지에 관계없이 임차인으로서는 임대인에게 임대차목적물을 사용·수익하는 동안 발생한 전기요금 상당액을 지급할 의무가 있고, 이는 임대차보증금에 의하여 담보되는 채무로서 임대차관계의 종료 후 임대차목적물이 반환될 때에 보증금에서 당연히 공제되는 것입니다(대법원 2012. 6. 28. 선고 2012다19154 판결 참조).

Q 임대인이 임차인에 대하여 차임연체를 이유로 임대차계약을 해지하고, 임대차목적물인 상가건물의 인도 및 연체차임의 지급을 구하는 소송을 제기한 경우, 그 소송비용을 임대차보증금에서 당연히 공제할 수 있는지요?

A 네 그렇습니다.

임대인이 임차인을 상대로 차임연체로 인한 임대차계약의 해지를 원인으로 임대차목적물인 부동산의 인도 및 연체차임의 지급을 구하는 소송비용은 임차인이 부담할 원상복구비용 및 차임지급의무 불이행으로 인한 것이어서 임대차관계에서 발생하는 임차인의 채무에 해당하므로 이를 반환할 임대차보증금에서 당연히 공제할 수 있습니다. 한편 임대인의 임대차보증금 반환의무는 임대차관계가 종료되는 경우에 임대차보증금 중에서 목적물을 반환받을 때까지 생긴 임차인의 모든 채무를 공제한 나머지 금액에 관하여 서만 비로소 이행기에 도달하는 것이므로, 임차인이 다른 사람에게 임대차보증금 반환 채권을 양도하고, 임대인에게 양도통지를 하였어도 임차인이 임대차목적물을 인도하기 전까지는 임대인이 위 소송비용을 임대차보증금에서 당연히 공제할 수 있습니다(대법 원 2012. 9. 27. 선고 2012다49490 판결 참조).

Q 갑 주식회사가 건물을 매수한 후 건물 내 점포의 임차인인 을과 '부동산의 매매로 인한 명도에 대해 임차인은 임대보증금 전액을 반환받을 시 이전하며, 이전기한 은 임대차기간 만료일까지로 한다. 임대인이 명도에 따른 이사비용을 임차인에 게 선지급하되, 임차인이 이전을 하지 않을 시 이사비용의 10배에 따른 배상을 청 구함에 합의한다.'는 취지로 점포의 임대차계약 종료와 점포 인도에 관한 합의를 하고, 이사비용을 선지급하였는데, 을이 임대차기간 만료일까지 점포를 인도하지 않겠다는 의사를 밝힌 후 점포를 인도하지 않았다면, 임대인은 합의에 따라 임차 인을 상대로 이사비용의 10배 배상을 청구할 수 있을까요?

A 그렇지는 않습니다.

을의 점포 인도의무와 갑 주식회사의 연체차임 등을 공제한 보증금 반환의무는 동시 이행관계에 있으므로, 을이 이전을 하지 않을 경우 지급받은 이사비용의 10배를 지급하 기로 한 약정은 갑 주식회사가 을에게 연체차임 등을 공제한 보증금 반환의무를 이행하 거나 현실적인 이행의 제공을 하는 등의 사유로 을이 동시이행의 항변권을 상실하여 을 의 점포 점유가 불법점유에 해당함을 전제로 발생하는 의무라고 보아야 합니다. 따라서 갑 주식회사가 을에게 연체차임 등을 공제한 보증금을 반환하거나 현실적인 이행의 제 공을 하지 않는 한 을이 갑 주식회사에게 점포를 인도하지 않았다고 하더라도 을의 점유를 불법점유라고 할 수 없고, 따라서 을은 합의에서 정한 위약금을 지급할 의무가 없는 것입니다(대법원 2017. 10. 12. 선고 2017다224630, 224647 판결 참조).

Q 임대인의 채권자가 임대인의 임차인에 대한 차임채권에 대하여 채권압류 및 추심 명령을 받았고, 이러한 명령이 임차인에게 송달되었다면 위 명령이 송달된 이후 의 차임은 임대차보증금에서 공제할 수 없는 것인가요?

A 그렇지는 않습니다.

부동산 임대차에 있어서 수수된 보증금은 차임채무, 목적물의 멸실·훼손 등으로 인한 손해배상채무 등 임대차에 따른 임차인의 모든 채무를 담보하는 것으로서 그 피담보 채무 상당액은 임대차관계의 종료 후 목적물이 반환될 때에 특별한 사정이 없는 한 별도의 의사표시 없이 보증금에서 당연히 공제되는 것이므로(대법원1999. 12. 7. 선고 99다50729 판결 등 참조), 임대보증금이 수수된 임대차계약에서 차임채권에 관하여 압류 및 추심명령이 있었다 하더라도, 당해 임대차계약이 종료되어 목적물이 반환될 때에는 그때까지 추심되지 않은 채 잔존하는 차임채권 상당액도 임대보증금에서 당연히 공제되는 것입니다(대법원 2004. 12. 23. 선고 2004다56554, 56561, 56578, 56585, 56592, 56608, 56615, 56622, 56639, 56646, 56653, 56660 판결 참조).

[판례]

[대법원 1987. 6. 9. 선고 87다68 판결]

[1] 건물임대차에 있어서의 임차보증금은 임대차존속중의 임료뿐만 아니라 건물명도의무이행에 이르기까지 발생한 손해배상채권등 임대차계약에 의하여 임대인이 임차인에 대하여 갖는 일체의 채권을 담보하는 것으로서 임대차종료후에 임차건물을 임대인에게 명도할

때에 체불임료등 모든 피담보채무를 공제한 잔액이 있을 것을 조건으로 하여 그 잔액에 관한 임차인의 보증금반환청구권이 발생한다.

[2] 임차보증금을 피전부채권으로 하여 전부명령이 있은 경우에도 제3채무자인 임대인은 임차인에게 대항할 수 있는 사유로써 전부채권자에게 대항할 수 있는 것이므로 건물임대차보증금의 반환채권에 대한 전부명령의 효력이 그 송달에 의하여 발생한다고 하여도 위 보증금반환채권은 임대인의 채권이 발생하는 것을 해제조건으로 하는 것이므로 임대인의 채권을 공제한 잔액에 관하여서만 전부명령이 유효하다.

[대법원 1991. 10. 25. 선고 91다22605, 22612 판결]

[1] 임대차 종료 후 임차인의 임차목적물 명도의무와 임대인의 연체차임 기타 명도시까지 발생한손해배상금 등을 공제하고 남은 임대보증금반환 채무와는 동시이행의 관계에 있는 것이어서 임차인은 이를 지급받을 때까지 동시이행의 항변권에 기하여 목적물을 유치하면서 명도를 거절할 권리가 있는 것이나, 임차인은 임차목적물을 명도할 때까지는 선량한 관리자의 주의로 이를 보존할 의무가 있어, 이러한 주의의무를 위반하여 임대목적물이 멸실, 훼손된 경우에는 그에 대한 손해를 배상할 채무가 발생하며, 임대목적물이 멸실, 훼손된 경우 임차인이 그 책임을 면하려면 그 임차건물의 보존에 관하여 선량한 관리자의 주의의무를 다하였음을 입증하여야 할 것이다.

[2] 위 "[1]"항의 경우 임차인이 임대인 명의로 사용한 전기, 전화요금을 납부하지 않아 전기의 동력선이 끊기고, 임대인 명의의 전화가입권이 말소됨으로써 임대인이 그 전화 및 전기동력선 등의 재설치에 상당한 비용이 소요되는 등 손해를 입었다면 임차인으로서는 그 손해에 대한 배상책임을 면할 수 없으므로 이는 임대차보증금반환 채권액에서 공제되어야 한다.

[대법원 1999. 11. 12. 선고 99다34697 판결]

[1] 동시이행의 항변권은 근본적으로 공평의 관념에 따라 인정되는 것인데, 임차인이 불이행한 원상회복의무가 사소한 부분이고 그로 인한 손해배상액 역시 근소한 금액인 경우에까

지 임대인이 그를 이유로, 임차인이 그 원상회복의무를 이행할 때까지, 혹은 임대인이 현실로 목적물의 명도를 받을 때까지 원상회복의무 불이행으로 인한 손해배상액 부분을 넘어서서 거액의 잔존 임대차보증금 전액에 대하여 그 반환을 거부할 수 있다고 하는 것은 오히려 공평의 관념에 반하는 것이 되어 부당하고, 그와 같은 임대인의 동시이행의 항변은 신의칙에 반하는 것이 되어 허용할 수 없다.

[2] 임차인이 금 326,000원이 소요되는 전기시설의 원상회복을 하지 아니한 채 건물의 명도 이행을 제공한 경우, 임대인이 이를 이유로 금 125,226,670원의 잔존 임대차보증금 전액의 반환을 거부할 동시이행의 항변권을 행사할 수 없다고 한 사례.

[울산지방법원 2007. 8. 31. 선고 2006가단52531 판결]

임대차계약의 체결 당시 이미 임차목적물에 근저당권이 설정되어 있는 경우, 공인중개사는 잔금지급 이후 근저당권이 말소되지 아니할 경우 그 근저당권의 실행으로 인해 그 임차보증금을 보호받지 못할 위험성이 있음을 충분히 설명하고 그러한 법률관계를 확인하는 서면을 작성하여야 하며, 그 위험성에 대한 대비책으로 임차보증금이 위 근저당권의 피담보채무의 상환에 사용되는 등의 조치가 제대로 이루어지는지 관여하여 확인하거나, 임차인으로 하여금 잔금을 임대인측에게 직접 지급하지 말고 예치하거나 또는 차라리 잔금기일을 더 연기하더라도 근저당권의 말소와 동시에 지급하도록 하는 등 그 임차보증금의 보호를 위한 여러 법적 조치 내지 위험대비책 등을 적극적으로 조언할 업무상 주의의무가 있다.

[대법원 2012. 6. 28. 선고 2012다19154 판결]

임대차계약에 있어서 임대차보증금은 임대차계약 종료 후 목적물을 임대인에게 인도할 때까지 발생하는 임대차에 관한 임차인의 모든 채무를 담보한다. 따라서 그 피담보채무 상당액은 임대차관계의 종료 후 목적물이 반환될 때에 특별한 사정이 없는 한 별도의 의사표시 없이 보증금에서 당연히 공제되는 것이므로 임대인은 임대차보증금에서 그 피담보채무를 공제한 나머지만을 임차인에게 반환할 의무가 있다. 그리고 임차인이 임대차목적물을 사용·수익하는 동안 그 사용·수익을 위하여 그 목적물에 관하여 발생한 관리비·수도료·전기료 등 용익에 관한 채무는 임대차계약에서 달리 약정하였다는 등의 특별한 사정이 없는 한 임대차관계의 성질상 임대차보증금에 의하여 담보되는 임차인의 채무에 속한다고 할 것이다.

[대법원 2012. 9. 27. 선고 2012다49490 판결]

부동산임대차에서 임차인이 임대인에게 지급하는 임대차보증금은 임대차관계가 종료되어 목적물을 반환하는 때까지 임대차관계에서 발생하는 임차인의 모든 채무를 담보하는 것으로서, 임대인이 임차인을 상대로 차임연체로 인한 임대차계약의 해지를 원인으로 임대차목적물인 부동산의 인도 및 연체차임의 지급을 구하는 소송비용은 임차인이 부담할 원상복구비용 및 차임지급의무 불이행으로 인한 것이어서 임대차관계에서 발생하는 임차인의 채무에 해당하므로 이를 반환할 임대차보증금에서 당연히 공제할 수 있고, 한편 임대인의 임대차보증금 반환의무는 임대차관계가 종료되는 경우에 임대차보증금 중에서 목적물을 반환받을 때까지 생긴 임차인의 모든 채무를 공제한 나머지 금액에 관하여서만 비로소 이행기에 도달하는 것이므로, 임차인이 다른 사람에게 임대차보증금 반환채권을 양도하고, 임대인에게 양도통지를 하였어도 임차인이 임대차목적물을 인도하기 전까지는 임대인이 위 소송비용을 임대차보증금에서 당연히 공제할 수 있다.

[대법원 2017. 10. 12. 선고 2017다224630, 224647 판결]

갑 주식회사가 건물을 매수한 후 건물 내 점포의 임차인인 을과 '부동산의 매매로 인한 명도에 대해 임차인은 임대보증금 전액을 반환받을 시 이전하며, 이전기한은 임대차기간 만료일까지로 한다. 임대인이 명도에 따른 이사비용을 임차인에게 선지급하되, 임차인이 이전을 하지 않을 시 이사비용의 10배에 따른 배상을 청구함에 합의한다'는 취지로 점포의 임대차계약 종료와 점포인도에 관한 합의를 하고, 이사비용을 선지급하였는데, 을이 임대차기간 만료일까지 점포를 인도하지 않겠다는 의사를 밝힌 후 점포를 인도하지 아니한 사안에서, 갑 회사가 을에게 연체차임 등을 공제한 보증금을 반환하거나 현실적인 이행의 제공을 하지 않았으므로 을이 점포를 인도하지 않았더라도 을의 점유를 불법점유라고 할 수 없어 을은 위약금을 지급할 의무가 없다고 한 사례.

[대법원 2004. 12. 23. 선고 2004다56554, 56561, 56578, 56585, 56592, 56608, 56615, 56622, 56639, 56646, 56653, 56660 판결]
부동산 임대차에 있어서 수수된 보증금은 차임채무, 목적물의 멸실·훼손 등으로 인한 손해배상채무 등 임대차에 따른 임차인의 모든 채무를 담보하는 것으로서 그 피담보채무 상당액은 임대차관계의 종료 후 목적물이 반환될 때에 특별한 사정이 없는 한 별도의 의사표시 없이 보증금에서 당연히 공제되는 것이므로, 임대보증금이 수수된 임대차계약에서 차임채권에 관하여 압류 및 추심명령이 있었다 하더라도, 당해 임대차계약이 종료되어 목적물이 반환될 때에는 그 때까지 추심되지 아니한 채 잔존하는 차임채권 상당액도 임대보증금에서 당연히 공제된다.

5) 임대차보증금 반환채권 양도

임대차보증금 반환채권을 양도하는 경우에 확정일자 있는 증서로 이를 채무자에게 통지하거나 채무자가 확정일자 있는 증서로 이를 승낙하지 아니한 이상 양도로써 채무자 이외의 제3자에게 대항할 수 없습니다(민법 제450조 참조).

이러한 법리는 임대차계약상의 지위를 양도하는 등 임대차계약상의 권리의무를 포괄적으로 양도하는 경우에 권리의무의 내용을 이루고 있는 임대차보증금 반환채권의 양도 부분에 관하여도 마찬가지로 적용됩니다. 따라서 기존 임차인과 새로운 임차인 및 임대인 사이에 임대차계약상의 지위 양도 등 권리의무의 포괄적 양도에 관한 계약이 확정일자 있는 증서에 의하여 체결되거나, 임대차보증금 반환채권의 양도에 대한 통지·승낙이 확정일자 있는 증서에 의하여 이루어지는 등의 절차를 거치지 아니하는 한, 기존의 임대차계약에 따른 임대차보증금 반환채권에 대하여 채권가압류명령, 채권압류 및 추심명령을 받은 채권자에 대하여는 임대차계약상의 지위 양도 등 권리의무의 포괄적 양도에 포함된 임대차보증금 반환채권의 양도로써 대항할 수 없습니다.

다만, 임대차보증금 반환채권이 양도되거나 임대차보증금 반환채권에 대하여 채권가압류명령, 채권압류 및 추심명령이 이루어지기에 앞서 임대차계약의 종료 등을 원인으로 한 변제, 상계, 정산합의 등에 의하여 임대차보증금 반환채권이 이미 소멸하였다면, 채권양도나 채권가압류명령 등은 모두 존재하지 않는 채권에 대한 것으로서 효력이 없고, 대항요건의 문제는 발생할 여지가 없는 것입니다.

또한 임대인이 기존의 임대차계약 후 제3자와 임대차계약을 체결한 때에도, 실제로는 임차인이 기존의 임대차계약상의 지위를 제3자에게 양도하는 등 임대차계약상의 권리의무를 포괄적으로 양도하거나, 오로지 기존의 임대차보증금 반환채권을 타인에게 귀속시키는 것에 해당하는 경우가 있을 수 있습니다. 이러한 행위가 기존의 임대차계약관계 및 임대차보증금 반환채권을 완전히 소멸시키고 제3자의 새로운 임대차보증금 반환채권을 발생시키는 것인지, 아니면 기존의 임대차계약상의 권리의무를 포괄적으로 양도하거나 기존의 임대차보증금 반환채권을 양도하는 것인지는 그 행위를 이루고 있는 계약 내지 의사의 해석 문제에 해당하는 것입니다. 따라서 행위가 이루어진 동기와 경위, 당사자가 행위에 의하여 달성하려는 목적과 진정한 의사, 거래의 관행 등을 종합적으로 고려하여 논리와 경험칙에 따라 행위에 담긴 의사를 해석함으로써, 법률관계의 성격 내지 기존의 임대차보증금 반환채권의 소멸 여부에 관하여 합리적으로 판단하여야 하며, 결국 기존의 임차인과 제3자와의 관계, 새로운 임대차계약의 체결 경위 및 기존의 임대차계약과 새로운 임대차계약의 각 내용, 새로운 임대차계약과 기존의 임대차계약의 각 보증금 액수가 같은지 여부 및 같지 않을 경우에는 차액의 반환 내지 지급관계, 새로운 임대차계약을 전후한 부동산의 점유·사용관계, 새로운 임대차계약에 따른 월 차임의 지급관계 등의 여러 사정을 모두 종합하여 의사를 해석·판단하여야 합니다 (대법원 2017. 1. 25. 선고 2014다52933 판결 참조).

Q 임대차계약의 존속 중에 임차인이 임대차보증금반환채권을 제3자에게 양도하였고, 임대인에 대한 양도통지절차도 적법하게 이루어졌습니다. 이후 임대차기간 만료 무렵에 임대인과 임차인이 합의하여 임대차계약을 갱신하였다면, 임대차보증금반환채권을 양수한 제3자는 갱신되는 임대차기간이 만료되어 임대차가 종료되어야 임대차보증금을 반환받을 수 있는 것인가요?

A 그렇지 않습니다.

임대인이 임대차보증금반환청구채권의 양도통지를 받은 후에는 임대인과 임차인 사이에 임대차계약의 갱신이나 계약기간 연장에 관하여 명시적 또는 묵시적 합의가 있더라도 그 합의의 효과는 보증금반환채권의 양수인에 대하여는 미칠 수 없는 것입니다(대법원 1989. 4. 25. 선고 88다카4253, 4260 판결 참조). 따라서 임대인과 임차인이 합의하여 임대차계약을 갱신하였다고 하더라도 임대차보증금반환채권을 양수한 제3자에 대한 관계에서는 임대차계약이 갱신되지 않고 종료되는 것이므로, 임대인은 임차인에 대하여 임차상가건물의 명도를 청구하고, 임차인으로부터 명도를 받음과 동시에 임차인에게 반환해야 할 임대차보증금을 양수인인 제3자에게 지급할 의무가 있는 것입니다.

[판례]

> **[대법원 1989. 4. 25. 선고 88다카4253, 4260 판결]**
> 임대인이 임대차보증금반환청구채권의 양도통지를 받은 후에는 임대인과 임차인 사이에 임대차계약의 갱신이나 계약기간 연장에 관하여 명시적 또는 묵시적 합의가 있더라도 그 합의의 효과는 보증금반환채권의 양수인에 대하여는 미칠 수 없다.

02. 처분능력, 권한없는 자의 할 수 있는 단기임대차(제619조)

처분의 능력 또는 권한없는 자가 임대차를 하는 경우에는 그 임대차는 다음 각호의 기간을 넘지 못한다.

1. 식목, 채염 또는 석조, 석회조, 연와조 및 이와 유사한 건축을 목적으로 한 토지의 임대차는 10년
2. 기타 토지의 임대차는 5년
3. 건물 기타 공작물의 임대차는 3년
4. 동산의 임대차는 6월

처분의 능력 또는 권한 없는 사람이 임대차를 하는 경우에는 민법 제619조에서 정한 기간을 넘지 못합니다. 따라서 처분의 능력 또는 권한 없는 사람이 민법 제619조에서 정한 기간을 넘는 임대차를 한 경우에는 그 임대차 기간이 민법 제619조에서 정한 기간으로 단축된다고 보아야 합니다. 그리고 처분의 능력 또는 권한없는 사람이 임대차기간의 약정이 없는 임대차를 한 경우에는 민법 제635조에 따라 언제든지 계약해지의 통고를 할 수 있습니다.

03. 단기임대차의 갱신(제620조)

> 전조의 기간은 갱신할 수 있다. 그러나 그 기간만료전 토지에 대하여는 1년, 건물 기타 공작물에 대하여는 3월, 동산에 대하여는 1월내에 갱신하여야 한다.

처분의 능력 또는 권한 없는 사람이 할 수 있는 단기임대차의 기간은 갱신할 수 있으나, 아무 때나 계약의 갱신을 인정하면 민법 제619조에서 단기임대차의 기간을 정한 취지에 반할 수 있으므로, 갱신의 시기에 관하여 일정한 제한을 두고 있는 것입니다.

04. 임대차의 등기(제621조)

> ① 부동산임차인은 당사자간에 반대약정이 없으면 임대인에 대하여 그 임대차등기절차에 협력할 것을 청구할 수 있다.
>
> ② 부동산임대차를 등기한 때에는 그때부터 제삼자에 대하여 효력이 생긴다.

민법은 제621조 제1항에서 임차인이 임대인에 대하여 임대차등기절차에 협력할 것을 청구할 수 있다고 규정하고 있을 뿐이고, 임대차등기청구권이나 상가임대차법 제6조에서 규정하고 있는 것과 같은 임차권등기명령신청권을 부여하고 있지 않습니다. 따라서 임대인이 임대차등기절차에 협력하지 않는 경우에는 임대차등기를 할 수 없는 것입니다. 한편, 상가임대차법 제7조 제1항은 민법 제621조에 따른 건물임대차등기의 효력에 관하여 상가임대차법 제6조 제5항 및 제6항을 준용하도록 규정하고 있습니다. ▶ p. 51

05. 건물등기있는 차지권의 대항력(제622조)

① 건물의 소유를 목적으로 한 토지임대차는 이를 등기하지 아니한 경우에도 임차인이 그 지상건물을 등기한 때에는 제삼자에 대하여 임대차의 효력이 생긴다.

② 건물이 임대차기간만료전에 멸실 또는 후폐한 때에는 전항의 효력을 잃는다.

민법 제622조는 건물의 소유를 목적으로 한 토지임대차의 경우 이를 등기하지 않아도 임차인이 지상건물의 등기만으로 제3자에 대하여 임차권의 대항력을 취득하도록 규정하고 있습니다. 다만 이 경우에는 지상건물이 임대차기간 동안 계속해서 존속하고 있어야 합니다. 그리고 임대차계약이 종료되면 토지소유자는 임차인에 대하여 건물철거 및 대지인도를 청구할 수 있습니다.

06. 임대인의 의무(제623조)

임대인은 목적물을 임차인에게 인도하고 계약존속중 그 사용, 수익에 필요한 상태를 유지하게 할 의무를 부담한다.

가. 임대인의 임대차목적물 사용 · 수익상태 유지의무

임대인은 목적물을 임차인에게 인도하고 계약 존속 중 그 사용, 수익에 필요한 상태를 유지하게 할 의무를 부담합니다. 임차인이 계약에 의하여 정하여진 목적에 따라 사용·수익하는 데 하자가 있는 목적물인 경우 임대인은 하자를 제거한 다음 임차인에게 하자 없는 목적물을 인도할 의무가 있습니다. 임대인이 임차인에게 그와 같은 하자를 제거하지 않고 목적물을 인도하였다면 사후에라도 위 하자를 제거하여 임차인이 목적물을 사용·수익하는 데 아무런 장해가 없도록 해야만 하는 것입니다. 임대인의 임대차 목적물의 사용·수익상태 유지의무는 임대인 자신에게 귀책사유가 있어 하자가 발생한 경우는 물론, 자신에게 귀책사유가 없이 하자가 발생한 경우에도 면해지지 않는 것입니다. 또한 임대인이 그와 같은 하자 발생 사실을 몰랐다거나 반대로 임차인이 이를 알거나 알 수 있었다고 하더라도 마찬가지입니다(대법원 2021. 4. 29. 선고 2021다202309 판결 참조).

나. 임대인의 수선의무

상가건물에 파손 또는 장해가 생긴 경우 그것이 임차인이 별 비용을 들이지 아니하고도 손쉽게 고칠 수 있을 정도의 사소한 것이어서 임차인의 사용·수익을 방해할 정도의 것이 아니라면 임대인은 수선의무를 부담하지 않습니다. 다만, 그것을 수선하지 않으면 임차인이 계약에 의하여 정해진 목적에 따라 사용·수익할 수 없는 상태로 될 정도의 것이라면 임대인은 그 수선의무를 부담하게 됩니다(대법원 2004. 6. 10. 선고 2004다2151, 2168 판결 참조). 이는 자신에게 귀책사유가 있는 상가건물 훼손의 경우에는 물론 자신에게 귀책사유가 없는 훼손의 경우에도 마찬가지입니다(대법원 2010. 4. 29. 선고 2009다96984 판결 참조).

이러한 임대인의 수선의무는 특약에 의해 면제하거나 임차인의 부담으로 돌릴 수 있습니다. 그러나 특약에 의해서 임대인이 수선의무를 면하거나 임차인이 그 수선의무를 부담하게 되는 것은 통상 생길 수 있는 파손의 수선 등 소규모의 수선에 한하는 것이고,

대파손의 수리, 건물의 주요 구성 부분에 대한 대수선, 기본적 설비 부분의 교체 등과 같은 대규모의 수선은 이에 포함되지 않고 여전히 임대인이 그 수선의무를 부담합니다(대법원 1994. 12. 9. 선고 94다34692, 94다34708 판결 참조).

임대차계약에 있어서 목적물을 사용·수익하게 할 임대인의 의무와 임차인의 차임지급의무는 상호 대응관계에 있습니다. 따라서 임대인이 임차상가건물을 수선해 주지 않아 이를 전혀 사용할 수 없는 경우에는 임차인은 차임 전부의 지급을 거절할 수 있으나, 임차상가건물의 사용·수익이 부분적으로 지장이 있는 상태인 경우에는 그 지장의 한도 내에서 차임의 지급을 거절할 수 있을 뿐 그 전부의 지급을 거절할 수는 없습니다(대법원 1997. 4. 25. 선고 96다44778, 44785 판결 참조). 이는 임대인이 수선의무를 이행함으로써 임차상가건물의 사용·수익에 지장이 초래된 경우에도 마찬가지입니다(대법원 2015. 2. 26. 선고 2014다65724 판결 참조).

다. 임대인의 채무불이행에 따른 임대차계약 해지

임대인은 일반적으로 임차인에 대하여 임대차목적물을 임차인에게 인도하고 계약이 존속하는 동안 그 사용·수익에 필요한 상태를 유지하게 할 의무를 부담합니다. 그리고 건물 부분의 임대차에서 별도의 약정이 있는 경우에는 거기서 더 나아가 임대인은 그 소유 건물의 다른 부분에서 제3자가 임차인이 임대차목적물에서 행하는 영업 등 수익 활동을 해할 우려가 있는 영업 기타 행위를 하지 않도록 할 의무를 임차인에 대하여 부담할 수도 있습니다. 그러한 약정은 다른 계약의 경우와 마찬가지로 반드시 계약서면의 한 조항 등을 통하여 명시적으로 행하여질 필요는 없고, 임대차계약의 목적, 목적물 이용의 구체적 내용, 임대차계약관계의 존속기간 및 그 사이의 경과, 당사자 사이의 인적 관계, 목적물의 구조 등에 비추어 위와 같은 내용의 약정이 인정될 수도 있습니다(대법원 2010. 6. 10. 선고 2009다64307 판결 참조). 임대인이 이러한 의무를 이행하지 않는다면, 임차인은 임대인의 채무불이행을 이유로 임대차계약을 해지할 수 있습니다.

Q 임대차계약에서 임대인은 임차인이 임대차목적물에서 하는 영업 등 수익 활동을 해할 우려가 있는 영업 기타 행위를 제3자가 같은 건물 내에서 하지 않도록 하겠다고 약정하였습니다. 그러나 임대인이 이를 어기고 제3자로 하여금 같은 건물 내에서 임차인과 동종 영업을 하도록 허용한 경우, 임차인은 임대인에 대하여 손해배상을 청구할 수 있을까요?

A 네 가능합니다.

임대인은 계약이 존속하는 동안 임대차목적물에 관하여 사용·수익에 필요한 상태를 유지하게 할 의무를 부담하는 것에서 더 나아가 별도의 약정이 있는 경우에는 임차인에 대하여 그 소유 건물의 다른 부분에서 제3자가 임차인이 임대차목적물에서 행하는 영업 등 수익 활동을 해할 우려가 있는 영업 기타 행위를 하지 않도록 할 의무를 부담할 수 있습니다(대법원 2010. 6. 10. 선고 2009다64307 판결 참조). 따라서 임대인이 임대차계약에 의하여 임차인의 수익 활동을 해하지 않을 의무를 부담하는 경우, 임차인은 임대차계약에 기하여 임차상가건물 내에서 행하던 영업에 관하여 임대인이 다른 업체에게 같은 건물 내에서 동종 영업을 하는 것을 허용함으로써 입은 영업 손실만큼 임대인으로부터 손해배상을 받을 수 있을 것입니다.

Q 임대차계약에 따라 임차인이 임차상가건물 중 지하실 부분에 필요한 방수시설보완공사를 완료한 다음 이를 별다른 지장 없이 창고로 사용하였는데, 이후 누수 현상이 발생하였고, 몇 년 후에는 누수 현상이 심해져 지하실 부분을 사용하지 못하

게 되었습니다. 이러한 지하실 부분 사용 불능으로 인하여 차임이 감액된 경우, 임차인은 임대차보증금 중 지하실 부분 상당액의 반환청구를 할 수 있을까요?

A 그렇지는 않습니다.

임대차계약에 있어서 임대차목적물을 사용·수익하게 할 임대인의 의무와 임차인의 차임 지급 의무는 상호 대응 관계에 있는 것이므로 임대인이 목적물에 대한 수선의무를 불이행하여 임차인이 목적물을 전혀 사용할 수 없을 경우에는 임차인은 차임전부의 지급을 거절할 수 있으나 수선의무불이행으로 인하여 부분적으로 지장이 있는 상태에서 그 사용수익이 가능할 경우에는 그 지장이 있는 한도 내에서만 차임의 지급을 거절할 수 있을 뿐 그 전부의 지급을 거절할 수 없는 것입니다. 또한 그 지장이 있는 한도 내에서 차임이 감액되었다면 임대차보증금 중 그 지장이 있는 부분 상당액의 반환청구는 허용될 수 없는 것입니다(대법원 1989. 6. 13. 선고 88다카13332, 13349 판결 참조).

Q 임대차계약에 따라 임차인이 임차상가건물에서 영업을 하던 중, 인접 건물 건설공사에서 발생한 사고로 인하여 임차상가건물이 크게 파손되었고, 건물 붕괴의 위험 때문에 임차인이 한동안 영업을 할 수 없게 된 경우, 임대인에게는 임차인이 임대차목적물을 사용·수익하지 못함으로써 발생한 영업상의 손해를 배상해야 할 의무가 있는 것인지요?

A 그렇지 않습니다.

인접 건물 건설공사에서 발생한 사고로 인하여 임차상가건물이 크게 파손되었고, 임차인이 임대차목적물을 사용·수익하지 못함으로써 영업상의 손실을 입었다면, 임차인은 가해자인 인접 건물 건설 공사를 한 회사를 상대로 손해배상 청구를 해야 할 것입니다. 따라서 임대인은 자신에게 귀책사유가 없는 한 임차인에게 발생한 영업상의 손실을 배상할 의무는 없다고 보아야 합니다(대법원 1989. 8. 8. 선고 88다카27249 판결 참조).

Q 백화점에 입점하는 임차인이 임대차계약에서 임대인의 승낙 없이 단 1일이라도 휴점을 해서는 안 되고 부득이한 사정으로 휴업을 할 경우에는 3일 전에 서면으로 임대인의 승인을 받아야 하며, 또 임대인이 지정한 기일까지 반드시 임차상가건물에 입주하여 영업을 개시하여야 하고 임차인이 이를 위반하였을 경우 임대인이 최고 없이 임대차계약을 해지할 수 있도록 약정하였습니다. 이후 임차인이 임대인으로부터 수차례에 걸쳐 임차상가건물에 입주하여 영업을 개시할 것을 최고받았음에도 불구하고 입주 준비를 하는 데 시간이 소요된다는 이유로 1개월 반 이상 영업을 하지 않고 임차상가건물을 비워 두자 임대인이 임차인에게 위 휴점 금지 및 입주 시기에 관한 약정위반을 이유로 임대차계약의 해지를 통보한 경우 이러한 임대인의 해지통보가 적법한 것인가요?

A 그렇지는 않습니다.

백화점이나 쇼핑몰의 경우 입점 업체들이 빈 곳 없이 입점하여 통일성 있게 영업을 하는 것이 매우 중요하므로 임대차계약에서 휴점 금지 및 입주 시기에 관한 약정을 두고 있는 경우가 많습니다. 그렇다면 임차인이 이러한 휴점 금지 및 입주 시기에 관한 약정을 위반하는 경우에 임대인이 바로 임대차계약을 해지할 수 있는지가 문제가 되는데, 판례는 임차인이 임차상가건물에서 영업을 개시하기 위하여 필요하다고 객관적으로 인정되는 상당한 준비 기간이 지나기까지는, 임차인이 영업을 개시하지 못하고 있는 것을 일단 영업을 개시하였다가 하던 영업을 얼마 동안 하지 않고 쉬는 휴점의 경우와 같이 취급하거나, 임대인이 일방적으로 임차인이 영업을 개시해야 할 시기로 지정한 때까지 임차인이 영업을 개시하지 않은 것을 이유로 임대인이 임대차계약을 해지하는 것을 허용할 수는 없다고 보아, 백화점 내의 임대점포에 관하여 임대인이 임차인의 휴점 금지 및 입주 시기에 관한 약정 위반을 이유로 임대차계약을 해지한 것이 정의와 형평에 어긋나는 것으로서 부적법하다고 본 사례가 있습니다(대법원 1992. 10. 27. 선고 92다4550 판결 참조).

Q 임차인이 임차상가건물 내에서 임대인의 명예와 신용을 손상시키는 행위를 하는 경우를 임대차계약 해지사유로 정한 경우, 임대인이 임차인에게 이러한 약정위반을 이유로 임대차계약의 해지를 통보한 것이 정당한 것인가요?

A 통상적인 경우에는 정당한 것으로 인정되는 않을 것으로 보입니다.

대법원은, 임차인이 백화점 내 임차점포에서 도매상으로부터 구입한 굴비를 영광 현지에서 제조된 것인 양 품질보증서를 붙여 놓고 판매하다가 적발되어 유죄판결을 받고 언론에 보도까지 된 사안에서는, 백화점의 경우 동일한 건물의 구분된 점포에서 각 점포가 유기적인 관련 하에 다양한 종류의 상품을 판매함으로써 그 자체로 독립된 신용과 명예를 형성하고 백화점 내의 각 점포는 그 백화점의 일부로 인식되는 것이 일반적이므로, 단순한 상가의 집합과는 달리 백화점 내의 어느 한 점포의 영업과 관련한 사유는 다른 점포는 물론 그 백화점 자체의 명예와 신용에 직접적인 영향을 미칠 수 있는 것이므로, 임대인이 임대차계약서 소정의 해지사유인 임대인의 명예와 신용이 손상되었음을 이유로 임대차계약을 해지한 것은 정당하다고 판시한 바 있습니다(대법원 1992. 11. 27. 선고 92다35196, 35202 판결 참조). 따라서 이 판례와 같이 임차상가건물이 백화점이나 쇼핑몰 등에 입점해 있고, 백화점이나 쇼핑몰 등이 그 자체로 독립된 신용과 명예를 형성하고 있어 어느 한 점포의 영업과 관련한 사유가 백화점이나 쇼핑몰 등의 명예와 신용에 직접적인 영향을 미칠 수 있는 경우에는 임차인이 임대인의 명예와 신용을 손상시켰음을 이유로 임대차계약을 해지할 수도 있을 것으로 보입니다만, 임차상가건물이 단순한 상가의 집합인 경우에는 통상적으로 임차인이 임대인의 명예와 신용을 손상시켰다고 하여 이를 이유로 임대차계약을 해지할 수는 없을 것으로 보입니다.

Q 일반음식점영업을 위한 점포임대차계약에서 임대인이 전 임차인의 폐업신고 이행 등 영업신고에 관한 문제를 해결해 주겠다고 특약사항으로 약정을 하였는데, 전 임차인이 폐업신고를 하지 않아 결국 임차인이 영업신고를 하지 못한 경우, 임차인은 임대차계약을 해지할 수 있을까요?

A 네 가능합니다.

임대인이 임차인에게 임대차목적물인 점포를 인도했더라도 특약사항으로 약정한 전 임차인의 폐업신고가 이행되지 않아 임차인이 영업신고를 해도 사실상 수리가 되지 않고, 임차인이 영업신고가 수리되지 않은 상태에서 영업을 하게 되면 식품위생법에 의하여 형사처벌을 받을 우려가 있어 함부로 영업을 계속할 수도 없다면, 임차인이 임차한 점포를 사용·수익할 목적을 달성하기가 어렵다고 보아야 하고, 임대인이 점포를 인도한 것만으로 임대차기간 중 임차인의 점포 사용·수익에 필요한 상태를 적극적으로 유지할 의무를 다했다고 볼 수 없으므로, 임차인은 임대인의 특약사항 불이행을 이유로 임대차계약을 해지할 수 있는 것입니다(부산고등법원 2006. 8. 25. 선고 2005나17792 판결 참조).

Q 상가건물 1층 소유자가 이를 임대하였는데, 1층 천장 겸 2층 바닥으로 사용되는 콘크리트 슬래브에 매설된 상수도 배관이 부식되어 파열되면서 누수가 발생하여 1층에 입점한 점포의 시설과 재고 자산 등이 침수 피해를 입은 경우, 1층 소유자 겸 임대인은 1층의 점유자나 임차인이 입은 손해를 배상할 책임이 있을까요?

A 네 그렇습니다.

구 건축법(2016. 2. 3. 법률 제14016호로 개정되기 전의 것) 제35조 제1항은 '건축물의 소유자나 관리자는 건축물, 대지 및 건축설비를 관련 규정에 적합하도록 유지·관리하여야 한다.'고 정하고 있었고, 민법 제623조는 '임대인은 계약존속 중 그 사용, 수익에 필요한 상태를 유지하게 할 의무를 부담한다.'고 정하고 있습니다. 따라서 건물을 타인에게 임대한 소유자가 건물을 적합하게 유지·관리할 의무를 위반하여 임대차목적물에 필요한 안전성을 갖추지 못한 설치·보존상의 하자가 생기고, 그 하자로 인하여 임차인에게 손해를 입힌 경우, 건물의 소유자 겸 임대인은 임차인에게 공작물책임과 수선의무 위반에 따른 채무불이행 책임을 지는 것입니다.

1층 천장 겸 2층 바닥으로 사용되는 콘크리트 슬래브는 상가건물의 특정한 층에 배타적으로 귀속된 것이 아니라 건물 전체에 공동으로 제공되거나 인접한 층들에 공동으로 제공·사용되는 부분이어서 건물 1층의 소유에도 필요한 부분이므로, 1층의 소유자는 이를 유지·관리할 의무가 있고, 1층의 소유자 겸 임대인으로서 콘크리트 슬래브에 존재하는 설치·보존상 하자와 관련된 사고가 발생하는 경우 1층의 점유자나 임차인이 입은 손해를 배상할 책임이 있는 것입니다(대법원 2017. 8. 29. 선고 2017다227103 판결 참조).

[판례]

[대법원 2010. 6. 10. 선고 2009다64307 판결]

임대인은 일반적으로 임차인에 대하여 임대차목적물을 임차인에게 인도하고 계약이 존속하는 동안 그 사용·수익에 필요한 상태를 유지하게 할 의무를 부담한다. 그리고 건물부분의 임대차에서 별도의 약정이 있는 경우에는 거기서 더 나아가 임대인은 그 소유 건물의 다른 부분에서 제3자가 임차인이 임대차목적물에서 행하는 영업 등 수익활동을 해할 우려가 있는 영업 기타 행위를 하지 아니하도록 할 의무를 임차인에 대하여 부담할 수 있음은 물론이다. 그러한 약정은 다른 계약의 경우와 마찬가지로 반드시 계약서면의 한 조항 등을 통하여 명시적으로 행하여질 필요는 없고, 임대차계약의 목적, 목적물 이용의 구체적 내용, 임대차계약관계의 존속 기간 및 그 사이의 경과, 당사자 사이의 인적 관계, 목적물의 구조 등에 비추어 위와 같은 내용의 약정이 인정될 수도 있다.

[대법원 1989. 6. 13. 선고 88다카13332, 13349 판결]

[1] 임차인이 누수현상이 있던 건물지하실을 인도받고 임대인과의 약정에 따라 지하실 사용에 필요한 전기, 전등공사와 방수시설보완공사를 완료한 다음 이를 의약품 및 의료기구 등의 저장창고 등으로 사용해 왔다면 다소의 누수현상이 있더라도 임대인에게 지하실을 사용수익할 상태를 유지할 의무위반이 있었다고 단정하기 어렵다.

[2] 임대차계약에 있어서 목적물을 사용수익케 할 임대인의 의무와 임차인의 차임지급의무는 상호대응관계에 있으므로 임대인이 목적물에 대한 수선의무를 불이행하여 임차인이 목적물을 전혀 사용할 수 없을 경우에는 임차인은 차임전부의 지급을 거절할 수 있으나, 수선의무불이행으로 인하여 부분적으로 지장이 있는 상태에서 그 사용수익이 가능할 경우에는 그 지장이 있는 한도내에서만 차임의 지급을 거절할 수 있을 뿐 그 전부의 지급을 거절할 수는 없으므로 그 한도를 넘는 차임의 지급거절은 채무불이행이 된다.

[3] 임차목적물인 건물지하실부분의 사용불능으로 인하여 그 차임의 차액이 감액되었다면 보증금중 지하실부분 상당액의 반환청구나 그 지연손해금청구는 허용될 수 없다.

[대법원 1989. 8. 8. 선고 88다카27249 판결]

임대점포를 제3자가 파손함으로 인해서 임차인이 입은 영업상의 손실에 관하여는 임차인이 그 제3자(가해자)에게 손해배상청구권을 갖는 것은 별론으로 하고 임대인으로서는 이를 배상할 의무가 없으므로 임대인이 임차인에게 위 손실금 상당액을 지급하였다 하더라도 제3자(가해자)에 대하여 이의 상환을 구할 수 없다.

[대법원 1992. 11. 27. 선고 92다35196, 35202 판결]

백화점의 경우 동일한 건물의 구분된 점포에서 각 점포가 유기적인 관련하에 다양한 종류의 상품을 판매함으로써 그 자체로 독립된 신용과 명예를 형성하고 백화점내의 각 점포는 그 백화점의 일부로 인식되는 것이 일반적이므로, 단순한 상가의 집합과는 달리 백화점 내의 어느 한 점포의 영업과 관련한 사유는 다른 점포는 물론 그 백화점 자체의 명예와 신용에 직접적인 영향을 미칠 수 있는 것이므로, 원고가 원·피고간의 임대차계약서 제13조 제1항 제2호 소정의 해지사유인 원고의 명예와 신용이 손상되었음을 이유로 이 사건 임대차계약을 해지한 것은 정당하다.

[부산고등법원 2006. 8. 25. 선고 2005나17792 판결]

일반음식점영업을 위한 점포임대차계약에서 임대인이 전 임차인의 폐업신고 이행 등 영업신고에 관한 문제를 해결하여 줄 것을 특약사항으로 정한 경우, 임대인이 임차인에게 점포를 인도하여 임차인으로 하여금 영업준비를 하게 하였다 하더라도 전 임차인이 폐업신고를 하지 않아 임차인이 영업신고를 하지 못한다면 임차인은 임대인의 위 특약사항 불이행을 이유로 임대차계약을 해지할 수 있다고 본 사례.

[대법원 2017. 8. 29. 선고 2017다227103 판결]

[1] 민법 제758조 제1항에서 말하는 공작물의 설치·보존상의 하자는 공작물이 그 용도에 따라 통상 갖추어야 할 안전성이 없는 것을 말한다. 여기에서 본래 갖추어야 할 안전성은 공작물 자체만의 용도에 한정된 안전성만이 아니라 공작물이 현실적으로 설치되어 사용되고 있는 상황에서 요구되는 안전성을 뜻한다. 또한 공작물의 설치·보존상의 하자로 인한 사고는 공작물의 설치·보존상의 하자만이 손해발생의 원인이 되는 경우만을 말하는 것이 아니고, 공작물의 설치·보존상의 하자가 사고의 공동원인 중 하나가 되는 이상 사고로 인한 손해는 공작물의 설치·보존상의 하자로 생긴 것이라고 보아야 한다.

[2] 구 건축법(2016. 2. 3. 법률 제14016호로 개정되기 전의 것) 제35조 제1항은 '건축물의 소유자나 관리자는 건축물, 대지 및 건축설비를 관련 규정에 적합하도록 유지·관리하여야 한다.'고 정하고 있고, 민법 제623조는 '임대인은 계약존속 중 그 사용, 수익에 필요한 상태를 유지하게 할 의무를 부담한다.'고 정하고 있다. 따라서 건물을 타인에게 임대

한 소유자가 건물을 적합하게 유지·관리할 의무를 위반하여 임대목적물에 필요한 안전성을 갖추지 못한 설치·보존상의 하자가 생기고 그 하자로 인하여 임차인에게 손해를 입힌 경우, 건물의 소유자 겸 임대인은 임차인에게 공작물책임과 수선의무 위반에 따른 채무불이행 책임을 진다.

[3] 갑 주식회사가 을 보험회사와 갑 회사 소유의 상가건물 중 '상점-백화점, 창고형 할인매장'으로 사용되는 부분에 관하여 피보험자를 갑 회사로 하는 영업배상책임보험을 체결하고, 위 건물 중 1층을 '상점-백화점, 창고형 할인매장' 용도로 임대하였는데, 1층 천장 겸 2층 바닥으로 사용되는 콘크리트 슬래브에 매설된 상수도 배관이 부식되어 파열되면서 누수가 발생하여 1층에 입점한 점포의 시설과 재고자산 등이 침수피해를 입은 사안에서, 위 콘크리트 슬래브는 상가건물의 특정한 층에 배타적으로 귀속된 것이 아니라 건물 전체에 공동으로 제공되거나 인접한 층들에 공동으로 제공·사용되는 부분이어서 위 건물 1층의 소유에도 필요한 부분이므로, 1층의 소유자인 을 회사는 이를 유지·관리할 의무가 있고, 1층의 소유자 겸 임대인으로서 위 콘크리트 슬래브에 존재하는 설치·보존상 하자와 관련된 사고가 발생하는 경우 1층의 점유자나 임차인이 입은 손해를 배상할 책임이 있다고 한 사례.

07. 임대인의 보존행위, 인용의무(제624조)

임대인이 임대물의 보존에 필요한 행위를 하는 때에는 임차인은 이를 거절하지 못한다.

임차상가건물의 보존을 위하여 수선이 필요한데, 임차인이 임차상가건물을 수선하지도 않으면서 임대인의 수선도 반대하는 경우에 임대인이 직접 보존에 필요한 행위를 할 수 없다면 결국에는 임차상가건물이 파손되는 결과가 초래될 수 있습니다. 따라서 민법

제624조에서는 이러한 경우를 대비하여 임대인이 임차상가건물의 보존에 필요한 행위를 하는 때에는 임차인이 이를 거절하지 못하도록 규정하고 있는 것입니다. 여기서 '임대물의 보존에 필요한 행위'란 민법 제623조에서 규정하고 있는 사용, 수익에 필요한 상태를 유지하기 위한 수선행위를 말하는 것입니다.

08. 임차인의 의사에 반하는 보존행위와 해지권(제625조)

임대인이 임차인의 의사에 반하여 보존행위를 하는 경우에 임차인이 이로 인하여 임차의 목적을 달성할 수 없는 때에는 계약을 해지할 수 있다.

임대인이 민법 제624조에서 규정하고 있는 자신의 권리를 주장하면서 임차인의 의사에 반하여 보존행위를 하는 경우에 임차인은 이로 인하여 임대차목적물을 사용, 수익할 수 없게 되어 결국 임차의 목적을 달성할 수 없게 될 수 있습니다. 이에 민법 제625조에서는 이러한 경우에 임차인을 보호하기 위하여 임차인이 임대차계약을 해지할 수 있다고 규정하고 있는 것입니다.

09. 임차인의 상환청구권(제626조)

① 임차인이 임차물의 보존에 관한 필요비를 지출한 때에는 임대인에 대하여 그 상환을 청구할 수 있다.

② 임차인이 유익비를 지출한 경우에는 임대인은 임대차종료시에 그 가액의 증가가 현존한 때에 한하여 임차인의 지출한 금액이나 그 증가액을 상환하여야 한다. 이 경우에 법원은 임대인의 청구에 의하여 상당한 상환기간을 허여할 수 있다.

가. 필요비

필요비란 임차인이 임차물의 보존을 위하여 지출한 비용을 말합니다(대법원 1980. 10. 14. 선고 80다1851, 1852 판결 등 참조). 임대차계약에서 임대인은 임대차목적물을 임차인에게 인도하고 계약 존속 중 사용·수익에 필요한 상태를 유지하게 할 의무를 부담하고, 임대차목적물의 보존을 위한 비용도 부담해야 하므로, 임차인이 필요비를 지출하였다면, 임대인은 이를 상환할 의무가 있습니다. 임대인의 필요비상환의무는 특별한 사정이 없는 한 임차인의 차임지급의무와 서로 대응하는 관계에 있으므로, 임차인은 지출한 필요비 금액의 한도에서 차임의 지급을 거절할 수 있습니다(대법원 2019. 11. 14. 선고 2016다227694 판결 참조).

나. 유익비

유익비란 임차인이 임차물의 객관적 가치를 증가시키기 위해 투입한 비용을 말합니다(대법원 1991. 8. 27. 선고 91다15591, 15607 반소 판결 참조). 임차인이 유익비를 지출한 경우에는 임대인은 임대차종료시에 그 가액의 증가가 현존한 때에 한하여 임차인의 지출한 금액이나 그 증가액을 상환하여야 합니다.

유익비의 상환범위는 임차인이 유익비로 지출한 비용과 현존하는 증가액 중 임대인의 선택에 따라 정해지기 때문에 유익비상환의무자인 임대인의 선택권을 위하여 유익비는 실제로 지출한 비용과 현존하는 증가액을 모두 산정해야 합니다(대법원 2002. 11. 22. 선고 2001다40381 판결 참조).

임차인의 유익비 상환채권은 임대차계약이 종료한 때에 비로소 발생하는 것입니다(대법원 2021. 2. 10. 선고 2017다258787 판결 참조). 임차인이 유익비의 상환을 청구하는 경우에 법원은 임대인의 청구에 의하여 상당한 상환기간을 허여할 수 있습니다. 이러한 유익비상환청구는 임대인이 임대차목적물의 반환을 받은 날로부터 6월내에 해야 합니다(민법 제654조에 따라 제617조 준용).

임차인의 유익비 상환청구권에 관한 민법 제626조는 강행규정이 아니기 때문에 당사자 사이의 특약으로 유익비 상환청구권을 포기하거나 제한하는 것이 가능합니다(민법 제652조). 따라서 임대차계약 체결시 임차목적물을 임대인에게 명도할 때에는 임차인이 일체 비용을 부담하여 원상복구를 하기로 약정하였다면, 이는 임차인이 임차목적물에 지출한 각종 유익비의 상환청구권을 미리 포기하기로 한 취지의 특약이라고 보고 있고(대법원 1994. 9. 30. 선고 94다20389 판결 참조), 이러한 경우에 임차인은 유익비의 상환을 청구할 수 없습니다.

임차인은 임차상가건물에 대한 유익비의 상환을 받을 때까지 그 상가건물을 점유할 권리가 있습니다. 따라서 임차인은 임차상가건물을 점유하면서 이를 사용·수익할 수 있습니다만, 이렇게 사용·수익한 기간의 차임 상당액은 임대인에게 부당이득으로 반환해야 합니다.

한편, 유익비에 관하여 대법원은 아래와 같은 사례들이 유익비에 해당하지 않는다고 판단하였습니다.

① 임차인이 임차상가건물에서 카페 영업을 하기 위한 공사를 하고, 또 카페의 규모를 확장하면서 내부 시설 공사를 하고, 또는 창고 지붕의 보수 공사를 하고 공사비를 지출한 사실을 인정한 후, 창고 지붕의 보수 공사비는 통상의 관리비에 속하고,

나머지 공사비인 임차상가건물의 내부 시설 공사는 임차인이 카페를 운영하기 위한 필요에 의하여 행하여진 것이고 그로 인하여 임차상가건물의 객관적 가치가 증가한 것은 아니어서, 이를 위하여 지출한 돈은 임대인이 상환의무를 지는 유익비에 해당하지 아니한다고 판단한 사례(대법원 1991. 10. 8. 선고 91다8029 판결 참조).

② 임차인이 임차상가건물에서 음식점 영업을 하기 위하여 1층 내부 공사를 하고 2층 증축 공사를 한 사실을 인정한 후, 1층 내부 공사에 있어 신발장 및 다용도장 공사비, 기존 칸막이 철거 비용, 새로운 칸막이 공사 비용, 주방 인테리어 공사 비용 등이 포함되어 있음을 알 수 있는데, 이와 같은 비용은 임차상가건물의 객관적 가치를 증대시키기 위하여 투입한 유익비라고는 보이지 아니한다고 판단한 사례(대법원 1991. 8. 27. 선고 91다15591, 15607 판결 참조).

③ 임차인이 임차상가건물에서 간이 음식점을 경영하기 위하여 부착시킨 시설물에 불과한 간판은 건물 부분의 객관적 가치를 증가시키기 위한 것이라고 보기 어려울 뿐만 아니라, 그로 인한 가액의 증가가 현존하는 것도 아니어서 그 간판 설치비를 유익비라 할 수 없다고 판단한 사례(대법원 1994. 9. 30. 선고 94다20389, 20396 판결 참조).

10. 일부멸실 등과 감액청구, 해지권(제627조)

① 임차물의 일부가 임차인의 과실없이 멸실 기타 사유로 인하여 사용, 수익할 수 없는 때에는 임차인은 그 부분의 비율에 의한 차임의 감액을 청구할 수 있다.

② 전항의 경우에 그 잔존부분으로 임차의 목적을 달성할 수 없는 때에는 임차인은 계약을 해지할 수 있다.

민법 제627조에서는 임차물의 일부 멸실 등으로 사용, 수익할 수 없는 경우에 임차인의 차임감액청구 및 임대차계약 해지권에 관하여 규정하고 있습니다. 임차물의 일부 멸실 등으로 사용, 수익할 수 없는 때에는 임차인은 임대인에 대하여 사용, 수익불능으로 된 부분의 비율에 따라 차임의 감액을 청구할 수 있고, 이러한 차임감액청구권은 형성권이므로 임차인이 청구하면 임대인의 승낙을 기다리지 않고 차임이 당연히 감액됩니다. 또한 잔존부분으로 임차의 목적을 달성할 수 없는 때에는 임차인은 임대차계약을 해지할 수 있습니다.

11. 차임증감청구권(제628조)

임대물에 대한 공과부담의 증감 기타 경제사정의 변동으로 인하여 약정한 차임이 상당하지 아니하게 된 때에는 당사자는 장래에 대한 차임의 증감을 청구할 수 있다.

임대차계약에 있어서 차임은 당사자 간에 합의가 있어야 하고, 임대차기간 중에 당사자의 일방이 차임을 변경하고자 할 때에도 상대방의 동의를 얻어서 해야 합니다. 그렇지 않은 경우에는 민법 제628조에 의하여 차임의 증감을 청구해야 할 것이고, 만일 임대차계약 체결 시에 임대인이 일방적으로 차임을 인상할 수 있고 상대방은 이의를 할 수 없다고 약정하였다면, 이는 강행규정인 민법 제628조에 위반하는 약정으로서 임차인에게 불리한 것이므로 민법 제652조에 의하여 효력이 없는 것입니다(대법원 1992. 11. 24. 선고 92다31163, 31170 판결 참조).

임대차계약을 할 때에 임대인이 임대 후 일정 기간이 경과할 때마다 물가상승 등 경제사정의 변경을 이유로 임차인과의 협의에 의하여 그 차임을 조정할 수 있도록 약정하였다면, 그 취지는 임대인에게 일정 기간이 지날 때마다 물가상승 등을 고려하여 상호 합의에 의하여 차임을 증액할 수 있는 권리를 부여하되 차임 인상요인이 생겼는데도 임차인이 그 인상을 거부하여 협의가 성립하지 않는 경우에는 법원이 물가상승 등 여러 요인을 고려하여 정한 적정한 액수의 차임에 따르기로 한 것으로 보아야 합니다(대법원 1993. 3. 23. 선고 92다39334, 39341 판결 등 참조).

한편 임대인이 민법 제628조에 의하여 장래에 대한 차임의 증액을 청구하였을 때에 당사자 사이에 협의가 성립되지 아니하여 법원이 결정해 주는 차임은 증액 청구의 의사표시를 한 때에 소급하여 효력이 생기는 것입니다. 따라서 증액된 차임에 대하여는 법원 결정 시가 아니라 증액 청구의 의사표시가 상대방에게 도달한 때를 그 이행기로 보아야 합니다. 이러한 청구는 반드시 재판으로 할 필요가 없고, 재판 외의 청구라도 무방한 것입니다(대법원 1974. 8. 30. 선고 74다1124 판결 참조). 그리고 법원이 차임을 결정할 때까지는 종전의 차임액을 지급하여도 임대차계약의 해지 사유인 차임연체에 해당하지 않습니다(대법원 2003. 2. 14. 선고 2002다60931 판결 참조).

12. 임차권의 양도, 전대의 제한(제629조)

① 임차인은 임대인의 동의없이 그 권리를 양도하거나 임차물을 전대하지 못한다.

② 임차인이 전항의 규정에 위반한 때에는 임대인은 계약을 해지할 수 있다.

가. 임차권의 양도

임차권의 양도란 임차인이 임차권을 제3자에게 넘기는 것을 말합니다. 이러한 임차권의 양도는 보통 임차인과 제3자 사이의 임차권양도양수계약으로 이루어지며 이러한 임차권양도양수계약은 원칙적으로 유효합니다. 다만 민법 제629조에서는 임차인이 임대인의 동의 없이 임차권을 양도하지 못하도록 규정하고, 임차인이 이를 위반한 때에는 임대인이 임대차계약을 해지할 수 있도록 규정하고 있습니다.

1) 임대인의 동의에 따른 임차권 양도

임차인이 임대인의 동의를 받아 임차권을 양도하는 경우에는 임대차계약상 임차인의 권리의무가 포괄적으로 양수인에게 승계됩니다. 따라서 임차인은 임대차계약에 따른 권리의무에서 벗어나게 되고, 양수인이 새로운 임차인으로서 임대차계약에 따른 권리의무를 갖게 됩니다. 임차권의 양도에 있어서 그 임차권의 존속기간, 임대기간 종료 후의 재계약 여부, 임대인의 동의 여부는 그 계약의 중요한 요소를 이루는 것이므로 양도인으로서는 이에 관계되는 모든 사정을 양수인에게 알려 주어야 할 신의칙상의 의무가 있습니다(대법원 1996. 6. 14. 선고 94다41003 판결 참조).

2) 임대인의 동의 없는 임차권 양도

임대인의 동의 없는 임차권 양도의 경우에도 임차권의 양도계약은 임차인과 양수인 사이에서는 유효하게 성립하고, 임차인은 양수인을 위해 임대인의 동의를 받아 줄 의무를 부담합니다(대법원 1986. 2. 25. 선고 85다카1812 판결, 대법원 1996. 6. 14. 선고 94다41003 판결). 그리고 임차인이 임대인의 동의 없이 임차권을 양도한 경우에 임대인은 무단 양도를 이유로 임차인과의 임대차계약을 해지할 수 있습니다(민법 제629조 제2항). 임대인의 동의 없는 임차권의 양도는 임대인에게 그 효력을 주장할 수 없으므로, 양수인이 상가건물을 점유하는 때에는 임대인에 대한 관계에서 무단점유가 되고, 임대인은 소유권에 기해 건물명도를 청구할 수 있습니다.

Q 임차인이 제3자에게 임차상가건물의 임차권을 포함한 시설비품일체를 양도하였고, 양수를 받은 제3자가 임대인에 대하여 양수통지를 하였습니다. 이러한 경우 양수인인 제3자가 새로운 임차인으로서 임대차계약에 따른 권리의무를 갖게 되는지요?

A 그렇지 않습니다.

임대인의 동의 없는 임차권의 양도는 당사자 사이에서는 유효합니다만, 이는 다른 특약이 없는 한 임대인에게는 대항할 수 없는 것입니다(대법원 1985. 2. 8. 선고 84다카188 판결 참조). 따라서 마치 채권양도의 경우와 같이 임차인이 제3자와 임차권양도양수계약을 체결하고, 임대인에게 이를 통지하는 것으로는 임대인에게 대항할 수 없고, 양수인인 제3자가 새로운 임차인으로서 임대차계약에 따른 권리의무를 갖게 되지 않는 것입니다.

Q 임대차계약의 당사자들이 '임차인은 임대인의 동의 없이는 임차권을 양도 또는 담보제공하지 못한다.'고 약정한 경우, 그 약정의 취지를 임대차보증금반환채권의 양도를 금지하는 것으로 볼 수 있는지요?

A 그렇지 않습니다.

대법원은 임대차계약의 당사자 사이에 '임차인은 임대인의 동의 없이는 임차권을 양도 또는 담보제공 하지 못한다.'는 약정을 하였다면, 그 약정의 취지는 임차권의 양도를 금지한 것으로 볼 것이지 임대차계약에 기한 임대차보증금반환채권의 양도를 금지하는 것으로 볼 수는 없다고 판단하고 있습니다(대법원 1993. 6. 25. 선고 93다13131 판결, 대법원 2011. 4. 28. 선고 2011다1200 판결 등 참조).

나. 임차물의 전대

전대차란 임차인(전대인)이 임차한 상가건물을 제3자(전차인)가 사용·수익할 수 있도록 다시 임대하는 것을 말합니다. 임차인이 임대인의 동의 없이 임차물을 전대하는 경우 임대인은 무단 전대를 이유로 임대차계약을 해지할 수 있습니다. 그러나 임대인의 동의가 없더라도 임차인과 제3자 사이에서는 전대차계약에 따른 채권·채무가 유효하게 성립하고, 다만 전차인인 제3자가 임대인에게 전대차계약에 따른 권리가 있음을 주장하기 위해서는 임대인의 동의가 필요한 것입니다.

Q 임대차계약이 종료된 경우에 임차인이 임차상가건물을 명도할 의무와 임대인이 보증금 중 연체 차임 등 당해 임대차에 관하여 명도 시까지 생긴 모든 채무를 청산한 나머지를 반환할 의무는 동시이행 관계에 있습니다. 그렇다면 임차인은 임대차계약이 종료된 경우에 임대차보증금을 반환받을 때까지 임차상가건물을 제3자에게 전대할 수도 있는지요?

A 그렇지 않습니다.

임대차계약이 종료된 경우에 임차인의 건물명도의무와 임대인의 임차보증금반환채무는 동시이행관계에 있으므로, 임차인은 임대인으로부터 임차보증금을 반환받을 때까지는 임차상가건물의 반환을 거절할 수 있습니다. 그러나 이를 넘어서 임차상가건물을 제3자에게 전대할 권한까지 생기는 것은 아닙니다. 따라서 이러한 경우에 임차인이 임차상가건물을 제3자에게 전대하면 이는 불법전대가 되고, 이로 인한 손해를 임대인에게 배상해야 합니다(서울고등법원 1986. 6. 16. 선고 86나94 판결 참조).

Q 임차인이 임대인의 동의 없이 임차상가건물을 전대하였고, 이에 제3자가 임차상가건물에서 음식점 영업을 하고 있습니다. 이러한 경우 임대인이 임차상가건물 내에 있는 제3자 소유의 의자, 탁자 등을 들어내고 열쇠를 새로 만들어 교체할 수 있는지요?

A 그렇지 않습니다.

제3자가 임대인의 동의 없이 임차상가건물을 전차하였다면 그 전대차로써 임대인에게 대항할 수 없습니다. 그러나 제3자가 불법침탈 등의 방법으로 임차상가건물의 점유를 개시한 것이 아니고 평온하게 음식점 영업을 하면서 임차상가건물을 계속 점유하고 있는 것이라면 이러한 전차인의 음식점 영업은 형법상 업무방해죄에 의하여 보호받는 권리로 보아야 할 것입니다(대법원 1986. 12. 23. 선고 86도1372 판결 참조). 따라서 임대인은 정당한 소송 절차에 의하여 점유를 회복할 수 있을 뿐, 위력으로 권리를 행사할 수 없고, 만일 임대인이 임차상가건물 내에 있는 제3자 소유의 의자, 탁자 등을 들어내고 열쇠를 새로 만들어 교체한다면 이러한 행위는 업무방해죄로 처벌을 받게 될 것입니다.

Q 임차인이 임대인의 동의 없이 임차상가건물을 제3자에게 전대한 경우, 임대인이 제3자에게 손해배상청구나 부당이득반환청구를 할 수 있을까요?

A 임대차계약이 존속하는 한도 내에서는 그렇지 않습니다.

임차인이 임대인의 동의를 받지 않고 제3자에게 임차권을 양도하거나 전대하는 등의 방법으로 임차상가건물을 사용·수익하게 하더라도, 임대인이 이를 이유로 임대차계약을 해지하거나 그 밖의 다른 사유로 임대차계약이 적법하게 종료되지 않는 한 임대인은 임차인에 대하여 여전히 차임청구권을 가지므로, 임대차계약이 존속하는 한도 내에서는 제3자에게 불법점유를 이유로 한 차임상당 손해배상청구나 부당이득반환청구를 할 수 없습니다(대법원 2008. 2. 28. 선고 2006다10323 판결 참조). 따라서 만일 임대인이 임차인의 무단전대를 이유로 임대차계약을 해지한다면 그 이후로는 임차상가건물을 점유하고 있는 제3자에게 불법점유를 이유로 한 차임상당 손해배상청구나 부당이득반환청구를 할 수 있게 될 것입니다.

다. 해지권의 제한

　민법 제629조에서는 임차인은 임대인의 동의 없이 그 권리를 양도하거나 임차물을 전대하지 못하고, 임차인이 이에 위반한 때에는 임대인은 계약을 해지할 수 있다고 규정하고 있습니다. 이는 민법상의 임대차계약은 원래 당사자의 개인적 신뢰를 기초로 하는 계속적 법률관계임을 고려하여 임대인의 인적 신뢰나 경제적 이익을 보호하여 이를 해치지 않게 하기 위한 것이며, 임차인이 임대인의 승낙 없이 제3자에게 임대차물적물을 사용·수익시키는 것은 임대인에게 임대차관계를 계속시키기 어려운 배신적 행위가 될 수 있는 것이기 때문에 임대인에게 일방적으로 임대차관계를 종료시킬 수 있도록 하기 위한 것입니다.

　다만, 임차인이 임대인으로부터 별도의 승낙을 얻지 않고 제3자에게 임대차목적물을 사용·수익하도록 한 경우에도 임차인의 이러한 행위가 임대인에 대한 배신적 행위라고 인정할 수 없는 특별한 사정이 있는 경우에는 민법 제629조에 의한 해지권은 발생하지 않습니다. 이와 관련하여 임차권의 양수인이 임차인과 부부로서 임차건물에 동거하면서 함께 가구점을 경영하고 있는 등의 사정이 위와 같은 특별한 사정에 해당한다고 한 사례가 있습니다(대법원 1993. 4. 27. 선고 92다45308 판결 참조).

[판례]

[대법원 1985. 2. 8. 선고 84다카188 판결]

임대인의 동의없는 임차권의 양도는 당사자 사이에서는 유효하다 하더라도 다른 특약이 없는 한 임대인에게는 대항할 수 없는 것이고 임대인에 대항할 수 없는 임차권의 양수인으로서는 임대인의 권한을 대위행사할 수 없다.

[서울고등법원 1986. 6. 16. 선고 86나94 판결]

임대차계약이 종료된 경우에 임차인의 건물명도의무와 임대인의 임차보증금반환채무는 동시이행관계에 있어 임차인은 임대인으로부터 임차보증금을 반환받을 때까지는 임대차목적물의 반환을 거절할 수 있어도 제3자에게 전대할 권한은 없다 할 것이므로 그 불법전대로 인한 손해를 임대인에게 배상하여야 하고 그 손해는 통상 임대인이 이를 점유하지 못함으로 말미암은 그 임료 상당액이라 할 것이다.

[대법원 1986. 12. 23. 선고 86도1372 판결]

건물의 전차인이 임대인의 승낙없이 전차하였다고 하더라도 전차인이 불법침탈등의 방법에 의하여 위 건물의 점유를 개시한 것이 아니고 그동안 평온하게 음식점등 영업을 하면서 점유를 계속하여 온 이상 위 전차인의 업무를 업무방해죄에 의하여 보호받지 못하는 권리라고 단정할 수 없다.

[대법원 2008. 2. 28. 선고 2006다10323 판결]

임차인이 임대인의 동의를 받지 않고 제3자에게 임차권을 양도하거나 전대하는 등의 방법으로 임차물을 사용·수익하게 하더라도, 임대인이 이를 이유로 임대차계약을 해지하거나 그 밖의 다른 사유로 임대차계약이 적법하게 종료되지 않는 한 임대인은 임차인에 대하여 여전히 차임청구권을 가지므로, 임대차계약이 존속하는 한도 내에서는 제3자에게 불법점유를 이유로 한 차임상당 손해배상청구나 부당이득반환청구를 할 수 없다.

[대법원 2013. 2. 28. 선고 2012다104366,104373 판결]
임대차계약의 당사자 사이에 '임차인은 임대인의 동의 없이는 임차권을 양도 또는 담보제공하지 못한다.'는 약정을 하였다면, 그 약정의 취지는 임차권의 양도를 금지한 것으로 볼 것이지 임대차계약에 기한 임대보증금반환채권의 양도를 금지하는 것으로 볼 수는 없다.

13. 전대의 효과(제630조)

① 임차인이 임대인의 동의를 얻어 임차물을 전대한 때에는 전차인은 직접 임대인에 대하여 의무를 부담한다. 이 경우에 전차인은 전대인에 대한 차임의 지급으로써 임대인에게 대항하지 못한다.

② 전항의 규정은 임대인의 임차인에 대한 권리행사에 영향을 미치지 아니한다.

가. 임대인의 동의에 따른 전대차

임차인이 임대인의 동의를 얻어 임차물을 전대한 경우, 임대인과 임차인 사이에서 체결된 종전 임대차계약은 계속 유지되는 것이므로, 임대인은 임차인에 대하여 임대차계약에 따른 권리를 행사할 수 있습니다. 그리고 임차인과 전차인 사이에는 별개의 새로운 전대차계약이 성립하는 것입니다.

한편, 임대인과 전차인 사이에는 직접적인 법률관계가 성립되지 않지만, 임대인의 권리를 보호하기 위하여 전차인이 직접 임대인에 대하여 의무를 부담하도록 규정하고 있습니다(민법 제630조 제1항). 이 경우 전차인은 전대차계약으로 전대인에 대하여 부담하는 의무 이상으로 임대인에게 의무를 부담하지 않고 동시에 임대차계약으로 임차인이 임대인에 대하여 부담하는 의무 이상으로 임대인에게 의무를 부담하지 않습니다.

전대인과 전차인은 계약자유의 원칙에 따라 전대차계약의 내용을 변경할 수 있습니다. 그로 인하여 민법 제630조 제1항에 따라 전차인이 임대인에 대하여 직접 부담하는 의무의 범위가 변경되더라도, 전대차계약의 내용 변경이 전대차에 동의한 임대인 보호를 목적으로 한 민법 제630조 제1항의 취지에 반하여 이루어진 것이라고 볼 특별한 사정이 없는 한 전차인은 변경된 전대차계약의 내용을 임대인에게 주장할 수 있습니다. 이는 전대인과 전차인이 전대차계약상의 차임을 감액한 경우도 마찬가지입니다. 또한 그 경우, 임대차 종료 후 전차인이 임대인에게 반환해야 할 차임 상당 부당이득액을 산정함에 있어서도, 부당이득 당시의 실제 차임 액수를 심리하여 이를 기준으로 삼지 않고 약정 차임을 기준으로 삼는 경우라면, 전차인이 임대인에 대하여 직접 의무를 부담하는 차임인 변경된 차임을 기준으로 해야 할 것이고, 변경 전 전대차계약상의 차임을 기준으로 할 것이 아닙니다.

전차인은 전대차계약상의 차임지급시기 전에 전대인에게 차임을 지급한 사정을 들어 임대인에게 대항하지 못하지만, 차임지급시기 이후에 지급한 차임으로는 임대인에게 대항할 수 있고, 전대차계약상의 차임지급시기 전에 전대인에게 지급한 차임이라도, 임대인의 차임청구 전에 차임지급시기가 도래한 경우에는 그 지급으로 임대인에게 대항할 수 있습니다(대법원 2018. 7. 11. 선고 2018다200518 판결 참조).

나. 임대인의 동의없는 전대차

전대차 계약은 전대인과 전차인 사이에서는 유효하게 성립하고, 전차인은 전대인에 대하여 상가건물을 사용·수익하게 해 줄 것을 청구할 수 있으며, 전대인은 전차인에 대해 차임청구권을 가집니다. 다만 전대인은 전차인을 위하여 임대인의 동의를 받아 줄 의무가 있습니다. 전차인은 임대인에게 전대차계약에 따른 권리를 주장할 수 없으므로, 전차인이 상가건물을 점유하는 것은 임대인에게는 불법점유가 됩니다. 따라서 임대인은 소유권에 기해 전차인에 대하여 상가건물의 반환을 청구할 수 있습니다.

다. 임대차 및 전대차가 모두 종료된 경우

임차인이 임차상가건물을 전대하여 임대차기간 및 전대차기간이 모두 만료된 경우, 그 전대차가 임대인의 동의를 얻은 것인지와 상관없이 임대인은 전차인에 대하여 소유권에 기한 반환청구권에 터잡아 임차상가건물을 자신에게 직접 반환해 줄 것을 요구할 수 있고, 전차인도 임차상가건물을 임대인에게 직접 명도함으로써 임차인(전대인)에 대한 임차상가건물 명도의무를 면하게 됩니다(대법원 1995. 12. 12. 선고 95다23996 판결 참조).

임대차는 당사자 일방이 상대방에게 목적물을 사용·수익하게 할 것을 약정하고 상대방이 이에 대하여 차임을 지급할 것을 약정하면 되는 것으로서 나아가 임대인이 그 목적물에 대한 소유권 기타 이를 임대할 권한이 있을 것을 성립요건으로 하고 있지 않습니다. 따라서 임대차가 종료된 경우 임대차목적물이 타인 소유라고 하더라도 그 타인이 목적물의 반환청구나 임료 내지 그 해당액의 지급을 요구하는 등 특별한 사정이 없는 한 임차인은 임대인에게 그 부동산을 명도하고 임대차 종료일까지의 연체차임을 지급할 의무가 있음은 물론, 임대차 종료일 이후부터 부동산 명도 완료일까지 그 부동산을 점유·사용함에 따른 차임 상당의 부당이득금을 반환할 의무도 있습니다. 그리고 이와 같은 법리는 임차인이 임차물을 전대하였다가 임대차 및 전대차가 모두 종료된 경우의 전차인에 대하여도 특별한 사정이 없는 한 그대로 적용됩니다(대법원 2001. 6. 29. 선고 2000다68290 판결 참조).

다만, 임대인의 임대차계약 해지의 의사표시에 의하여 임대인과 임차인(전대인) 사이의 임대차계약이 종료되고 임대인이 전차인에 대하여 임대차목적물의 반환과 차임 상당의 손해배상을 청구하였다면, 임대인이 전차인에 대하여 위와 같은 청구를 한 이후에는 임차인(전대인)의 전대차계약에 기한 채무는 이행불능으로 되고, 전차인은 이행불능으로 인한 계약 종료를 이유로 임차인(전대인)에 대한 관계에서 더 이상 차임 및 차임 상당의 부당이득을 반환할 의무를 부담하지 않는 것입니다(대법원 2005. 5. 26. 선고 2005다4048, 4055 판결 참조).

이와 관련하여 임대차목적물인 점포 등을 지방자치단체에 기부 채납하고 일정 기간 동안 무상 사용권을 갖는 자로부터 점포를 임차한 자가 그 점포를 전대하던 중 무상 사용 기간이 경과하였고, 지방자치단체로부터 그 점포의 관리·운영을 위임받은 자가 전차인을 상대로 점포의 명도 등을 청구한 경우, 전차인은 이행불능으로 인한 전대차계약의 종료를 이유로 전대인에게 전차임의 지급을 거절할 수 있다고 한 사례가 있습니다(대법원 2009. 9. 24. 선고 2008다38325 판결 참조).

Q 민법 제630조 제1항은 임차인이 임대인의 동의를 얻어 임차물을 전대한 때에는 전차인은 직접 임대인에 대하여 의무를 부담하고, 이 경우에 전차인은 전대인에 대한 차임의 지급으로써 임대인에게 대항할 수 없다고 규정하고 있습니다. 그렇다면 전대차계약이 종료되고 전대차목적물을 반환하는 경우 그때까지 전차인의

연체차임은 전대인이 아닌 임대인에게 지급해야 하는 것일까요?

A 그렇지 않습니다.

민법 제630조 제1항에 의하여 전차인이 임대인에게 대항할 수 없는 차임의 범위는 전대차계약상의 차임지급시기를 기준으로 하여 그 전에 전대인에게 지급한 차임에 한정되고, 그 이후에 지급한 차임으로는 임대인에게 대항할 수 있습니다. 따라서 전대차계약 종료와 전대차목적물의 반환 당시 전차인의 연체차임은 전대차보증금에서 당연히 공제되어 소멸하며, 이는 전대차계약상의 차임지급시기 이후 발생한 채무소멸사유이므로 전차인은 이로써 임대인에게 대항할 수 있습니다(대법원 2008. 3. 27. 선고 2006다45459 판결 참조). 따라서 이러한 판례에 따르면 전차인은 전대차계약 종료 후 전대차목적물을 반환하는 경우 그때까지의 연체차임을 전대인에게 지급할 수 있는 것입니다.

Q 갑 주식회사가 을 주식회사에 임대한 건물을 을 회사가 갑 회사의 동의를 얻어 병에게 전대하였고, 병은 부가가치세가 포함된 차임을 갑 회사에 직접 지급하였다면, 갑 회사는 병에게 세금계산서를 발급할 의무가 있을까요?

A 그렇지 않습니다.

임대인인 갑 회사는 임차인인 을 회사에 임대 용역을 공급하였고, 전차인인 병은 을 회사로부터 다시 임대 용역을 공급받았을 뿐이므로, 갑 회사가 임대 용역을 공급한 바 없는 병에게 세금계산서를 발급할 의무는 없는 것입니다. 그리고 이는 병이 갑 회사에 직접 차임을 지급하였더라도 마찬가지입니다(대법원 2017. 12. 28. 선고 2017다265266 판결 참조).

[판례]

[대법원 2008. 3. 27. 선고 2006다45459 판결]

[1] 민법 제630조 제1항은 임차인이 임대인의 동의를 얻어 임차물을 전대한 때에는 전차인은 직접임대인에 대하여 의무를 부담하고, 이 경우에 전차인은 전대인에 대한 차임의 지급으로써 임대인에게 대항할 수 없다고 규정하고 있는바, 위 규정에 의하여 전차인이 임대인에게 대항할 수 없는 차임의 범위는 전대차계약상의 차임지급시기를 기준으로 하여 그 전에 전대인에게 지급한 차임에 한정되고, 그 이후에 지급한 차임으로는 임대인에게 대항할 수 있다.

[2] 전대차계약 종료와 전대차목적물의 반환 당시 전차인의 연체차임은 전대차보증금에서 당연히 공제되어 소멸하며, 이는 전대차계약상의 차임지급시기 이후 발생한 채무소멸사유이므로 전차인은 이로써 임대인에게 대항할 수 있다고 본 사례.

[대법원 2017. 12. 28. 선고 2017다265266 판결]

[1] 재화 또는 용역을 공급한 사업자가 공급을 받은 자로부터 부가가치세액을 지급받았음에도 정당한 사유 없이 세금계산서를 발급하지 않는 바람에 공급을 받은 자가 매입세액을 공제받지 못하였다면, 공급자는 원칙적으로 공급받은 자에 대하여 공제받지 못한 매입세액 상당의 손해를 배상할 책임이 있다. 이는 공급자는 공급받는 자에게 세금계산서를 의무적으로 발급하여야 하는 점, 매입자발행세금계산서 발행 제도의 입법 취지 내지 목적, 기능과 그 이용에 시간적 제한이 있는 점 등에 비추어 공급받는 자가 매입자발행세금계산서 발행 절차를 통하여 매입세액을 공제받지 않았다고 하더라도 특별한 사정이 없는 한 마찬가지이다.

[2] 부가가치세법 제32조 제1항에 의하면, 사업자가 재화 또는 용역을 공급(부가가치세가 면제되는 재화 또는 용역의 공급은 제외한다)하는 경우에는 이를 공급받는 자에게 세금계산서를 발급하여야 한다. 여기서 '용역을 공급받는 자'란 계약상 또는 법률상의 원인에 의하여 역무 등을 제공받는 자를 의미하므로, 계약상 원인에 의하여 '용역을 공급받는 자'가 누구인가를 결정할 때에는 당해 용역공급의 원인이 되는 계약의 당사자 및 내용, 위 용역의 공급은 누구를 위하여 이루어지는 것이며 대가의 지급관계는 어떠한지 등 제반 사정을 고려하여야 한다.

[3] 임차인이 임대인의 동의를 얻어 임차물을 전대한 경우, 임대인과 임차인 사이의 종전 임대차 계약은 계속 유지되므로 여전히 임대인은 임차인에게 차임을 청구할 수 있는 한편(민법 제630조 제2항), 임차인과 전차인 사이에는 별개의 새로운 임대차계약이 성립하므로 임차인은 전차인에 대하여 차임을 청구할 수 있다. 반면에 임대인과 전차인 사이에는 직접적인 법률관계가 형성되지는 않고 다만 임대인 보호를 위하여 전차인은 임대인에 대하여 직접 의무를 부담할 뿐이며, 이때 전차인은 전대차계약상의 차임지급시기 전에 전대인에게 차임을 지급한 사정을 들어 임대인에게 대항하지 못한다(민법 제630조 제1항).

[4] 갑 주식회사가 을 주식회사에 임대한 건물을 을 회사가 갑 회사의 동의를 얻어 병에게 전대하였고, 병은 부가가치세가 포함된 차임을 갑 회사에 직접 지급하였는데, 갑 회사가 병에게 세금계산서를 발급할 의무가 있는지 문제 된 사안에서, 세금계산서는 재화 또는 용역을 공급하는 사업자가 이를 공급받는 자에게 발급하는 것인데, 임대인인 갑 회사는 임차인인 을 회사에 임대용역을 공급하였고, 전차인인 병은 을 회사로부터 다시 임대용역을 공급받았을 뿐이므로, 갑 회사가 임대용역을 공급한 바 없는 병에게 세금계산서를 발급할 의무가 없고, 이는 병이 갑 회사에 직접 차임을 지급하였더라도 마찬가지라고 한 사례.

14. 전차인의 권리의 확정(제631조)

임차인이 임대인의 동의를 얻어 임차물을 전대한 경우에는 임대인과 임차인의 합의로 계약을 종료한 때에도 전차인의 권리는 소멸하지 아니한다.

전대차는 임대차를 기초로 하는 것이므로, 임대인과 임차인 사이의 임대차계약이 기간만료 등으로 종료되면 임차인과 제3자 사이의 전대차 관계도 소멸합니다. 그러나 임대인과 임차인의 합의로 임대차계약을 종료하는 경우에는 전차인의 권리가 소멸하지 않으므로, 전차인은 전대차의 존속을 임대인과 임차인에게 주장할 수 있습니다.

한편, 합의해지 또는 해지계약이라 함은 해지권의 유무에 불구하고 계약 당사자 쌍방이 합의에 의하여 계속적 계약의 효력을 해지 시점 이후부터 장래를 향하여 소멸하게 하는 것을 내용으로 하는 새로운 계약으로서, 그 효력은 그 합의의 내용에 의하여 결정됩니다(대법원 1996. 7. 30. 선고 95다16011 판결 등 참조).

계약이 합의해지되기 위해서는 일반적으로 계약이 성립하는 경우와 마찬가지로 계약의 청약과 승낙이라는 서로 대립하는 의사표시가 합치될 것을 요건으로 하는 것입니다. 그러나 계약의 합의해지는 명시적인 경우뿐만 아니라 묵시적으로도 이루어질 수 있는 것이므로 계약 후 당사자 쌍방의 계약 실현 의사의 결여 또는 포기가 쌍방 당사자의 표시행위에 나타난 의사의 내용에 의하여 객관적으로 일치하는 경우에는, 그 계약은 계약을 실현하지 않을 당사자 쌍방의 의사가 일치됨으로써 묵시적으로 해지되었다고 할 것입니다(대법원 1998. 1. 20. 선고 97다43499 판결 참조).

15. 임차건물의 소부분을 타인에게 사용케 하는 경우(제632조)

전3조의 규정은 건물의 임차인이 그 건물의 소부분을 타인에게 사용하게 하는 경우에 적용하지 아니한다.

민법 제632조에 따르면 상가건물의 임차인이 그 상가건물의 일부분을 다른 사람에게 사용하게 하는 경우 임차권의 양도, 전대의 제한(제629조), 전대의 효과(제630조), 전차인의 권리의 확정(제631조)에 관한 규정은 적용이 되지 않습니다. 다만, 민법 제632조는 임의규정이므로 당사자 사이의 특약으로 상가건물의 일부분이라도 다른 사람이 사용할 수 없도록 약정하는 경우에는 그러한 약정도 유효합니다.

16. 차임지급의 시기(제633조)

> 차임은 동산, 건물이나 대지에 대하여는 매월말에, 기타 토지에 대하여는 매년말에 지급하여야 한다. 그러나 수확기있는 것에 대하여는 그 수확후 지체없이 지급하여야 한다.

차임지급의 시기는 당사자가 자유롭게 정할 수 있는 것이 원칙입니다. 그러나 당사자 사이에 차임지급의 시기에 관한 별도의 약정이 없다면 상가건물임대차의 경우 매월 말에 차임을 지급해야 합니다.

17. 임차인의 통지의무(제634조)

> 임차물의 수리를 요하거나 임차물에 대하여 권리를 주장하는 자가 있는 때에는 임차인은 지체없이 임대인에게 이를 통지하여야 한다. 그러나 임대인이 이미 이를 안 때에는 그러하지 아니하다.

민법 제624조에서는 임대인이 임대차목적물의 보존에 필요한 수선행위를 하는 것을 임차인이 거절하지 못하도록 규정하고 있습니다. 그리고 나아가 민법 제634조에서는 임대차목적물의 수리를 요하거나 임대차목적물에 대하여 권리를 주장하는 사람이 있는 때에는 임차인이 지체없이 임대인에게 이를 통지하도록 규정하고 있는 것입니다. 만일 임차인이 고의 또는 과실로 이러한 통지의무를 게을리하여 임대인이 손해를 입은 경우에 임대인은 임차인에 대하여 손해배상을 청구할 수 있을 것입니다.

18. 기간의 약정없는 임대차의 해지통고(제635조)

① 임대차기간의 약정이 없는 때에는 당사자는 언제든지 계약해지의 통고를 할 수 있다.

② 상대방이 전항의 통고를 받은 날로부터 다음 각호의 기간이 경과하면 해지의 효력이 생긴다.
1. 토지, 건물 기타 공작물에 대하여는 임대인이 해지를 통고한 경우에는 6월, 임차인이 해지를 통고한 경우에는 1월
2. 동산에 대하여는 5일

임대차기간의 약정이 없는 임대차는 당사자가 언제든지 계약해지의 통고를 할 수 있고 민법 제635조에서 정한 일정 기간이 경과하면 해지의 효력이 발생합니다. 이러한 해지통고는 반드시 명시적일 필요는 없고, 묵시적으로도 가능하며, 소장 부본의 송달로도 가능합니다.

19. 기간의 약정있는 임대차의 해지통고(제636조)

임대차기간의 약정이 있는 경우에도 당사자일방 또는 쌍방이 그 기간내에 해지할 권리를 보류한 때에는 전조의 규정을 준용한다.

임대차기간의 약정이 있는 임대차는 특별한 사유가 없는 한 기간이 만료되면 사전 최고나 해지를 할 필요 없이 임대차가 종료합니다(대법원 1969. 1. 28. 선고 68다1537 판결 참조). 다만, 임대차기간의 약정이 있는 경우에도 당사자 일방 또는 쌍방이 임대차기간 내에 해지할 권리를 보류한 때에는 민법 제635조에 따라 언제든지 계약해지의 통고를 할 수 있습니다.

한편, 임대차계약을 체결하면서, '임대차계약은 임차인이 임대차보증금을 완납한 때부터 효력이 생기고, 그때부터 한 달 이내에 임차인이 임대차목적물에 입점하지 않으면 자동으로 해지된다.'고 약정을 하는 경우, 그 후 임차인이 위 기한 내에 입점하지 않았다면 해지의 의사표시가 없더라도 그 불이행 자체로써 임대차계약은 그 일자에 자동으로 해지됩니다(대법원 2003. 1. 24. 선고 2000다5336, 5343 판결 참조).

20. 임차인의 파산과 해지통고(제637조)

① 임차인이 파산선고를 받은 경우에는 임대차기간의 약정이 있는 때에도 임대인 또는 파산관재인은 제635조의 규정에 의하여 계약해지의 통고를 할 수 있다.

② 전항의 경우에 각 당사자는 상대방에 대하여 계약해지로 인하여 생긴 손해의 배상을 청구하지 못한다.

임차인이 파산선고를 받은 경우에 임대인으로서는 이익이 침해될 수 있고, 임차인으로서도 임대차를 종료시켜 차임지급의무를 면하는 것이 자신이나 채권자들에게 이익이 될 수 있습니다. 이에 민법 제637조에서는 임차인이 파산선고를 받은 경우에 임대차기간의 약정이 있는 때에도 임대인 또는 파산관재인에게 민법 제635조의 규정에 의하여 계약해지의 통고를 할 수 있는 권리를 인정하고 있는 것입니다. 이 경우 임대인은 스스로 해지통고를 할 수 있으나 임차인은 스스로 해지통고를 할 수 없고 파산관재인이 해지통고를 해야 합니다. 임대인 또는 파산관재인이 해지통고를 하면 그 후 민법 제635조에서 정한 일정한 기간이 경과하면 임대차가 종료됩니다.

21. 해지통고의 전차인에 대한 통지(제638조)

① 임대차계약이 해지의 통고로 인하여 종료된 경우에 그 임대물이 적법하게 전대되었을 때에는 임대인은 전차인에 대하여 그 사유를 통지하지 아니하면 해지로써 전차인에게 대항하지 못한다.

② 전차인이 전항의 통지를 받은 때에는 제635조제2항의 규정을 준용한다.

임대차계약이 해지의 통고로 인하여 종료된 경우에 상가건물이 적법하게 제3자에게 전대되었다면 임대인은 전차인에 대하여 그 사유를 통지하지 않으면 임대차계약이 해지된 것을 이유로 전차인에게 대항하지 못합니다. 전차인이 해지통고를 받은 때에는 통고를 받은 날로부터 6개월이 경과하면 해지의 효력이 생깁니다.

그러나 민법 제640조에 따라 임차인의 차임연체액이 2기의 차임액에 달하여 임대인이 임대차계약을 해지하는 경우에는 전차인에 대하여 그 사유를 통지하지 않더라도 해지로써 전차인에게 대항할 수 있고, 해지의 의사표시가 임차인에게 도달하는 즉시 임대차관계는 해지로 종료됩니다(대법원 2012. 10. 11. 선고 2012다55860 판결 참조).

22. 묵시의 갱신(제639조)

① 임대차기간이 만료한 후 임차인이 임차물의 사용, 수익을 계속하는 경우에 임대인이 상당한 기간내에 이의를 하지 아니한 때에는 전임대차와 동일한 조건으로 다시 임대차한 것으로 본다. 그러나 당사자는 제635조의 규정에 의하여 해지의 통고를 할 수 있다.

② 전항의 경우에 전임대차에 대하여 제삼자가 제공한 담보는 기간의 만료로 인하여 소멸한다.

상가임대차법에서는 임대인이 임대차기간이 만료되기 6개월 전부터 1개월 전까지 사이에 임차인에게 갱신 거절의 통지 또는 조건 변경의 통지를 하지 않은 경우에는 그 기간이 만료된 때에 전 임대차와 동일한 조건으로 다시 임대차한 것으로 보고, 이 경우에 임대차의 존속기간을 1년으로 간주합니다(제10조 제4항). 그러나 환산보증금을 초과하는 임대차는 이러한 상가임대차법의 규정이 적용되지 않고(제2조 제1항 단서), 민법 제639조 제1항이 적용되기 때문에 이 경우 임대차계약이 묵시적 갱신이 되더라도 당사자는 민법 제635조의 규정에 의하여 언제든지 계약해지의 통고를 할 수 있습니다.

한편 묵시의 갱신의 경우에 전 임대차에 대하여 제3자가 제공한 담보는 기간의 만료로 인하여 소멸하는데, 민법 제639조 제1항의 묵시의 갱신은 임차인의 신뢰를 보호하기 위하여 인정되는 것이고, 이 경우 같은 조 제2항에 의하여 제3자가 제공한 담보는 소멸한다고 규정한 것은 담보를 제공한 자의 예상하지 못한 불이익을 방지하기 위한 것이라 할 것이므로, 민법 제639조 제2항은 당사자들의 합의에 따른 임대차 기간연장의 경우에는 적용되지 않습니다(대법원 2005. 4. 14. 선고 2004다63293 판결 참조).

Q 환산보증금을 초과하는 상가건물 임대차계약이 묵시적 갱신 되었는데, 임대인이 임차인에게 해지통고를 한 경우에는, 임차인이 해지통고를 받은 날로부터 6개월

이 경과해야 해지의 효력이 발생하므로, 임차인은 해지의 효력이 발생하기 전에 상가임대차법 제10조 제1항에 의하여 계약갱신요구권을 행사할 수 있을까요?

A 그렇지는 않을 것으로 보입니다.

판례는 민법 제635조 제1항, 제2항 제1호에 따라 임대차기간의 약정이 없는 임대차는 임대인이 언제든지 해지를 통고할 수 있고 임차인이 그 통고를 받은 날로부터 6개월이 지남으로써 효력이 생기므로, 임대차기간이 정해져 있음을 전제로 그 기간 만료 6개월 전부터 1개월 전까지 사이에 행사하도록 규정된 임차인의 계약갱신요구권(상가임대차법 제10조 제1항)은 발생할 여지가 없다고 보고 있습니다(대법원 2021. 12. 30. 선고 2021다233730 판결 참조).

그런데 민법 제639조 제1항에 따르면 임대차계약이 묵시적 갱신된 경우 당사자는 기간의 약정 없는 임대차의 해지통고에 관한 민법 제635조의 규정에 의하여 해지의 통고를 할 수 있으므로, 결국 이러한 경우에도 위와 같은 판례의 법리에 따라 임대차기간이 정해져 있음을 전제로 그 기간 만료 6개월 전부터 1개월 전까지 사이에 행사하도록 규정된 임차인의 계약갱신요구권(상가임대차법 제10조 제1항)은 발생할 여지가 없다고 보아야 할 것입니다.

Q 환산보증금을 초과하는 상가건물 임대차계약이 기간만료로 종료되었는데, 임대인은 그 전에 임차인에게 임대차계약이 기간만료로 종료되니 임차상가건물을 인도해 달라는 취지의 내용증명을 발송하여 그 내용증명이 임차인에게 도달하였습니다. 그런데 임대차계약이 종료된 후 임대인이 임차인에게 매월 임대료와 관리비를 요구하였고 임차인이 이를 지급하였다면 임대차계약이 묵시적으로 갱신되었다고 할 수 있을까요?

A 그렇지는 않습니다.

민법에 의하면 임대차기간이 만료한 후 임차인이 임차물의 사용, 수익을 계속하는 경우에 임대인이 상당한 기간 내에 이의를 하지 아니한 때에는 전임대차와 동일한 조건으로 다시 임대차한 것으로 보고(민법 제639조 제1항 전문), 다만 당사자는 언제든지 해지의 통고를 할 수 있으며(민법 제639조 제1항 후문, 제635조 제1항), 임대인이 해지의 통고를 하는 경우에는 6개월이 지나면 그 효력이 생기게 됩니다(민법 제635조 제2항 제1호).

임대인이 임대차계약 종료 전에 임차인에게 임대차계약이 기간만료로 종료되니 임차 상가건물을 인도해 달라는 취지의 내용증명을 발송하여 그 내용증명이 임차인에게 도달하였으므로, 이는 임대차계약이 종료되기 전에 명시적으로 이의한 것으로 보아야 하고, 단지 임대인이 매월 임대료와 관리비를 요구하고 임차인이 이를 지급한 점만으로는 임대차 계약이 묵시적으로 갱신되었다고 볼 수 없는 것입니다(서울고등법원 2019. 10. 25. 선고 (인천)2019나10666(본소), (인천)2019나10673(반소) 판결 참조).

[판례]

[대법원 2021. 12. 30. 선고 2021다233730 판결]

상가건물 임대차보호법(이하 '상가임대차법'이라고 한다)에서 기간을 정하지 않은 임대차는 그 기간을 1년으로 간주하지만(제9조 제1항), 대통령령으로 정한 보증금액을 초과하는 임대차는 위 규정이 적용되지 않으므로(제2조 제1항 단서), 원래의 상태 그대로 기간을 정하지 않은 것이 되어 민법의 적용을 받는다. 민법 제635조 제1항, 제2항 제1호 에 따라 이러한 임대차는 임대인이 언제든지 해지를 통고할 수 있고 임차인이 통고를 받은 날로부터 6개월이 지남으로써 효력이 생기므로, 임대차기간이 정해져 있음을 전제로 기간 만료 6개월 전부터 1개월 전까지 사이에 행사하도록 규정된 임차인의 계약갱신요구권(상가임대차법 제10조 제1항)은 발생할 여지가 없다.

23. 차임연체와 해지(제640조)

> 건물 기타 공작물의 임대차에는 임차인의 차임연체액이 2기의 차임액에 달하는 때에는 임대인은 계약을 해지할 수 있다.

상가임대차법 제2조 제3항에서 환산보증금을 초과하는 상가건물 임대차에도 상가임대차법 제10조의8이 적용되도록 규정하고 있어, 이 조항이 민법 제640조보다 우선 적용되기 때문에 임대인은 임차인이 2기분의 차임이 아닌 3기분의 차임을 연체하는 경우에 임대차계약을 해지할 수 있습니다. 한편 임대차계약에서 차임을 3기분 이상 연체하면 해지의 의사표시 없이도 임대차가 자동 종료된다는 약정을 하는 경우가 있는데, 이러한 약정은 임대인의 해지권 행사요건을 완화해서 임차인에게 부당한 불이익을 줄 염려가 있으므로 효력이 없다고 보아야 할 것입니다. 따라서 임대인은 임대차계약을 종료시키기 위해서 임차인에 대하여 해지의 의사표시를 해야 합니다.

24. 동전(제641조)

> 건물 기타 공작물의 소유 또는 식목, 채염, 목축을 목적으로 한 토지임대차의 경우에도 전조의 규정을 준용한다.

민법 제640조는 건물 기타 공작물의 임대차계약 해지에 관하여 규정하고 있는데, 민법 제641조는 건물 기타 공작물의 소유 또는 식목, 채염, 목축을 목적으로 한 토지임대차계약 해지에 관하여 규정하고 있습니다. 이러한 토지임대차의 경우에도 연체차임액이 2기분의 차임액에 달할 때 임대인이 임대차계약을 해지할 수 있고, 여기에는 상가임대차법이 적용되지 않습니다.

25. 토지임대차의 해지와 지상건물 등에 대한 담보물권자에의 통지(제642조)

전조의 경우에 그 지상에 있는 건물 기타 공작물이 담보물권의 목적이 된 때에는 제288조의 규정을 준용한다.

건물 기타 공작물의 소유 또는 식목, 채염, 목축을 목적으로 한 토지임대차에 관하여 임차인의 연체차임액이 2기분의 차임액에 달하여 임대인이 임대차계약을 해지한 경우 그 지상에 있는 건물 기타 공작물이 저당권의 목적으로 되어 있는 경우에는 민법 제288조가 준용되므로, 그 저당권자에게 통지한 후 상당한 기간이 경과해야 해지의 효력이 발생합니다.

26. 임차인의 갱신청구권, 매수청구권(제643조)

건물 기타 공작물의 소유 또는 식목, 채염, 목축을 목적으로 한 토지임대차의 기간이 만료한 경우에 건물, 수목 기타 지상시설이 현존한 때에는 제283조의 규정을 준용한다.

건물 기타 공작물의 소유 또는 식목, 채염, 목축을 목적으로 한 토지임대차의 경우 임대차 기간이 만료되었다고 해서 이를 반드시 철거 또는 회수해야 한다면 임차인에게 너무 불리하기 때문에 민법 제643조에서는 임차인이 임대인에게 임대차계약의 갱신을 청구할 수 있도록 하고(민법 제283조 제1항 준용), 임대인이 계약의 갱신을 원하지 않는 경우에는 임차인이 임대인에 대하여 상당한 가액으로 그 지상시설을 매수할 것을 청구할 수 있도록 한 것입니다(민법 제283조 제2항 준용).

27. 전차인의 임대청구권, 매수청구권(제644조)

① 건물 기타 공작물의 소유 또는 식목, 채염, 목축을 목적으로 한 토지임차인이 적법하게 그 토지를 전대한 경우에 임대차 및 전대차의 기간이 동시에 만료되고 건물, 수목 기타 지상시설이 현존한 때에는 전차인은 임대인에 대하여 전전대차와 동일한 조건으로 임대할 것을 청구할 수 있다.

② 전항의 경우에 임대인이 임대할 것을 원하지 아니하는 때에는 제283조제2항의 규정을 준용한다.

민법 제643조와 같은 취지에서 민법 제644조에서는 전차인 보호를 위하여 임차인의 갱신청구권 및 매수청구권을 전차인에게도 인정하고 있습니다. 전차인은 임대인에 대하여 종전 전대차와 동일한 조건으로 자기에게 임대할 것을 청구할 수 있고, 임대인이 전차인에게 임대할 것을 원하지 않는 경우에 전차인은 임대인에 대하여 상당한 가액으로 그 지상시설을 매수할 것을 청구할 수 있도록 한 것입니다(민법 제283조 제2항 준용).

28. 지상권목적토지의 임차인의 임대청구권, 매수청구권(제645조)

> 전조의 규정은 지상권자가 그 토지를 임대한 경우에 준용한다.

지상권자가 그 토지를 임대한 경우에 토지의 임차인은 전차인과 다를 바 없으므로, 민법 제644조의 규정을 지상권자가 그 토지를 임대한 경우에 준용하도록 하고 있는 것입니다. 따라서 지상권자로부터 토지를 임차한 임차인은 지상권설정자에 대하여 임대청구권 및 매수청구권을 갖습니다.

29. 임차인의 부속물매수청구권(제646조)

> ① 건물 기타 공작물의 임차인이 그 사용의 편익을 위하여 임대인의 동의를 얻어 이에 부속한 물건이 있는 때에는 임대차의 종료시에 임대인에 대하여 그 부속물의 매수를 청구할 수 있다.
>
> ② 임대인으로부터 매수한 부속물에 대하여도 전항과 같다.

상가건물의 임차인이 임차상가건물의 사용의 편익을 위하여 임대인의 동의를 얻어 그 상가건물에 부속한 물건이 있거나 임대인으로부터 매수한 부속물이 있는 때에는 임대차의 종료 시에 임대인에 대하여 그 부속물의 매수를 청구할 수 있습니다. 부속물이란 건물에 부속된 물건으로 임차인의 소유에 속하고, 건물의 구성부분으로는 되지 않은 것으로서 건물의 사용에 객관적인 편익을 가져오게 하는 물건을 말합니다. 따라서 부속된 물건이 오로지 건물임차인의 특수한 목적에 사용하기 위하여 부속된 것일 때에는 부속물매수청구권의 대상이 되는 물건이라 할 수 없습니다(대법원 1991. 10. 8. 선고 91다 8029 판결 참조). 한편, 임대차계약이 임차인의 채무불이행으로 인하여 해지된 경우에 는 임차인은 임대인에 대하여 부속물매수청구권을 행사할 수 없습니다(대법원 1990. 1. 23. 선고 88다카7245, 88다카7252 판결 참조).

임차인이 부속물의 매수를 청구하면 임대인의 의사와 상관없이 곧바로 매매계약이 성립하고, 이 경우 부속물의 매매대금은 그 매수청구권 행사 당시의 시가를 기준으로 산 정됩니다(대법원 1995. 6. 30. 선고 95다12927 판결 참조). 이러한 부속물 매매대금의 지급과 임차상가건물의 명도는 동시이행의 관계에 있으므로, 임차인은 임차상가건물의 명도를 요구하는 임대인에 대하여 부속물 매매대금 지급시까지 동시이행의 항변권을 주장할 수 있습니다.

Q 임대차계약서에서 임차인이 임차건물을 증·개축했을 때는 임대인의 승낙 유무를 불문하고 그 부분이 무조건 임대인의 소유로 귀속된다고 약정한 경우, 이러한 약 정은 임차인의 부속물매수청구권을 배제하기 위한 것으로서 임차인에게 불리하 므로 무효가 되는 것인가요?

A 그렇지 않습니다.

임차인이 임차건물을 증·개축했을 때는 임대인의 승낙 유무를 불문하고 그 부분이 무조건 임대인의 소유로 귀속된다는 약정은 임차인이 원상회복의무를 면하는 대신 투 입비용의 변상이나 권리주장을 포기하는 내용이 포함되었다고 봄이 상당하므로, 이러 한 약정도 유효하다고 할 것입니다. 또한 건물자체의 수선 내지 증·개축부분은 건물자 체의 구성부분을 이루고 독립된 물건이 아니므로 임차인의 부속물매수청구권의 대상이 될 수 없고, 따라서 이러한 약정을 매수청구권의 배제를 위한 약정이라고 할 수 없을 것입니다(대법원 1983. 2. 22. 선고 80다589 판결 참조).

Q 임대인이 임대차보증금과 차임을 저렴하게 해 주는 대신 임차인이 부속물에 대한 시설비, 필요비 등을 일체 청구하지 않기로 약정하였다면, 이러한 부속물매수청구권 포기 약정은 임차인에게 불리하므로 무효가 되는 것인가요?

A 그렇지 않습니다.

대법원은, 임대인이 임차인에게 건물부분을 임대할 때 임대차보증금과 차임을 시가보다 저렴하게 해 주고 그 대신 임차인은 임대차가 종료될 때 그가 설치한 부속물에 대한 시설비나 필요비, 유익비, 권리금 등을 일체 청구하지 않기로 약정하였고, 임차권양수인들이 임차인로부터 임차권을 양수할 때에도 임대인에게 시설비 등을 일체 청구하지 않기로 약정하였다면 임차인이나 양수인 등은 매수청구권을 포기하였다 할 것이고, 또 위와 같은 약정이 임차인에게 일방적으로 불리한 것이라고 볼 수도 없다고 한 사례가 있습니다(대법원 1992. 9. 8. 선고 92다24998, 92다25007 판결 참조).

[판례]

[대법원 1983. 2. 22. 선고 80다589 판결]

[1] "임차인이 임차건물을 증·개축하였을 시는 임대인의 승낙유무를 불구하고 그 부분이 무조건 임대인의 소유로 귀속된다"고 하는 약정은 임차인이 원상회복의무를 면하는 대신 투입비용의 변상이나 권리주장을 포기하는 내용이 포함되었다고 봄이 상당하다 할 것이고 이러한 약정의 특별한 사정이 없는 한 유효하다.

[2] 건물자체의 수선 내지 증·개축부분은 특별한 사정이 없는 한 건물자체의 구성부분을 이루고 독립된 물건이라고 보이지 않으므로 임차인의 부속물 매수청구권의 대상이 될 수 없다.

[3] 임차인이 건물을 임차하여 상당한 부분을 증·개축하였다 하여도 특별한 사정이 없는 한 그 사실만으로는 건물의 소유권이 임차인에게 귀속된다고 볼 수 없으므로 이러한 사정만으로 임대인으로부터 건물을 매수하여 소유권보존등기를 경료한 자가 그 소유권에 기하여 명도를 구하는 것이 권리남용이 된다고 할 수 없다.

[대법원 1992. 9. 8. 선고 92다24998, 92다25007 판결]
갑이 을에게 건물부분을 임대할 때 그 임차보증금과 임료를 시가보다 저렴하게 해 주고 그 대신 을은 임대차가 종료될 때 그가 설치한 부속물에 대한 시설비나 필요비, 유익비, 권리금 등을 일체 청구하지 아니하기로 약정하였고 병 등이 을로부터 위 임차권을 양수할 때에도 갑에게 위 시설비 등을 일체 청구하지 아니하기로 약정하였다면 을이나 병 등은 매수청구권을 포기하였다 할 것이고 또 위와 같은 약정이 임차인에게 일방적으로 불리한 것이라고 볼 수도 없다고 한 사례.

30. 전차인의 부속물매수청구권(제647조)

① 건물 기타 공작물의 임차인이 적법하게 전대한 경우에 전차인이 그 사용의 편익을 위하여 임대인의 동의를 얻어 이에 부속한 물건이 있는 때에는 전대차의 종료시에 임대인에 대하여 그 부속물의 매수를 청구할 수 있다.

② 임대인으로부터 매수하였거나 그 동의를 얻어 임차인으로부터 매수한 부속물에 대하여도 전항과 같다.

상가건물의 사용의 편익을 위해 임대인의 동의를 얻어 전차인이 부속한 물건이나, 임대인으로부터 매수하였거나 임대인의 동의를 얻어 임차인으로부터 매수한 부속물에 대해서는 전대차의 종료 시 전차인이 임대인에 대하여 그 부속물의 매수를 청구할 수 있습니다. 이러한 부속물 매매대금의 지급과 임차상가건물의 명도는 동시이행의 관계에 있으므로, 전차인은 임차상가건물의 명도를 요구하는 임대인에 대하여 부속물 매매대금 지급시까지 동시이행의 항변권을 주장할 수 있습니다(대법원 1981. 11. 10. 선고 81다 378 판결 참조).

31. 임차지의 부속물, 과실 등에 대한 법정질권 (제648조)

> 토지임대인이 임대차에 관한 채권에 의하여 임차지에 부속 또는 그 사용의 편익에 공용한 임차인의 소유동산 및 그 토지의 과실을 압류한 때에는 질권과 동일한 효력이 있다.

민법 제648조에서는 토지임대인이 임대차목적물을 사용, 수익하게 해 주는 대가로 받게 되는 차임을 확보할 수 있도록 토지임대인이 임대차에 관한 채권에 의하여 임차지에 부속 또는 그 사용의 편익에 공용한 임차인의 소유동산 및 그 토지의 과실을 압류한 때에는 질권과 동일한 효력이 있다고 규정하고 있습니다. 따라서 토지임대인이 압류한 때에는 그 물건에 대하여 경매를 청구할 수 있고, 매각대금에서 다른 채권자보다 자기 채권을 우선변제 받을 수 있습니다.

32. 임차지상의 건물에 대한 법정저당권(제649조)

> 토지임대인이 변제기를 경과한 최후 2년의 차임채권에 의하여 그 지상에 있는 임차인소유의 건물을 압류한 때에는 저당권과 동일한 효력이 있다.

민법 제649조는 민법 제648조와 마찬가지로 토지임대인이 차임을 확보할 수 있도록 변제기를 경과한 최후 2년의 차임채권에 의하여 그 지상에 있는 임차인 소유의 건물을 압류한 때에는 저당권과 동일한 효력이 있다고 규정하고 있습니다. 따라서 토지임대인은 압류에 의하여 그 건물에 대한 경매를 청구할 수 있고, 매각대금에서 다른 채권자보다 자기 채권을 우선변제 받을 수 있습니다. 다만 그 건물 위에 이미 다른 저당권이 설정되어 있는 경우에는 그보다 후순위가 됩니다.

33. 임차건물등의 부속물에 대한 법정질권 (제650조)

> 건물 기타 공작물의 임대인이 임대차에 관한 채권에 의하여 그 건물 기타 공작물에 부속한 임차인소유의 동산을 압류한 때에는 질권과 동일한 효력이 있다.

민법 제648조가 토지임대인의 임대차에 대한 채권을 보호하기 위해서 임차지에 부속한 임차인 소유 동산에 대하여 법정질권을 취득하도록 규정한 것과 같은 취지에서 민법 제650조는 건물 기타 공작물의 임대인의 임대차에 관한 채권을 보호하기 위해서 건물 기타 공작물에 부속한 임차인 소유 동산에 대하여 법정질권을 취득하도록 규정하고 있습니다.

34. 제651조 삭제

민법 제651조에서는 임대차의 기간을 계약으로 정하는 경우에 최장기에 관하여 제한을 두고 있었는데 2013. 12. 26. 헌법재판소에서 위헌결정되어 2016. 1. 6. 법률 제13710호에 의하여 삭제되었습니다.

35. 강행규정(제652조)

제627조, 제628조, 제631조, 제635조, 제638조, 제640조, 제641조, 제643조 내지 제647조의 규정에 위반하는 약정으로 임차인이나 전차인에게 불리한 것은 그 효력이 없다.

제627조(일부멸실 등과 감액청구, 해지권), 제628조(차임증감청구권), 제631조(전차인의 권리의 확정), 제635조(기간의 약정없는 임대차의 해지통고), 제638조(해지통고의 전차인에 대한 통지), 제640조(차임연체와 해지), 제641조(차임연체와 해지통지), 제643조(임차인의 갱신청구권, 매수청구권), 제644조(전차인의 임대청구권, 매수청구권), 제645조(지상권목적토지의 임차인의 임대청구권, 매수청구권), 제646조(임차인의 부속물매수청구권), 제647조(전차인의 부속물매수청구권)는 강행규정입니다. 따라서 위 각 규정에 위반하는 약정으로 임차인이나 전차인에게 불리한 것은 효력이 없으나, 위 각 규정에 위반되더라도 임차인이나 전차인에게 유리한 것은 여전히 유효합니다.

36. 일시사용을 위한 임대차의 특례(제653조)

> 제628조, 제638조, 제640조, 제646조 내지 제648조, 제650조 및 전조의 규정은 일시사용하기 위한 임대차 또는 전대차인 것이 명백한 경우에는 적용하지 아니한다.

일시사용을 위한 임차인에 대해서까지 보호할 필요가 없고 계약자유에 맡겨 놓아도 문제가 없는 규정들이 있는데, 제628조(차임증감청구권), 제638조(해지통고의 전차인에 대한 통지), 제640조(차임연체와 해지), 제646조(임차인의 부속물매수청구권), 제647조(전차인의 부속물매수청구권), 제648조(임차지의 부속물, 과실 등에 대한 법정질권), 제650조(임차건물등의 부속물에 대한 법정질권) 및 제652조(강행규정)가 그러한 규정들입니다. 따라서 이 규정들은 일시사용을 위한 임대차 또는 전대차인 것이 명백한 경우에는 적용되지 않습니다.

37. 준용규정(제654조)

> 제610조제1항, 제615조 내지 제617조의 규정은 임대차에 이를 준용한다.

가. 임차인의 사용, 수익권

임차인은 계약 또는 그 목적물의 성질에 의하여 정하여진 용법으로 이를 사용, 수익하여야 합니다(민법 제654조에 따라 제610조 제1항 준용).

나. 임차인의 원상회복의무와 철거권

1) 임대차계약의 종료에 따른 임차인의 임대차목적물반환의무

임차인은 임대차계약이 종료하면 임대인에게 임차상가건물을 반환해야 합니다. 임차인은 임대차목적물을 반환할 때 이를 원상회복해서 반환할 의무가 있습니다. 또한 부속시킨 물건은 철거할 수 있습니다(민법 제654조에 따라 제615조 준용).

임차인이 임대차목적물을 수리하거나 변경한 때에는 원칙적으로 수리·변경 부분을 철거하여 임대 당시의 상태로 사용할 수 있도록 해야 합니다. 다만 원상회복의무의 내용과 범위는 임대차계약의 체결 경위와 내용, 임대 당시 목적물의 상태, 임차인이 수리하거나 변경한 내용 등을 고려하여 구체적·개별적으로 정해야 합니다(대법원 2019. 8. 30. 선고 2017다268142 판결 참조).

임대차종료로 인한 임차인의 원상회복의무에는 임차인이 사용하고 있던 부동산의 점유를 임대인에게 이전하는 것은 물론 임대인이 임대 당시의 부동산 용도에 맞게 다시 사용할 수 있도록 협력할 의무도 포함합니다. 따라서 임대인 또는 그 승낙을 받은 제3자가 임차건물 부분에서 다시 영업허가를 받는 데 방해가 되지 않도록 임차인은 임차건물 부분에서의 영업허가에 대하여 폐업신고절차를 이행할 의무가 있습니다(대법원 2008. 10. 9. 선고 2008다34903 판결 참조).

2) 임대차에서 생기는 통상의 손모에 관하여 원상회복비용을 부담하는 자

원상으로 회복한다고 함은 사회통념상 통상적인 방법으로 사용·수익을 하여 그렇게 될 것인 상태라면 사용을 개시할 당시의 상태보다 나빠지더라도 그대로 반환하면 무방하다는 것으로, 임차인이 통상적인 사용을 한 후에 생기는 임대차목적물의 상태 악화나 가치의 감소를 의미하는 통상의 손모에 관하여는 임차인의 귀책사유가 없으므로 그 원상회복비용은 채권법의 일반원칙에 비추어 특약이 없는 한 임대인이 부담해야 합니다. 즉, 임대차계약은 임차인에 의한 임대차목적물의 사용과 그 대가로서 임대료의 지급을 내용으로 하는 것이고, 임대차목적물의 손모의 발생은 임대차라고 하는 계약의 본질상 당연하게 예정되어 있는 것입니다. 이와 같은 이유로 건물의 임대차에서는 임차인이 사회통념상 통상적으로 사용한 경우에 생기는 임대차목적물의 상태가 나빠지거나 또는 가치 감소를 의미하는 통상적인 손모에 관한 투하 자본의 감가는 일반적으로 임대인이 감가상각비나 수선비 등의 필요경비 상당을 임대료에 포함시켜 이를 지급받음으로써 회수하고 있는 것입니다(서울중앙지방법원 2007. 5. 31. 선고 2005가합100279, 2006가합62053 판결 참조).

3) 임차인에게 통상의 손모에 관하여 원상회복의무를 부담시키기 위한 요건

건물의 임차인에게 건물임대차에서 생기는 통상의 손모에 관해 원상회복의무를 부담시키는 것은 임차인에게 예상하지 않은 특별한 부담을 지우는 것이 되므로 임차인에게 그와 같은 원상회복의무를 부담시키기 위해서는 적어도 임차인이 원상회복을 위해 그 보수비용을 부담하게 되는 손모의 범위가 임대차계약서의 조항 자체에서 구체적으로 명시되어 있거나 그렇지 아니하고 임대차계약서에서 분명하지 않은 경우에는 임대인이 말로써 임차인에게 설명하여 임차인이 그 취지를 분명하게 인식하고 그것을 합의의 내용으로 하였다고 인정되는 등 그와 같은 취지의 특약이 명확하게 합의되어 있어야 할 필요가 있습니다(서울중앙지방법원 2007. 5. 31. 선고 2005가합100279, 2006가합62053 판결 참조).

4) 원상회복의무 이행불능에 따른 손해배상

임차인의 상가건물 반환의무 및 원상회복의무가 이행불능이 된 경우 그 이행불능으로 인한 손해배상책임을 면하려면 그 이행불능이 임차인 자신의 귀책사유로 말미암은 것이 아님을 입증할 책임이 있고, 임차건물이 화재로 훼손된 경우 그 화재의 발생 원인이 불명인 때에도 임차인이 그 책임을 면하려면 그 임차건물의 보존에 관하여 선량한 관리자의 주의의무를 다하였음을 입증해야 합니다. 이러한 법리는 임대차 종료 당시 임대차 목적물 반환의무가 이행불능 상태는 아니지만 반환된 임차 상가건물이 화재로 훼손되어 이를 이유로 손해배상을 구하는 경우에도 동일하게 적용됩니다(대법원 2010. 4. 29. 선고 2009다96984 판결 참조).

그러나 임차인이 임대인 소유 건물의 일부를 임차하여 사용·수익하던 중 임차 건물 부분에서 화재가 발생하여 임차 건물 부분이 아닌 건물 부분까지 불에 타 그로 인해 임대인에게 재산상 손해가 발생한 경우에는 이와 달리, 임대인이 임차인을 상대로 채무불이행을 이유로 손해배상을 구하기 위해서, 임차인이 보존·관리의무를 위반하여 화재가 발생한 원인을 제공하는 등 화재 발생과 관련된 임차인의 계약상 의무 위반이 있었고, 그러한 의무 위반과 임차 외 건물 부분의 손해 사이에 상당인과관계가 있으며, 임차 외 건물 부분의 손해가 의무 위반에 따라 민법 제393조에 의하여 배상해야 할 손해의 범위 내에 있다는 점에 대하여 임대인이 주장·증명을 해야 합니다(대법원 2017. 5. 18. 선고 2012다86895, 86901 전원합의체 판결 참조).

한편, 임차상가건물이 훼손된 경우에 수리나 원상복구가 불가능하다면 훼손 당시의 임차상가건물의 교환가치가 통상의 손해가 되고, 수리나 원상복구가 가능하다면 그 수리비나 원상복구비가 통상의 손해가 됩니다. 그러나 수리비나 원상복구비가 임차상가건물의 교환가치가 감소된 부분을 현저하게 넘는 경우에는 일반적으로 경제적인 면에서 수리나 원상복구가 불가능하다고 보아 형평의 원칙상 그 손해액이 임차상가건물의 교환가치 감소 부분 범위 내로 제한됩니다.

이처럼 임차상가건물에 대한 원상복구비가 임차상가건물의 시가보다 현저하게 높아 임차인의 손해배상액을 그 교환가치 감소 부분 범위 내로 제한하는 경우, 결국 그 손해액은 그 교환가치 감소 부분 및 그에 대한 지연손해금 상당액이고, 장래 임차상가건물을 사용·수익할 수 있었을 이익은 그 교환가치 감소 부분에 포함되어 있어 이를 따로 청구할 수 없습니다(대법원 1999. 12. 21. 선고 97다15104 판결 참조).

5) 원상회복의무 이행지체에 따른 손해배상

임대차 종료 시 임차인의 원상회복의무 이행지체로 인하여 임대인이 입은 손해는 이행지체일로부터 임대인이 실제로 원상회복을 완료한 날까지의 임대료 상당액이 아니라 임대인 스스로 원상회복을 할 수 있었던 기간까지의 임대료 상당액입니다(대법원 1999. 12. 21. 선고 97다15104 판결 참조).

Q 임대인의 귀책사유로 임대차계약이 해지된 경우에도 임차인이 원상회복의무를 부담하는 것일까요?

A 네 그렇습니다.

임대차계약이 중도에 해지되어 종료하면 임차인은 임대차목적물을 원상으로 회복하여 반환해야 하는 것이고, 임대인의 귀책사유로 임대차계약이 해지되었다고 하더라도 임차인은 그로 인한 손해배상을 청구할 수 있음은 별론으로 하고 원상회복의무를 부담하지 않는다고 할 수는 없는 것입니다(대법원 2002. 12. 6. 선고 2002다42278 판결 참조).

Q 전 임차인이 음식점 영업을 하던 점포를 신규임차인이 임대인으로부터 임차하여 내부시설을 개조·단장하고, 같은 음식점 영업을 하였다면 임대차 종료 후에 신규 임차인에게 전 임차인이 시설한 것까지 원상회복할 의무가 있는 것인지요?

A 그렇지 않습니다.

대법원은 이러한 경우에 임차인에게 임대차 종료로 인하여 목적물을 원상회복하여 반환할 의무가 있다고 하여도 별도의 약정이 없는 한 그것은 임차인이 개조한 범위 내의 것으로서 임차인이 그가 임차받았을 때의 상태로 반환하면 되는 것이지 그 이전의 사람이 시설한 것까지 원상회복할 의무가 있다고 할 수는 없다고 판단한 바 있습니다(대법원 1990. 10. 30. 선고 90다카12035 판결 참조). 따라서 신규임차인이 임대차계약에서 전 임차인으로부터 승계받은 내부시설을 원상회복하기로 약정한 경우에는 임대인에게 이를 원상회복하여 임차상가건물을 반환해야 할 것이나, 그런 별도의 약정이 없는 한 임차인은 임대인에게 자신이 임차상가건물을 인도받았을 때의 상태로 반환하면 되는 것입니다.

Q 임차인이 임대차계약이 해지되었음에도 불구하고 임차상가건물을 원상회복하지 않고 임차상가건물의 점유만을 임대인에게 반환하였다면, 임대인은 임차인에 대하여 원상회복비용을 청구할 수 있는 것인지요?

A 네 그렇습니다.

대법원은 임차인이 임대차계약 해제로 인하여 목적물을 반환함에 있어서 그 점유기간 동안에 설치한 시설물을 철거하고 원상복구하지 않은 이상 그 비용 상당액을 지급할 의무가 있고, 이러한 비용의 청구가 신의성실의 원칙에 반한다고 볼 수 없다고 판단한 바 있습니다. 다만, 임대차 목적물의 점유를 임대인에게 반환한 이상 사소한 시설물의 존치만으로 임차인이 이를 계속 사용수익하고 있다고 볼 수 없으며, 이는 그 시설물의 철거 비용을 청구함으로써 족한 것이지 이를 이유로 계속 임료를 청구할 수 있는 것은 아니라고 판단하였습니다(대법원 1995. 4. 28. 선고 94다33989 판결 참조).

Q 임차인이 임대인에게 임차상가건물의 열쇠를 넘겨준 후 임대인의 승낙하에 비품 등을 남겨 놓은 경우, 임차인이 임대인에게 임차상가건물을 명도한 것으로 볼 수 있을까요?

A 네 그렇게 볼 수 있습니다.

물건에 대한 점유란 사회통념상 어떤 사람의 사실적 지배에 있다고 보이는 객관적 관계를 말하는 것으로서, 사실상의 지배가 있다고 하기 위해서는 반드시 물건을 물리적·현실적으로 지배하는 것만을 의미하는 것이 아니고, 물건과 사람과의 시간적·공간적 관계와 본권관계, 타인 지배의 가능성 등을 고려하여 사회통념에 따라 합목적적으로 판단해야 합니다(대법원 1999. 3. 23. 선고 98다58924 판결, 2001. 1. 16. 선고 98다20110 판결, 2003. 11. 14. 선고 2001다78867 판결 등 참조). 임차인이 임대인에게 임차상가건물의 열쇠를 넘겨주었다면 임차상가건물을 명도했다고 보아야 하고, 그 이후에 임대인의 승낙 하에 비품 등을 남겨 놓고 있었다고 하더라도 이로써 임차인이 임차상가건물을 무단으로 점유·사용하고 있다고 볼 수는 없는 것입니다(대법원 2005. 9. 30. 선고 2005다24677 판결 참조).

Q 임차인이 임차상가건물에서 퇴거를 하면서 열쇠를 경비원에게 맡겼다면, 임차인이 임대인에게 임차상가건물을 명도한 것으로 볼 수 있을까요?

A 그렇지 않습니다.

단지 열쇠 반환 여부만을 가지고 명도 여부를 판단할 수는 없는 것입니다. 이와 관련하여 대법원은 임차인의 임대차목적물 명도의무와 임대인의 보증금 반환의무는 동시이행의 관계에 있으므로, 임대인의 동시이행의 항변권을 소멸시키고 임대보증금 반환 지체책임을 인정하기 위해서는 임차인이 임대인에게 임차목적물의 명도의 이행제공을 해야 할 것이고, 임차인이 임대차목적물에서 퇴거하면서 그 사실을 임대인에게 알리지 않은 경우에는 임대차목적물의 명도의 이행제공이 있었다고 볼 수 없다고 판단한 사례가 있습니다(대법원 2002. 2. 26. 선고 2001다77697 판결 참조). 따라서 임차인이 임차상가건물에서 퇴거를 하면서 단지 열쇠를 경비원에게 맡겼을 뿐, 임대인에게 임차상가건물을 명도한다는 통지를 한 사실이 없다면, 임차상가건물의 명도의 이행제공이 있었다고 볼 수 없을 것입니다.

Q 임대차계약서에서 임대인이 임차인에게 단전 조치 등을 요구할 수 있다는 취지의 규정을 두고 있는 경우, 임차인이 임대차계약의 종료 후 임대료와 관리비를 인상하는 내용의 갱신계약 여부에 관한 의사표시나 명도의무를 지체하고 있다면 임대인은 임대차계약에 따라 단전 조치를 할 수 있을까요?

A 그렇지 않습니다.

대법원은 사무실 임차인이 임대차계약 종료 후 갱신계약 여부에 관한 의사표시나 명도의무를 지체하고 있다는 이유로 임대인이 단전 조치를 취하여 업무방해죄로 기소된 사안에서, 피해자의 승낙, 정당행위, 법률의 착오 주장을 모두 배척한 사례가 있습니다(대법원 2006. 4. 27. 선고 2005도8074 판결 참조). 그리고 실제로도 임대차계약 종료 후 명도를 하지 않는다는 이유로 임대인이 단전, 단수 등을 하는 경우에 대부분 업무방해죄로 처벌을 받고 있습니다.

Q 임대차계약서에서 임대인이 임차인에게 단전 조치 등을 할 수 있다는 취지의 규정을 두고 있음에도 불구하고, 임대인은 어떠한 경우에도 단전 조치 등을 할 수 없는 것일까요?

A 반드시 그렇지는 않습니다.

대법원은 호텔 내 주점의 임대인이 임차인의 차임 연체를 이유로 계약서상 규정에 따라 위 주점에 대하여 단전·단수 조치를 취한 경우, 약정 기간이 만료되었고 임대차보증금도 차임연체 등으로 공제되어 이미 남아 있지 않은 상태에서 미리 예고한 후 단전·단수 조치를 하였다면 형법 제20조의 정당행위에 해당하지만, 약정 기간이 만료되지 않았고 임대차보증금도 상당한 액수가 남아 있는 상태에서 계약해지의 의사표시와 경고만을 한 후 단전·단수 조치를 하였다면 정당행위로 볼 수 없다고 한 사례가 있습니다(대법원 2007. 9. 20. 선고 2006도9157 판결 참조). 그러므로 이러한 기준에 비추어 볼 때 단전·단수 조치가 정당행위로 판단될 경우도 있을 것입니다만, 이는 구체적인 상황에 따라 판단이 달라질 여지가 있는 만큼 단전·단수 조치를 실시함에 있어서는 신중을 기해야 할 것입니다.

Q 임대차계약에서 임차인이 영업 시설비를 청구하지 않기로 약정하였다면, 그 시설에 대한 원상회복의무를 면제한다는 합의가 있었다고 볼 수 있을까요?

A 그렇지 않습니다.

임대차계약이 종료되면 임차인은 특별한 사정이 없는 한 임차목적물을 원상으로 복구하여 임대인에게 반환하여야 하고, 임차인이 자신의 영업을 위하여 설치한 시설에 관한 비용을 임대인에게 청구하지 않기로 약정한 사정만으로는 그러한 원상복구의무를 면하기로 하는 합의가 있었다고 볼 수 없습니다(대법원 2002. 12. 6. 선고 2002다42278 판결 참조).

Q 임대인과 임차인이 임대차계약을 체결하였는데, 임대인이 임차인에게 임대차계약에 따라 임차상가건물을 인도하지 않고, 임차상가건물을 제3자에게 다시 임대하고 이를 인도하였다면, 임차인은 현재 임차상가건물을 직접점유하고 있지 않은 간접점유자인 임대인을 상대로 건물인도청구소송을 제기할 수 있을까요?

A 네 가능합니다.

불법점유를 이유로 하여 부동산의 인도를 청구하는 경우에는 현실적인 점유자를 상대로 해야 합니다. 그러나 사안과 같이 약정에 의하여 인도를 청구하는 경우에는 그 상대방이 직접점유자로 제한되지 않고, 간접점유자를 상대로 하는 청구도 허용됩니다(대법원 1983. 5. 10. 선고 81다187 판결, 대법원 1991. 4. 23. 선고 90다19695 판결 참조). 다만 다른 사람의 직접점유로 인하여 간접점유자의 인도의무의 이행이 불가능한 경우에는 그렇지 않으며, 이 경우 인도의무의 이행불능은 단순히 절대적·물리적으로 불능인 경우가 아니라 사회생활에서의 경험 법칙 또는 거래상의 관념에 비추어 볼 때 채권자가 채무자의 이행의 실현을 기대할 수 없는 경우를 말합니다(대법원 2003. 1. 24. 선고 2000다22850 판결 등 참조).

다. 공동 임차인의 차임지급 의무(연대채무)

여러 사람이 공동하여 상가건물을 임차한 경우에는 이러한 임차인들이 연대하여 차임지급 의무를 부담하게 됩니다(민법 제654조에 따라 제616조 준용).

라. 손해배상, 비용상환청구의 기간

임대인은 계약 또는 목적물의 성질에 위반한 사용, 수익으로 인하여 생긴 손해배상의 청구를 할 수 있고, 임차인은 목적물에 대하여 지출한 비용의 상환청구를 할 수 있습니다. 이러한 청구는 임대인이 임대차목적물의 반환을 받은 날로부터 6월 내에 해야 합니다(민법 제654조에 따라 제617조 준용).

[판례]

[대법원 2002. 12. 6. 선고 2002다42278 판결]
임대차계약이 중도에 해지되어 종료하면 임차인은 목적물을 원상으로 회복하여 반환하여야 하는 것이고, 임대인의 귀책사유로 임대차계약이 해지되었다고 하더라도 임차인은 그로 인한 손해배상을 청구할 수 있음은 별론으로 하고 원상회복의무를 부담하지 않는다고 할 수는 없다.

[대법원 1990. 10. 30. 선고 90다카12035 판결]
[1] 전 임차인이 무도유흥음식점으로 경영하던 점포를 임차인이 소유자로부터 임차하여 내부시설을 개조 단장하였다면 임차인에게 임대차 종료로 인하여 목적물을 원상회복하여 반환할 의무가 있다고 하여도 별도의 약정이 없는 한 그것은 임차인이 개조한 범위 내의 것으로서 임차인이 그가 임차 받았을 때의 상태로 반환하면 되는 것이지 그 이전의 사람이 시설한 것까지 원상회복할 의무가 있다고 할 수는 없다.

[2] 임차인에게 임대차 종료로 인한 원상회복의무가 있는데도 이를 지체한 경우 이로 인하여 임대인이 입은 손해는 이행지체일로부터 임대인이 실제로 자신의 비용으로 원상회복을 완료한 날까지의 임대료 상당액이 아니라 임대인 스스로 원상회복을 할 수 있었던 기간까지의 임대료 상당액이다.

[대법원 1995. 4. 28. 선고 94다33989 판결]

[1] 임차인이 임대차계약 해제로 인하여 목적물을 반환함에 있어서 그 점유기간 동안에 설치한 시설물을 철거하고 원상복구하지 않은 이상 그 비용상당액을 지급할 의무가 있고, 이러한 비용의 청구가 신의성실의 원칙에 반한다고 볼 수 없다.

[2] 임대차 목적물의 점유를 임대인에게 반환한 이상 사소한 시설물의 존치만으로 임차인이 이를 계속 사용수익하고 있다고 볼 수 없으며, 이는 그 시설물의 철거비용을 청구함으로써 족한 것이지 이를 이유로 계속 임료를 청구할 수 있는 것이 아니다.

[대법원 2005. 9. 30. 선고 2005다24677 판결]

[1] 물건에 대한 점유의 의미와 판단 기준

[2] 임차인이 임대인에게 부동산의 열쇠를 넘겨 준 후 임대인의 승낙하에 비품 등을 남겨 놓은 경우, 임차인은 부동산을 무단으로 점유·사용하고 있다고 볼 수 없다고 한 사례

[대법원 2002. 2. 26. 선고 2001다77697 판결]

임차인의 임차목적물 명도의무와 임대인의 보증금 반환의무는 동시이행의 관계에 있다 하겠으므로, 임대인의 동시이행의 항변권을 소멸시키고 임대보증금 반환 지체책임을 인정하기 위해서는 임차인이 임대인에게 임차목적물의 명도의 이행제공을 하여야만 한다 할 것이고, 임차인이 임차목적물에서 퇴거하면서 그 사실을 임대인에게 알리지 아니한 경우에는 임차목적물의 명도의 이행제공이 있었다고 볼 수는 없다.

[대법원 2006. 4. 27. 선고 2005도8074 판결]

사무실 임차인이 임대차계약 종료 후 갱신계약 여부에 관한 의사표시나 명도의무를 지체하고 있다는 이유로 임대인이 단전조치를 취하여 업무방해죄로 기소된 사안에서, 피해자의 승낙, 정당행위, 법률의 착오 주장을 모두 배척한 사례

[대법원 2007. 9. 20. 선고 2006도9157 판결]

호텔 내 주점의 임대인이 임차인의 차임 연체를 이유로 계약서상 규정에 따라 위 주점에 대하여 단전·단수조치를 취한 경우, 약정 기간이 만료되었고 임대차보증금도 차임연체 등으로 공제되어 이미 남아있지 않은 상태에서 미리 예고한 후 단전·단수조치를 하였다면 형법 제20조의 정당행위에 해당하지만, 약정 기간이 만료되지 않았고 임대차보증금도 상당한 액수가 남아있는 상태에서 계약해지의 의사표시와 경고만을 한 후 단전·단수조치를 하였다면 정당행위로 볼 수 없다고 한 사례

[대법원 2002. 12. 6. 선고 2002다42278 판결]

임대차계약이 종료되면 임차인은 특별한 사정이 없는 한 임차목적물을 원상으로 복구하여 임대인에게 반환하여야 하고, 임차인이 자신의 영업을 위하여 설치한 시설에 관한 비용을 임대인에게 청구하지 않기로 약정한 사정만으로는 그러한 원상복구의무를 면하기로 하는 합의가 있었다고 볼 수 없다.

제3장

관리비

관리비는 상가건물을 적정하게 유지하고 관리하기 위해서 징수되는 비용을 말합니다. 그러나 상가임대차법이나 민법에서는 이러한 관리비에 관한 규정을 두고 있지 않습니다.

01. 집합건물법에 규정된 관리비

임차 점포가 집합건물 내에 있을 수 있는데, 집합건물법에서는 관리비에 관해서 아래와 같은 규정을 두고 있습니다.

가. 공용부분의 부담·수익(집합건물법 제17조)

각 공유자는 규약에 달리 정한 바가 없으면 그 지분의 비율에 따라 공용부분의 관리비용과 그 밖의 의무를 부담하며 공용부분에서 생기는 이익을 취득한다.

집합건물의 구분소유자는 그 지분의 비율에 따라 공용부분의 관리비용을 부담합니다. 이는 전유부분의 사용 여부와 무관한 것이므로, 공실 점포의 구분소유자도 공용부분의 관리비를 부담하는 것입니다. 공용부분 관리비는 임차인이 이를 미납하는 경우에 결국 구분소유자에게 납부의무가 있습니다. 그러나 전기요금이나 수도요금과 같은 사용료의 경우에는 임차인이 개인적으로 사용한 금액이기 때문에 임차인이 이를 미납하더라도 구분소유자에게는 납부의무가 없는 것입니다.

나. 관리인의 권한과 의무(집합건물법 제25조)

> ① 관리인은 다음 각 호의 행위를 할 권한과 의무를 가진다.
>
> 1. 공용부분의 보존행위
>
> 1의2. 공용부분의 관리 및 변경에 관한 관리단집회 결의를 집행하는 행위
>
> 2. 공용부분의 관리비용 등 관리단의 사무 집행을 위한 비용과 분담금을 각 구분소유자에게 청구·수령하는 행위 및 그 금원을 관리하는 행위
>
> 3. 관리단의 사업 시행과 관련하여 관리단을 대표하여 하는 재판상 또는 재판 외의 행위
>
> 3의2. 소음·진동·악취 등을 유발하여 공동생활의 평온을 해치는 행위의 중지 요청 또는 분쟁 조정절차 권고 등 필요한 조치를 하는 행위
>
> 4. 그 밖에 규약에 정하여진 행위
>
> ② 관리인의 대표권은 제한할 수 있다. 다만, 이로써 선의의 제3자에게 대항할 수 없다.

판례는 집합건물법상 관리단은 관리비 징수에 관한 유효한 관리단 규약 등이 존재하지 않더라도, 제25조 제1항 등에 따라 적어도 공용부분에 대한 관리비는 이를 그 부담의무자인 구분소유자에 대하여 청구할 수 있다고 봄이 상당하다고 하고 있습니다(대법원 2009. 7. 9. 선고 2009다22266, 22273 판결 참조).

집합건물법에서는 관리비의 세부 항목에 대해서는 규정을 두고 있지 않습니다. 다만, 각 지방자치단체에서 만들어 보급하고 있는 표준관리규약에서는 대부분 관리비의 세부 항목을 규정하고 있는데, 예를 들어 서울특별시 상가 집합건물 표준관리규약 제76조(관리비) 제1항에서는 관리비를 일반관리비, 청소비, 경비비, 소독비, 승강기유지비, 지능형 홈네트워크 설비 유지비, 난방비, 급탕비, 수선유지비, 위탁관리수수료의 경비를 말한다고 하고 있습니다. 또한 2021. 2. 5. 시행된 집합건물법 제17조의2(수선적립금)에서

는 관리단이 수선적립금을 징수하여 적립할 수 있도록 근거규정을 신설하였습니다.

Q 집합건물의 관리단은 구분점포의 전기료나 수도료와 같이 전유부분에 발생한 관리비도 징수할 수 있는 것인가요?

A 규약에서 정하고 있다면 가능합니다.

집합건물의 공용부분과 달리 전유부분은 구분소유자가 직접 관리하는 것이 원칙이므로 집합건물법은 관리단에게 전유부분 관리비의 징수권한을 부여하고 있지 않습니다. 그러나 규약에서 관리단이 전유부분 관리비를 구분소유자로부터 징수할 수 있도록 정하였다면 관리단은 그 규약에 따라 구분소유자에게 전유부분의 관리비를 청구할 수 있는 것입니다(대법원 2021. 9. 16. 선고 2016다260882 판결 참조).

Q 관리단집회에서 관리인이 선임되어 관리인이 관리비를 부과·징수하였는데, 법원에서 이 관리인을 선임한 관리단집회 결의가 관리인 선임에 관한 결의 요건을 갖추지 못하여 무효라는 판단을 받은 경우 구분소유자는 관리단에게 관리비를 지급하지 않아도 되는 것인가요?

A 그렇지 않습니다.

집합건물법 제17조는 "각 공유자는 규약에 달리 정한 바가 없으면 그 지분의 비율에 따라 공용부분의 관리비용과 그 밖의 의무를 부담한다."라고 정하고, 동법 제25조 제1항은 "관리인은 공용부분의 보존행위, 공용부분의 관리 및 변경에 관한 관리단집회 결의를 집행하는 행위와 관리단의 사무 집행을 위한 비용과 분담금을 각 구분소유자에게 청구·수령하는 행위 및 그 금원을 관리하는 행위를 할 권한과 의무를 가진다."라고 정하고 있습니다. 이에 의하면 집합건물법상 관리단은 관리비징수에 관한 유효한 규약이 있으면 그에 따라, 유효한 규약이 없더라도 동법 제25조 제1항 등에 따라 적어도 공용부분에 대한 관리비에 대하여는 이를 그 부담의무자인 구분소유자에 대하여 청구할 수 있습니다(대법원 2011. 3. 24. 선고 2010다94076, 94083 판결 등 참조). 이러한 법리는 무효인 관리인 선임 결의에 의하여 관리인으로 선임된 자가 집합건물에 관하여 사실상의 관리행위를 한 경우에도 마찬가지로 적용됩니다(대법원 2021. 9. 16. 선고 2016다260882 판결 참조). 따라서 무효인 관리인 선임 결의에 의하여 관리인으로 선임된 자가 공용부분 관리 업무를 수행하더라도 구분소유자는 관리단에게 공용부분 관리비를 지급할 의무가 있는 것입니다.

[판례]

[대법원 2021. 9. 16. 선고 2016다260882 판결]

[1] 집합건물의 공용부분과 달리 전유부분은 구분소유자가 직접 관리하는 것이 원칙이므로 집합건물의 소유 및 관리에 관한 법률은 관리단에게 전유부분 관리비의 징수권한을 부여하고 있지 않다. 그러나 규약에서 관리단이 전유부분 관리비를 구분소유자로부터 징수할 수 있도록 정하였다면 관리단은 규약에 따라 구분소유자에게 전유부분의 관리비를 청구할 수 있다.

[2] 집합건물의 소유 및 관리에 관한 법률(이하 '집합건물법'이라고 한다) 제17조는 "각 공유자는 규약에 달리 정한 바가 없으면 그 지분의 비율에 따라 공용부분의 관리비용과 그 밖의 의무를 부담한다."라고 정하고, 구 집합건물의 소유 및 관리에 관한 법률(2020. 2. 4. 법률 제16919호로 개정되기 전의 것, 이하 '구 집합건물법'이라고 한다) 제25조 제1항은 "관리인은 공용부분의 보존·관리 및 변경을 위한 행위와 관리단의 사무의 집행을 위한 분담금액 및 비용을 각 구분소유자에게 청구·수령하는 행위 및 그 금원을 관리하는 행위를 할 권한과 의무를 가진다."라고 정하고 있다. 이에 의하면 집합건물법상 관리단은 관리비징수에 관한 유효한 규약이 있으면 그에 따라, 유효한 규약이 없더라도 구 집합건물

> 법 제25조 제1항 등에 따라 적어도 공용부분에 대한 관리비에 대하여는 이를 그 부담의 무자인 구분소유자에 대하여 청구할 수 있다. 이러한 법리는 무효인 관리인 선임 결의에 의하여 관리인으로 선임된 자가 집합건물에 관하여 사실상의 관리행위를 한 경우에도 마찬가지로 적용된다.

02. 유통산업발전법에 규정된 관리비

임대차 목적물인 상가건물이 유통산업발전법 제2조에 따른 대규모점포 또는 준대규모점포의 일부인 경우가 있을 수 있는데, 유통산업발전법에서는 이러한 대규모점포 또는 준대규모점포의 관리비에 관해서 아래와 같은 규정을 두고 있습니다.

가. 대규모점포 또는 준대규모점포의 관리비

대규모점포등의 관리비 등(유통산업발전법 제12조의3 제1항 및 제2항)

> ① 대규모점포등관리자는 대규모점포등을 유지·관리하기 위한 관리비를 입점상인에게 청구·수령하고 그 금원을 관리할 수 있다.
>
> ② 제1항에 따른 관리비의 내용 등에 필요한 사항은 대통령령으로 정한다.

대규모점포등개설자의 업무 등(유통산업발전법 제12조 제4항)

> ④ 매장이 분양된 대규모점포 및 등록 준대규모점포에서는 제1항 각 호의 업무 중 구분소유(區分所有)와 관련된 사항에 대하여는 「집합건물의 소유 및 관리에 관한 법률」에 따른다.

유통산업발전법은 구분소유자 전원으로 당연 설립되는 집합건물법상의 관리단이 아닌 입점상인들에 의해서 설립되는 대규모점포관리자에게 대규모점포의 유지·관리에 관한 일반적인 권한을 부여하면서도, '구분소유와 관련된 사항'에 관하여는 구분소유자 단체인 관리단에 의해서 설정된 규약 또는 관리단 집회의 결의 등 집합건물법의 규정에 따르도록 함으로써 대규모점포의 관리에서 구분소유자와 입점상인 사이의 이해관계를 조절하고 있습니다. 따라서 유통산업발전법의 입법 취지 및 집합건물법과의 관계를 고려하면 대규모점포관리자의 업무에서 제외되는 '구분소유와 관련된 사항'은 대규모점포의 유지·관리 업무 중 그 업무를 대규모점포개설자 내지 대규모점포관리자에게 허용하면 점포소유자들의 소유권 행사와 충돌이 되거나 구분소유자들의 소유권을 침해할 우려가 있는 사항이라고 해석해야 합니다.

이러한 법리에 비추어 볼 때 대규모점포관리자가 대규모점포의 구분소유자들이나 그들로부터 임차하여 대규모점포의 매장을 운영하고 있는 상인들을 상대로 대규모점포의 유지·관리에 드는 비용인 관리비를 부과·징수하는 업무는 점포소유자들의 소유권 행사와 충돌되거나 구분소유자들의 소유권을 침해할 우려가 있는 '구분소유와 관련된 사항'이라기보다는 대규모점포의 운영 및 그 공동시설의 사용을 통한 상거래질서의 확립, 소비자의 보호 및 편익증진에 관련된 사항으로서 대규모점포 본래의 유지·관리를 위하여 필요한 업무에 속하는 것이라고 보아야 합니다(대법원 2011. 10. 13. 선고 2007다83427 판결 참조).

나. 관리비의 세부 내용

관리비 등(유통산업발전법 시행령 제7조의3 제1항)

① 법 제12조의3제2항에 따른 관리비의 내용은 다음 각 호와 같고, 각 비용의 세부적인 내용은 별표 3의3과 같다.

1. 일반관리비
2. 청소비
3. 경비비
4. 소독비
5. 승강기유지비
6. 냉난방비
7. 급탕비
8. 수선유지비(냉난방시설의 청소비를 포함한다)
9. 위탁관리수수료

관리비의 항목별 세부명세(유통산업발전법 시행령 별표 3의3)

관리비 항목	구성명세
1. 일반관리비	가. 인건비: 급여, 수당, 상여금, 퇴직금, 산재보험료, 고용보험료, 국민연금, 국민건강보험료 및 식대 등 복리후생비 나. 사무비: 일반사무용품비, 도서인쇄비, 교통통신비 등 관리사무에 직접 소요되는 비용 다. 세금·공과금: 관리기구가 사용한 전기료, 통신료, 우편료 및 관리기구에 부과되는 세금 등 라. 의류비 마. 교육훈련비 바. 차량유지비: 연료비, 수리비, 보험료 등 차량유지에 직접 소요되는 비용 사. 그 밖의 부대비용: 관리용품구입비, 회계감사비, 그 밖에 관리업무에 소요되는 비용
2. 청소비	용역 시에는 용역금액, 직영 시에는 청소원인건비, 의류비 및 청소용품비 등 청소에 직접 소요된 비용
3. 경비비	용역 시에는 용역금액, 직영 시에는 경비원인건비, 의류비 등 경비에 직접 소요된 비용
4. 소독비	용역 시에는 용역금액, 직영 시에는 소독용품비 등 소독에 직접 소요된 비용

5. 승강기 유지비	용역 시에는 용역금액, 직영 시에는 부대비, 자재비 등. 다만, 전기료는 공동으로 사용되는 시설의 전기료에 포함한다.
6. 냉난방비	냉방, 난방 및 급탕에 소요된 원가(유류대, 난방비 및 급탕용수비)에서 급탕비를 뺀 금액
7. 급탕비	급탕용 유류대 및 급탕용수비
8. 수선 유지비	가. 대규모점포등의 공용부분의 수선·보수에 소요되는 비용으로 보수용역 시에는 용역금액, 직영 시에는 자재 및 인건비 나. 냉난방시설의 청소비, 소화기충약비 등 공동으로 이용하는 시설의 보수유지비 및 제반 검사비 다. 건축물의 안전점검비용 라. 재난 및 재해 등의 예방에 따른 비용
9. 위탁관리 수수료	건물관리업자에게 위탁하여 관리하는 경우로서 대규모점포등관리자와 건물관리업자 간의 계약으로 정한 월간 비용

이처럼 임차상가건물이 유통산업발전법 제2조에 따른 대규모점포 또는 준대규모점포의 일부인 경우에는 대규모점포등관리자가 위와 같은 항목별 세부명세에 따른 관리비를 입점상인에게 청구·수령할 수 있는 것입니다.

한편, 전통시장 및 상점가 육성을 위한 특별법에 따라 시장관리자로 지정될 경우 상업기반시설의 유지 및 관리, 화재의 예방, 청소 및 방범 활동 등의 업무를 수행함과 아울러, 유통산업발전법상의 대규모점포 개설자와 마찬가지로 점포의 상인들을 상대로 이러한 업무수행에 소요되는 경비를 부과·징수할 수 있습니다(대법원 2020. 8. 20. 선고 2020다221020 판결 참조).

집합건물법상 관리단은 관리비 징수에 관한 유효한 관리단규약 등이 존재하지 않더라도, 집합건물법 제25조 제1항 등에 따라 적어도 공용부분에 대한 관리비는 이를 그 부담의무자인 구분소유자에 대하여 청구할 수 있습니다(대법원 2009. 7. 9. 선고 2009다22266, 22273 판결 등 참조). 그리고 유통산업발전법에 따라 적법하게 설립되어 신고절차를 마친 대규모점포관리자도 관리비 부과·징수권한이 인정되므로, 대규모점포관리자 역시 관리비 징수에 관한 유효한 관리규약 등이 존재하지 않더라도 공용부분에 대한 관리비를 구분소유자에 대하여 청구할 수 있습니다(대법원 2019. 12. 27. 선고 2018다 42835 판결 참조). 그러나 대규모점포개설자 또는 대규모점포관리자에게 점포에 대한 관리비 징수권이 부여되더라도, 이는 대규모점포의 구분소유자들이나 그들로부터 임차하여 대규모점포의 매장을 운영하고 있는 상인들에 대해서만 행사할 수 있을 뿐, 관리단과 사이에 관리비 징수에 관한 약정이 체결되는 등 특별한 사정이 없는 한 대규모점포개설자 또는 대규모점포관리자가 관리단을 상대로 직접 관리비를 청구할 수는 없습니다. 관리단은 대규모점포의 구분소유자들이나 상인들과는 별개의 권리·의무 주체일 뿐 아니라, 대규모점포개설자 또는 대규모점포관리자가 관리단으로부터 직접 관리비를 징수할 수 있다거나 관리비 납부에 관하여 관리단을 수범자로 하는 아무런 근거 규정이 존재하지 않기 때문입니다(대법원 2019. 9. 10. 선고 2019다208953 판결 참조).

집합건물인 대규모점포에 관하여 관리단이 관리비 부과·징수 업무를 포함하여 건물의 유지·관리 업무를 수행하던 중에 대규모점포관리자가 적법하게 설립되어 신고절차를 마치는 등으로 새롭게 관리비 부과·징수권한을 가지게 된 경우에는 그때부터 대규모점포관리자의 권한 범위에서 관리단이 가지던 관리비 부과·징수권한이 상실됩니다. 그러나 대규모점포관리자의 설립·신고 전까지 관리단이 대규모점포의 유지·관리업무를 수행하면서 취득한 관리비채권은 대규모점포관리자가 새롭게 관리비 부과·징수권한을 취득한 후에도 그대로 관리단에 귀속되고, 관리단이 이를 징수할 권한을 상실하지는 않습니다(대법원 2016. 3. 10. 선고 2014다46570 판결 참조).

03. 관리비 채권

가. 관리비 채권의 소멸시효

3년의 단기소멸시효(민법 제163조)

다음 각호의 채권은 3년간 행사하지 아니하면 소멸시효가 완성한다.

1. 이자, 부양료, 급료, 사용료 기타 1년 이내의 기간으로 정한 금전 또는 물건의 지급을 목적으로 한 채권

2. 의사, 조산사, 간호사 및 약사의 치료, 근로 및 조제에 관한 채권

3. 도급받은 자, 기사 기타 공사의 설계 또는 감독에 종사하는 자의 공사에 관한 채권

4. 변호사, 변리사, 공증인, 공인회계사 및 법무사에 대한 직무상 보관한 서류의 반환을 청구하는 채권

5. 변호사, 변리사, 공증인, 공인회계사 및 법무사의 직무에 관한 채권

6. 생산자 및 상인이 판매한 생산물 및 상품의 대가

7. 수공업자 및 제조자의 업무에 관한 채권

민법 제163조 제1호에서는 1년 이내의 기간으로 정한 채권은 3년의 단기소멸시효에 걸리는 것으로 규정하고 있는데, 여기에서 '1년 이내의 기간으로 정한 채권'이란 1년 이내의 정기로 지급되는 채권을 말하는 것으로서(대법원 1996. 9. 20. 선고 96다25302 판결 참조) 1개월 단위로 지급되는 집합건물의 관리비채권은 이에 해당하는 것입니다(대법원 2007. 2. 22. 선고 2005다65821 판결 참조). 따라서 3년간 아무런 권리행사도 하지 않았다면 관리비를 청구할 수 없게 됩니다. 집합건물의 관리단은 관리비 청구소송을 제기할 수 있고, 관리단으로부터 집합건물의 관리업무를 위임받은 위탁관리회사도 특별

한 사정이 없는 한 구분소유자 등을 상대로 자기 이름으로 소를 제기하여 관리비를 청구할 당사자적격이 있습니다(대법원 2016. 12. 15. 선고 2014다87885, 87892 판결 참조).

나. 체납관리비 승계

공용부분에 관하여 발생한 채권의 효력(집합건물법 제18조)

공유자가 공용부분에 관하여 다른 공유자에 대하여 가지는 채권은 그 특별승계인에 대하여도 행사할 수 있다.

집합건물의 공용부분은 전체 공유자의 이익에 공여하는 것이어서 공동으로 유지·관리해야 하고 그에 대한 적정한 유지·관리를 도모하기 위해서 소요되는 경비에 대한 공유자 간의 채권은 이를 특히 보장할 필요가 있어 공유자의 특별승계인에게 그 승계의사의 유무에 관계없이 청구할 수 있도록 집합건물법 제18조에서 특별규정을 두고 있습니다. 따라서 전 구분소유자의 특별승계인인 새로운 구분소유자는 전 구분소유자의 체납관리비 중 공용부분에 관한 관리비를 승계하는 것입니다(대법원 2001. 9. 20. 선고 2001다8677 전원합의체 판결 참조).

이처럼 전 구분소유자의 특정승계인에게 승계되는 공용부분 관리비에는 집합건물의 공용부분 그 자체의 직접적인 유지·관리를 위하여 지출되는 비용뿐만 아니라, 전유부분을 포함한 집합건물 전체의 유지·관리를 위해 지출되는 비용 가운데에서도 입주자 전체의 공동의 이익을 위하여 집합건물을 통일적으로 유지·관리해야 할 필요가 있어 이를 일률적으로 지출하지 않으면 안 되는 성격의 비용은 그것이 입주자 각자의 개별적인 이익을 위하여 현실적·구체적으로 귀속되는 부분에 사용되는 비용으로 명확히 구분될 수 있는 것이 아니라면, 모두 이에 포함되는 것으로 보고 있습니다.

한편, 관리비 납부를 연체할 경우 부과되는 연체료는 위약벌의 일종이고, 전 구분소유자의 특별승계인이 체납된 공용부분 관리비를 승계한다고 해서 전 구분소유자가 관리비 납부를 연체하여 이미 발생하게 된 법률효과까지 그대로 승계하는 것은 아니므로, 공용부분 관리비에 대한 연체료는 특별승계인에게 승계되지 않습니다.

판례는 상가건물의 관리규약상 관리비 중 일반관리비, 장부기장료, 위탁수수료, 화재보험료, 청소비, 수선유지비 등은 전 구분소유자의 특별승계인에게 승계되는 공용부분 관리비로 보고 있습니다(대법원 2006. 6. 29. 선고 2004다3598, 3604 판결 참조).

집합건물법상의 특별승계인은 관리규약에 따라 집합건물의 공용부분에 대한 유지·관리에 소요되는 비용의 부담의무를 승계한다는 점에서 채무인수인으로서의 지위를 갖는데, 집합건물법의 입법 취지와 채무인수의 법리에 비추어 보면 구분소유권이 순차로 양도된 경우 각 특별승계인들은 이전 구분소유권자들의 채무를 중첩적으로 인수한다고 보아야 합니다. 따라서 현재 구분소유권을 보유하고 있는 최종 특별승계인뿐만 아니라 그 이전의 구분소유자들도 구분소유권의 보유 여부와 상관없이 공용부분에 관한 종전 구분소유자들의 체납관리비채무를 부담하는 것입니다(대법원 2008. 12. 11. 선고 2006다50420 판결 참조). 결국 집합건물 구분소유권의 특별승계인은 구분소유권을 다시 제3자에게 이전한 경우에도 여전히 자신의 전 구분소유자의 공용부분에 대한 체납관리비를 지급할 책임이 있습니다.

한편 판례는 유통산업발전법에 따른 대규모점포관리자에게도 집합건물법 제18조에서 정한 채권을 행사할 수 있는 공유자에 준한 지위가 인정된다고 보아야 하므로, 전 구분소유자의 특별승계인에게 전 구분소유자의 공용 부분에 관한 체납관리비를 승계하도록 정한 대규모점포관리자의 관리규약이 집합건물법 제18조의 규정에 터 잡은 것으로 유효하다고 보고 있습니다(대법원 2011. 10. 13. 선고 2007다83427 판결 참조).

Q 구분소유자들이 관리비를 지급하지 않자 관리단은 구분점포에 단전 조치를 하였습니다. 그런데 단전 조치의 근거가 된 규약이 무효로 밝혀진 경우 단전 조치가 위법한 것인가요?

A 반드시 그렇지는 않습니다.

집합건물의 관리단 등 관리 주체가 단전 조치를 하기 위해서는 법령이나 규약 등에 근거가 있어야 하고, 단전 조치의 경위, 동기와 목적, 수단과 방법, 입주자가 입게 된 피해의 정도 등 여러 사정을 종합하여 사회통념상 허용될 만한 정도의 상당성이 있어야 합니다. 단전 조치에 관하여 법령이나 규약 등에 근거가 없거나 규약이 무효로 밝혀진 경우 단전 조치는 원칙적으로 위법한 것입니다. 다만 관리주체나 구분소유자 등이 규약을 유효한 것으로 믿고 규약에 따라 집합건물을 관리하였는지, 단전 조치를 하지 않으면 집합건물의 존립과 운영에 심각한 지장을 초래하는지, 구분소유자 등을 보호할 가치가 있는지 등을 종합하여 사회통념상 허용될 만한 정도의 상당성을 인정할 만한 특별한 사정이 있다면 단전 조치가 위법하지 않습니다(대법원 2021. 9. 16. 선고 2018다38607 판결 참조).

Q 상가번영회 회장이 관리비 체납자의 점포에 대하여 단전 조치를 할 수 있을까요?

A 단전 조치를 할 수도 있습니다.

판례는 시장번영회 회장이 이사회의 결의와 시장번영회의 관리규정에 따라서 관리비 체납자의 점포에 대하여 실시한 단전조치가 정당행위로서 업무방해죄를 구성하지 않는다고 한 사례가 있습니다(대법원 2004. 8. 20. 선고 2003도4732 판결 참조). 다만, 정당행위는 어떤 행위가 그 행위의 동기나 목적의 정당성, 행위의 수단이나 방법의 상당성, 보호법익과 침해법익과의 법익균형성, 긴급성, 그 행위 외에 다른 수단이나 방법이 없다는 보충성 등의 요건을 갖춘 경우에 인정되는 것이므로, 모든 단전 조치가 정당행위가 되는 것은 아닙니다. 따라서 단전 조치를 실시함에 있어서는 이러한 점들을 고려하여 신중을 기해야 할 것입니다.

Q 집합건물 관리단이 체납 관리비의 징수를 위해 단전 조치를 하였는데, 이러한 단전 조치가 위법하여 불법행위에 해당하는 경우에도 관리비채무를 부담하는 것인가요?

A 그렇지 않습니다.

판례는 집합건물의 관리단 등 관리주체의 위법한 단전·단수 및 엘리베이터 운행정지 조치 등 불법적인 사용방해행위로 인하여 건물의 구분소유자가 그 건물을 사용·수익하지 못하였다면, 그 구분소유자로서는 관리단에 대해 그 기간 동안 발생한 관리비채무를 부담하지 않는다고 보고 있습니다(대법원 2006. 6. 29. 선고 2004다3598, 3604 판결 참조).

Q 건물위탁관리계약에 따라 건물을 관리하고 있는 관리 회사가 관리비를 징수하여 전기·수도 요금을 제때 납부하지 않아 단전·단수가 될 상황에 처하게 되자 관리단이 전기 요금 및 수도 요금을 직접 납부하고 관리 회사에 대하여 손해배상을 청구하는 경우 관리단이 관리회사의 귀책사유를 입증해야 하는 것인가요?

A 그렇지 않습니다.

판례는 건물위탁관리계약에 따라 입점자들로부터 관리비를 징수하여 전기·수도 요금 등을 납부대행할 의무가 있는 위탁관리인이 그 업무를 제대로 수행하지 않아 건물주가 단전·단수를 피하고자 전기·수도 요금을 직접 납부하고 그로 인한 손해의 배상을 구하는 경우, 위탁관리계약에 따른 채무불이행의 귀책사유에 관한 증명책임이 위탁관리인에게 있다고 판단한 사례가 있습니다(대법원 2008. 4. 10. 선고 2007다83755, 83762 판결 참조). 따라서 관리단은 관리 회사가 납부대행 의무를 불이행한 사실만 주장·입증하면 되고, 관리 회사는 그러한 채무불이행에 귀책사유가 없음을 입증하지 못하는 한 손해배상책임을 부담하게 되는 것입니다.

Q 집합건물의 관리회사가 구분소유자를 상대로 관리비 지급 청구 소송을 제기하여 승소판결을 받아 구분소유자의 체납관리비 납부의무의 소멸시효가 중단되었는데, 그 후 제3자가 임의경매절차에서 위 구분소유권을 취득하였다면, 시효중단의 효력이 제3자에게도 미칠까요?

A 네 그렇습니다.

판례는 집합건물의 관리를 위임받은 갑 주식회사가 구분소유자 을을 상대로 관리비 지급을 구하는 소를 제기하여 승소판결을 받음으로써 을의 체납관리비 납부의무의 소멸시효가 중단되었는데, 그 후 병이 임의경매절차에서 위 구분소유권을 취득한 사안에서, 병은 을에게서 시효중단의 효과를 받는 체납관리비 납부의무를 중단 효과 발생 이후에 승계한 자에 해당하므로 시효중단의 효력이 병에게도 미친다고 한 사례가 있습니다(대법원 2015. 5. 28. 선고 2014다81474 판결 참조).

Q 구분소유자의 소유권이 신탁으로 수탁자에게 이전되었다가 신탁계약에 따라 다시 제3취득자에게 순차로 이전된 경우, 수탁자와 제3취득자는 종전 구분소유자들의 공용부분 체납관리비 채무를 중첩적으로 인수하는 것일까요?

A 네 그렇습니다.

위탁자의 구분소유권에 관하여 신탁을 원인으로 수탁자 앞으로 소유권이전등기가 마쳐졌다가 신탁계약에 따른 신탁재산의 처분으로 제3취득자 앞으로 소유권이전등기가 마쳐지고 신탁등기는 말소됨으로써, 위탁자의 구분소유권이 수탁자, 제3취득자 앞으로 순차로 이전된 경우, 각 구분소유권의 특별승계인들인 수탁자와 제3취득자는 특별한 사정이 없는 한 각 종전 구분소유권자들의 공용부분 체납관리비채무를 중첩적으로 인수하게 됩니다. 그리고 등기의 일부로 인정되는 신탁원부에 신탁부동산에 대한 관리비 납부의무를 위탁자가 부담한다는 내용이 기재되어 있더라도, 제3취득자는 이와 상관없이 종전 구분소유권자들의 소유기간 동안 발생한 공용부분 체납관리비채무를 인수한다고 보아야 합니다(대법원 2018. 9. 28. 선고 2017다273984 판결 참조).

Q 유통산업발전법에서는 대규모점포관리자가 대규모점포등을 유지·관리하기 위한 관리비를 입점상인에게 청구·수령하고 그 금원을 관리할 수 있다고 규정하고 있습니다. 그렇다면 대규모점포관리자는 주차장 등에 관해서도 관리업무를 수행하고 주차장 수익금을 수령할 수 있을까요?

A 그렇지 않습니다.

대규모점포관리자에게 당해 점포에 대한 관리비 징수권한이 있다고 해서 건물의 공용부분에 대한 관리권까지 있다고 할 수는 없습니다. 따라서 건물 전체가 대규모점포에 해당하여 대규모점포관리자에 의해 관리되고 주차장 등의 공용부분이 대규모점포의 운영·관리에 불가분적으로 연결되어 있다는 등의 특별한 사정이 없는 한, 건물의 공용부분에 대한 관리권과 그로부터 발생하는 수익금은 집합건물법상의 관리단에게 있는 것입니다(대법원 2018. 7. 12. 선고 2017다291517, 291524 판결 참조).

[판례]

[대법원 2021. 9. 16. 선고 2018다38607 판결]

집합건물의 관리단 등 관리주체가 단전조치를 하기 위해서는 법령이나 규약 등에 근거가 있어야 하고, 단전조치의 경위, 동기와 목적, 수단과 방법, 입주자가 입게 된 피해의 정도 등 여러 사정을 종합하여 사회통념상 허용될 만한 정도의 상당성이 있어야 한다.

단전조치에 관하여 법령이나 규약 등에 근거가 없거나 규약이 무효로 밝혀진 경우 단전조치는 원칙적으로 위법하다. 다만 관리주체나 구분소유자 등이 규약을 유효한 것으로 믿고 규약에 따라 집합건물을 관리하였는지, 단전조치를 하지 않으면 집합건물의 존립과 운영에 심각한 지장을 초래하는지, 구분소유자 등을 보호할 가치가 있는지 등을 종합하여 사회통념상 허용될 만한 정도의 상당성을 인정할 만한 특별한 사정이 있다면 단전조치가 위법하지 않다.

[대법원 2004. 8. 20. 선고 2003도4732 판결]

[3] 형법 제20조에 정하여진 '사회상규에 위배되지 아니하는 행위'라 함은, 법질서 전체의 정신이나 그 배후에 놓여 있는 사회윤리 내지 사회통념에 비추어 용인될 수 있는 행위를 말하므로, 어떤 행위가 그 행위의 동기나 목적의 정당성, 행위의 수단이나 방법의 상당성, 보호법익과 침해법익과의 법익균형성, 긴급성, 그 행위 외에 다른 수단이나 방법이 없다는 보충성 등의 요건을 갖춘 경우에는 정당행위에 해당한다.

[4] 시장번영회 회장이 이사회의 결의와 시장번영회의 관리규정에 따라서 관리비 체납자의 점포에 대하여 실시한 단전조치는 정당행위로서 업무방해죄를 구성하지 아니한다고 한 사례.

[대법원 2006. 6. 29. 선고 2004다3598,3604 판결]

[1] 집합건물의 소유 및 관리에 관한 법률 제18조에서는 공유자가 공용부분에 관하여 다른 공유자에 대하여 가지는 채권은 그 특별승계인에 대하여도 행사할 수 있다고 규정하고 있는데, 이는 집합건물의 공용부분은 전체 공유자의 이익에 공여하는 것이어서 공동으로 유지·관리되어야 하고 그에 대한 적정한 유지·관리를 도모하기 위하여는 소요되는 경비에

대한 공유자 간의 채권은 이를 특히 보장할 필요가 있어 공유자의 특별승계인에게 그 승계의사의 유무에 관계없이 청구할 수 있도록 하기 위하여 특별규정을 둔 것이므로, 전(전) 구분소유자의 특별승계인에게 전 구분소유자의 체납관리비를 승계하도록 한 관리규약 중 공용부분 관리비에 관한 부분은 위와 같은 규정에 터 잡은 것으로 유효하다.

[2] 집합건물의 전(전) 구분소유자의 특정승계인에게 승계되는 공용부분 관리비에는 집합건물의 공용부분 그 자체의 직접적인 유지·관리를 위하여 지출되는 비용뿐만 아니라, 전유부분을 포함한 집합건물 전체의 유지·관리를 위해 지출되는 비용 가운데에서도 입주자 전체의 공동의 이익을 위하여 집합건물을 통일적으로 유지·관리해야 할 필요가 있어 이를 일률적으로 지출하지 않으면 안 되는 성격의 비용은 그것이 입주자 각자의 개별적인 이익을 위하여 현실적·구체적으로 귀속되는 부분에 사용되는 비용으로 명확히 구분될 수 있는 것이 아니라면, 모두 이에 포함되는 것으로 봄이상당하다. 한편, 관리비 납부를 연체할 경우 부과되는 연체료는 위약벌의 일종이고, 전(전) 구분소유자의 특별승계인이 체납된 공용부분 관리비를 승계한다고 하여 전 구분소유자가 관리비 납부를 연체함으로 인해 이미 발생하게 된 법률효과까지 그대로 승계하는 것은 아니라 할 것이어서, 공용부분 관리비에 대한 연체료는 특별승계인에게 승계되는 공용부분 관리비에 포함되지 않는다.

[3] 상가건물의 관리규약상 관리비 중 일반관리비, 장부기장료, 위탁수수료, 화재보험료, 청소비, 수선유지비 등은, 모두 입주자 전체의 공동의 이익을 위하여 집합건물을 통일적으로 유지·관리해야 할 필요에 의해 일률적으로 지출되지 않으면 안 되는 성격의 비용에 해당하는 것으로 인정되고, 그것이 입주자 각자의 개별적인 이익을 위하여 현실적·구체적으로 귀속되는 부분에 사용되는 비용으로 명확히 구분될 수 있는 것이라고 볼 만한 사정을 찾아볼 수 없는 이상, 전(전) 구분소유자의 특별승계인에게 승계되는 공용부분 관리비로 보아야 한다고 한 사례.

[4] 집합건물의 관리단이 전(전) 구분소유자의 특별승계인에게 특별승계인이 승계한 공용부분 관리비 등 전 구분소유자가 체납한 관리비의 징수를 위해 단전·단수 등의 조치를 취한 사안에서, 관리단의 위 사용방해행위가 불법행위를 구성한다고 한 사례.

[5] 집합건물의 관리단 등 관리주체의 위법한 단전·단수 및 엘리베이터 운행정지 조치 등 불

법적인 사용방해행위로 인하여 건물의 구분소유자가 그 건물을 사용·수익하지 못하였다면, 그 구분소유자로서는 관리단에 대해 그 기간 동안 발생한 관리비채무를 부담하지 않는다고 보아야 한다.

[대법원 2008. 4. 10. 선고 2007다83755,83762 판결]

건물위탁관리계약에 따라 입점자들로부터 관리비를 징수하여 전기·수도요금 등을 납부대행할 의무가 있는 위탁관리인이 그 업무를 제대로 수행하지 않아 건물주가 단전·단수를 피하고자 전기·수도요금을 직접 납부하고 그로 인한 손해의 배상을 구하는 경우, 위탁관리계약에 따른 채무불이행의 귀책사유에 관한 증명책임이 위탁관리인에게 있다고 판단한 사례

[대법원 2015. 5. 28. 선고 2014다81474 판결]

집합건물의 관리를 위임받은 갑 주식회사가 구분소유자 을을 상대로 관리비 지급을 구하는 소를 제기하여 승소판결을 받음으로써 을의 체납관리비 납부의무의 소멸시효가 중단되었는데, 그 후 병이 임의경매절차에서 위 구분소유권을 취득한 사안에서, 병은 을에게서 시효중단의 효과를 받는 체납관리비 납부의무를 중단 효과 발생 이후에 승계한 자에 해당하므로 시효중단의 효력이 병에게도 미친다고 한 사례.

[대법원 2018. 9. 28. 선고 2017다273984 판결]

집합건물의 소유 및 관리에 관한 법률 제18조의 입법 취지와 공용부분 관리비의 승계 및 신탁의 법리 등에 비추어 보면, 위탁자의 구분소유권에 관하여 신탁을 원인으로 수탁자 앞으로 소유권이전등기가 마쳐졌다가 신탁계약에 따른 신탁재산의 처분으로 제3취득자 앞으로 소유권이전등기가 마쳐지고 신탁등기는 말소됨으로써, 위탁자의 구분소유권이 수탁자, 제3취득자 앞으로 순차로 이전된 경우, 각 구분소유권의 특별승계인들인 수탁자와 제3취득자는 특별한 사정이 없는 한 각 종전 구분소유권자들의 공용부분 체납관리비채무를 중첩적으로 인수한다고 봄이 타당하다. 또한 등기의 일부로 인정되는 신탁원부에 신탁부동산에 대한 관리비 납부의무를 위탁자가 부담한다는 내용이 기재되어 있더라도, 제3취득자는 이와 상관없이 종전 구

분소유권자들의 소유기간 동안 발생한 공용부분 체납관리비채무를 인수한다고 보아야 한다.

[대법원 2018. 7. 12. 선고 2017다291517, 291524 판결]

구 유통산업발전법 제13조는 입점상인들에 의해서 설립되는 대규모점포관리자에게 대규모점포의 유지·관리에 관한 일반적인 권한을 부여하면서도, '구분소유와 관련된 사항'에 관하여는 집합건물의 소유 및 관리에 관한 법률(이하, '집합건물법'이라 한다)의 관리단 집회의 결의 등에 따르도록 함으로써 대규모점포의 관리에 있어서 구분소유자와 입점상인 사이의 이해관계를 조절하고 있다. 대규모점포관리자의 업무에서 제외되는 '구분소유와 관련된 사항'이라 함은 대규모점포의 유지·관리 업무 중 그 업무를 대규모점포관리자에게 허용하면 점포소유자들의 소유권 행사와 충돌이 되거나 구분소유자들의 소유권을 침해할 우려가 있는 사항이라고 해석되므로, 당해 대규모점포의 운영·관리를 위해 부과되는 관리비 징수권한은 대규모점포의 본래의 유지·관리를 위하여 필요한 업무에 속한다(한편 대규모점포관리자의 입점상인에 대한 관리비 청구권한은 유통산업발전법 2017. 10. 31. 법률 제14997호로 입법화되었다).

그러나 대규모점포관리자에게 당해 점포에 대한 관리비 징수권한이 있다고 해서 건물의 공용부분에 대한 관리권까지 있다고 할 수 없다. 즉 집합건물법상 공용부분은 구분소유자에 의한 결의에 따라 관리단이 공용부분을 관리하고(집합건물법 제16조), 공용부분에서 발생하는 수익은 지분의 비율에 따라 취득하도록(집합건물법 제17조) 명시되어 있는 반면, 대규모점포관리자의 관리대상인 유통산업발전법의 '매장'에는 주차장 등의 공용부분이 포함되지 아니하고, 대규모점포개설자의 업무에 관하여 '대규모점포 등을 유지·관리하기 위하여 필요한 업무'라고 규정되어 있을 뿐 관리의 범위에 관하여 구체적인 규정도 없다. 또한 구 유통산업발전법 제13조와 구 유통산업발전법 시행규칙 제8조의2에 의하면 대규모점포관리자를 두게 한 입법 취지는 상거래질서의 확립을 위한 대규모점포의 적절한 운영에 있는 것이지 건물의 관리에 있는 것이 아니고, 구분소유자의 동의 없이 입점상인들의 동의만으로 설립된 대규모점포관리자가 공용부분 관리에 관한 사항까지 결정하는 것은 구분소유자의 소유권 행사와 충돌하게 되는 것이며, 점포구분소유자가 임차인에게 공용부분의 사용권한을 넘어서 관리권한까지 위임했다고 볼 수 없다. 더욱이 집합건물 중 일부가 대규모점포가 아닌 경우까지 공용부분에 대한 관리권이 대규모점포관리자에게 있다고 한다면, 점포소유자가 아닌 다른 구분소유자들은 공용부분 관리에 대한 의결권을 행사할 방법이 없게 되어 결국 구분소유자의 소유권을 침해하게 된다.

따라서 건물 전체가 대규모점포에 해당하여 대규모점포관리자에 의해 관리되고 주차장 등의 공용부분이 대규모점포의 운영·관리에 불가분적으로 연결되어 있다는 등의 특별한 사정이 없는 한, 건물의 공용부분에 대한 관리권과 그로부터 발생하는 수익금은 집합건물법상의 관리단에게 있다고 봄이 상당하고, 집합건물의 상당 부분이 대규모점포에 해당한다고 하더라도 달리 볼 것은 아니다.

제4장

업종제한

집합건물의 상가 점포의 경우 인근 주민들의 생활상의 편의를 도모하고 입주 상인들의 영업상 이익을 존중하여 상호 간의 이해관계를 조정하기 위해서 업종제한을 하는 경우가 많이 있습니다. 보통 집합건물을 분양하면서 분양계약의 내용으로 업종제한을 포함시키는 경우가 많고, 나중에 규약에 의해서 업종제한을 설정하기도 합니다. 그리고 이렇게 설정된 업종제한은 그 내용을 규약으로 다시 변경할 수도 있습니다.

01. 분양계약에 의한 업종제한

분양회사가 집합건물의 상가 점포를 업종을 지정하여 분양하면서 분양계약서에 "수분양자는 분양 당시 지정된 영업을 원칙으로 하되 경합이 없는 범위에서 분양회사가 승인한 업종에 한하여 개점할 수 있고, 관리단이 구성되면 업종을 변경할 때 관리단의 승인을 받아야 한다."는 등의 내용으로 업종변경을 제한하는 약정이 포함된 분양계약을 체결할 수 있습니다.

이처럼 분양회사가 수분양자에게 특정 영업을 정하여 분양하는 이유는 수분양자가 해당 업종을 독점적으로 운영하도록 보장하는 한편 상가 내의 업종 분포와 업종별 점포 위치를 고려하여 상가를 구성함으로써 적절한 상권이 형성되도록 하고 이를 통하여 분양을 활성화하기 위한 것이고, 수분양자로서도 해당 업종에 관한 영업이 보장된다는 전제 아래 분양회사와 계약을 체결하는 것입니다.

이렇게 분양계약서에서 업종 제한 조항을 두는 경우에 어떠한 범위의 업종변경을 제한할 것인가, 업종변경을 절대적으로 금지할 것인가 아니면 일정한 범위에서 변경을 허용할 것인가는 사적 자치의 원칙에 따라 당사자가 자유로이 정할 수 있는 것이고, 업종변경의 허부, 범위 및 절차 등은 분양계약서의 합리적 해석을 통하여 판단하여야 할 것이나 이 경우에도 분양회사가 수분양자에게 특정 영업을 정하여 분양하는 것은 기본적으로 수분양자에게 그 업종을 독점적으로 운영하도록 보장하는 의미가 내포되어 있는 것입니다(대법원 2005. 11. 10. 선고 2003다45496 판결 등 참조).

한편, 상가분양계약상 업종제한 약정이 있기는 하지만 그 업종의 의미 및 영업범위에 관하여 따로 정함이 없는 경우에는, 업종의 의미 및 영업범위에 관하여 그 업종의 사전적 의미, 일반적으로 행해지는 그 업종의 영업내용, 한국표준산업분류표의 분류기준 등을 모두 종합하여 결정하되, 획일적·절대적으로 결정할 것이 아니라 상가가 위치한 도시와 아파트단지의 규모, 그 상가의 크기와 상권형성 정도, 인근 동종업종의 상황 등도 고려하여 판단하여야 합니다(대법원 2007. 9. 21. 선고 2006다63747 판결 참조).

02. 규약에 의한 업종제한

상가건물이 집합건물법의 규율대상인 집합건물인 경우 분양이 개시되고 입주가 이루어짐으로써 공동관리의 필요가 생긴 때에는 그 당시의 미분양된 전유부분의 구분소유자를 포함한 구분소유자 전원을 구성원으로 하는 집합건물법 제23조 소정의 관리단이 당연히 설립되고, 관리단의 설립 이후에는 집합건물법 제28조의 관리단 규약을 통하여 업종 제한을 새로 설정하거나 변경할 수도 있습니다.

이러한 업종 제한에는 기본적으로 수분양자 또는 구분소유자에게 해당 업종에 관한 독점적 운영권을 보장하는 의미가 내포되어 있으므로 이를 사후에 변경하기 위해서는 임차인 등의 제3자가 아닌 수분양자들이나 구분소유자들 스스로의 합의가 필요합니다. 다만 관리단 규약의 제·개정을 위한 구분소유자의 의결권 행사는 대리인을 통하여서도 할 수 있고(집합건물법 제38조 제2항), 업종 제한의 변경에 관한 구분소유자나 수분양자의 동의의 의사표시도 마찬가지라고 보아야 하며, 이러한 의결권의 위임이나 대리권의 수여가 반드시 개별적·구체적으로 이루어져야만 한다고 볼 근거도 없으므로, 구분소유자나 수분양자가 임차인 등에게 사전적·포괄적으로 상가건물의 관리에 관한 의결권을 위임하거나 업종 제한 변경의 동의에 관한 대리권을 수여한 경우에는 이러한 임차인 등이 참여한 결의나 합의를 통한 업종 제한의 설정이나 변경도 가능하다고 보아야 합니다(대법원 1996. 8. 23. 선고 94다27199 판결, 대법원 2005. 11. 10. 선고 2003다45496 판결 등 참조).

건물의 영업제한에 관한 규약을 설정하거나 변경할 수 있는 관리단은 어떠한 조직행위를 거쳐야 비로소 성립되는 단체가 아니라 구분소유관계가 성립하는 건물이 있는 경우 당연히 그 구분소유자 전원을 구성원으로 하여 성립되고, 그 의결권도 구분소유자 전원이 행사하는 것입니다. 따라서 집합건물의 분양이 개시되고 입주가 이루어져서 공동관리의 필요가 생긴 때에는 그 당시의 미분양된 전유부분의 구분소유자를 포함한 구분소유자 전원을 구성원으로 하는 관리단이 설립되는 것입니다. 그리고 여기서 구분소유자라 함은 일반적으로 구분소유권을 취득한 자(등기부상 구분소유권자로 등기되어 있는 자)를 지칭하는 것이나, 다만 수분양자로서 분양대금을 완납하였음에도 분양자측의 사정으로 소유권이전등기를 경료받지 못한 경우와 같은 특별한 사정이 있는 경우에는 이러한 수분양자도 구분소유자에 준하는 것으로 보아 관리단의 구성원이 되어 의결권을 행사할 수 있습니다(대법원 2002. 12. 27. 선고 2002다45284 판결, 대법원 2005. 12. 16. 선고 2004마515 결정 참조).

한편 집합건물법 제29조 제1항 후문에서는 '규약의 설정·변경 및 폐지가 일부 구분소유자의 권리에 특별한 영향을 미칠 때에는 그 구분소유자의 승낙을 받아야 한다.'고 규정하고 있는데, 업종제한에 관한 관리단 규약을 새로 설정하는 경우에는 그로 인하여 구분소유자들이 소유권 행사에 다소 제약을 받는 등 그 권리에 영향을 미친다고 하더라도 이는 모든 구분소유자들에게 동일하게 영향을 미치는 것이고, 특별한 사정이 없는 한 집합건물법 제29조 제1항 후문의 '일부의 구분소유자의 권리에 특별한 영향을 미칠 때'에 해당하지 않는 것입니다. 따라서 업종제한에 관한 새로운 관리단 규약 설정에 승낙을 하지 않은 구분소유자도 그 규약의 효력을 부인할 수 없습니다(대법원 2006. 10. 12. 선고 2006다36004 판결 참조).

다만, 특정 점포의 구분소유자에게 그 업종을 독점적으로 운영하도록 보장하던 규약을 폐지하고 업종제한이 없는 새로운 규약을 채택하는 경우에는, 이는 구분소유자가 누리던 기존의 독점적 지위가 박탈되는 결과가 되고, 이 경우 그 개정 규약이 모든 구분소유자들에게 다 같이 적용된다고 해서 그 독자적 지위를 상실함으로 인하여 개별 구분소유자가 받는 영향까지 동일하다고 볼 수는 없으므로, 규약 폐지의 필요성 및 합리성과 그로 인해 각 구분소유자들이 받게 될 이익과 불이익을 비교형량하고 당해 구분소유관계의 실태에 비추어 볼 때 이들이 입을 불이익이 수인해야 할 상당성 있는 한도를 초과한다고 인정되는지를 심리하여 그것이 집합건물법 제29조 제1항 후단의 '일부의 구분소유자의 권리에 특별한 영향을 미치는 때'에 해당하는지 여부를 판단함으로써 이들의 개별적 동의가 필요한지를 정해야 한다고 판단한 사례가 있습니다(대법원 2008. 12. 24. 선고 2008다61561 판결 참조). 따라서 상가의 업종제한을 둔 기존 관리단 규약을 변경하거나 폐지하는 경우에는 이것이 집합건물법 제29조 제1항 후단의 '일부의 구분소유자의 권리에 특별한 영향을 미칠 때'에 해당하는지 여부가 문제가 될 수 있고, 구분소유자가 누리던 기존의 독점적 지위가 박탈되는 불이익이 수인해야 할 상당성 있는 한도를 초과한다면 결국 이는 집합건물법 제29조 제1항 후단의 '일부의 구분소유자의 권리에 특별한 영향을 미칠 때'에 해당하여 이들의 개별적 동의가 필요할 것으로 보입니다.

Q 분양계약서에서 '수분양자는 분양 당시 지정된 영업을 원칙으로 하되 경합이 없는

범위에서 분양회사가 승인한 업종에 한하여 개점할 수 있고, 이 사건 상가 점포수의 2/3가 입점하기 전까지는 분양회사가 지정하는 관리인이 상가를 관리하되 상가관리위원회가 구성되면 수분양자는 그 회원으로 가입할 권리와 의무가 있으며, 업종을 변경할 때에는 차후 상가관리위원회가 구성된 이후에는 상가관리위원회의 승인을 받아야 한다.'는 내용의 업종변경을 제한하는 약정을 하였는데, 이후 상가의 대부분이 입점을 한 상태에서 구성된 상가번영회가 상가관리위원회로서 업종 변경을 승인할 수 있을까요?

A 그렇지 않습니다.

업종을 독점적으로 운영하도록 보장하여 소유권을 분양받은 수분양자들이나 구분소유자들의 독점적 지위는 수분양자들이나 구분소유자들 스스로의 합의가 아닌 임차인 등의 제3자 사이의 합의에 의해서는 변경될 수 없습니다(대법원 2005. 11. 10. 선고 2003다45496 판결 참조). 그리고 위 분양계약서를 보면 상가관리위원회는 수분양자가 그 회원으로 되어 있고, 수분양자는 구분소유자로서 상가관리위원회의 회원이 되므로, 결국 상가관리위원회는 집합건물법상의 관리단을 의미하는 것으로 보아야 할 것입니다. 그러나 상가번영회는 통상 입점자를 회원으로 하고 있는데, 이 경우 입점자는 소유자이든 임차인이든 관계없이 상가 점포에서 실제 영업을 하고 있는 사람을 의미하는 경우가 많습니다. 따라서 구분소유자들로 구성된 관리단인 상가관리위원회는 업종 변경을 승인할 수 있을 것이나, 구분소유자들로 구성되지 않은 이러한 상가번영회는 적법하게 업종 변경을 승인할 수 없습니다.

Q 유통산업발전법상 대규모점포관리자가 집합상가건물의 업종을 제한하거나 변경할 수 있을까요?

A 그렇지 않습니다.

유통산업발전법은 구분소유자 전원으로 당연 설립되는 집합건물법에서 정한 관리단이 아니라 입점상인의 동의를 받아 설립되는 대규모점포관리자에게 대규모점포의 유지·관리에 관한 일반적인 권한을 부여하면서도, '구분소유와 관련된 사항'에 관해서는 구분소유자 단체인 관리단이 설정한 규약이나 관리단 집회의 결의 등 집합건물법의 규정에 따르도록 함으로써 대규모점포의 관리에서 구분소유자와 입점상인의 이해관계를 조절하고 있습니다. 이러한 유통산업발전법의 입법 취지, 유통산업발전법과 집합건물법의 관계를 고려하면, 대규모점포관리자의 업무에서 제외되는 '구분소유와 관련된 사항'이란 대규모점포의 유지·관리 업무 중 그 업무를 대규모점포개설자나 대규모점포관리자에게 허용하면 구분소유자의 소유권 행사와 충돌하거나 구분소유자의 소유권을 침해할 우려가 있는 사항이라고 해석하여야 합니다(대법원 2011. 10. 13. 선고 2007다83427 판결 등 참조). 업종제한에는 기본적으로 수분양자나 구분소유자에게 해당 업종에 관한 독점적 운영권을 보장하는 의미가 내포되어 있으므로 이를 사후에 변경하기 위해서는 임차인 등 제3자가 아닌 수분양자나 구분소유자 스스로의 합의가 필요합니다(대법원 2012. 11. 29. 선고 2011다79258 판결 등 참조). 따라서 상가건물의 업종을 제한하거나 변경하는 업무는 이를 대규모점포개설자나 대규모점포관리자에게 허용하면 구분소유자의 소유권 행사와 충돌하거나 구분소유자의 소유권을 침해할 우려가 있는 '구분소유와 관련된 사항'에 해당하고, 대규모점포 본래의 유지·관리를 위하여 필요한 업무에 포함되지 않는다고 보아야 합니다(대법원 2020. 1. 16. 선고 2018다41801 판결 참조).

[대법원 2005. 11. 10. 선고 2003다45496 판결]

[1] 분양계약서 또는 '집합건물의 소유 및 관리에 관한 법률' 제28조의 관리단규약 등에서 업종제한조항을 두는 경우에 어떠한 범위의 업종변경을 제한할 것인가, 업종변경을 절대적으로 금지할 것인가 아니면 일정한 범위에서 변경을 허용할 것인가는 사적 자치의 원칙에 따라 당사자가 자유로이 정할 수 있는 것이고, 업종변경의 허부, 범위 및 절차 등은 분양계약서 또는 관리단규약 등의 합리적 해석을 통하여 판단하여야 할 것이나 이 경우에도 분양회사가 수분양자에게 특정 영업을 정하여 분양하거나 구분소유자들 사이에서 각 구분소유의 대상인 점포에서 영위할 영업의 종류를 정하는 것은 기본적으로 수분양자 또는 구분소유자에게 그 업종을 독점적으로 운영하도록 보장하는 의미가 내포되어 있다고 할 것이므로, 이 경우 소유권을 분양받은 수분양자들이나 구분소유자들의 독점적 지위는 수분양자들이나 구분소유자들 스스로의 합의가 아닌 임차인 등의 제3자 사이의 합의에 기하여 변경될 수는 없다.

[2] '집합건물의 소유 및 관리에 관한 법률' 제23조 제1항의 관리단은 어떠한 조직행위를 거쳐야 비로소 성립되는 단체가 아니라 구분소유관계가 성립하는 건물이 있는 경우 당연히 그 구분소유자 전원을 구성원으로 하여 성립되는 단체라 할 것이므로, 집합건물의 분양이 개시되고 입주가 이루어져서 공동관리의 필요가 생긴 때에는 그 당시의 미분양된 전유부분의 구분소유자를 포함한 구분소유자 전원을 구성원으로 하는 관리단이 설립된다.

[3] 분양 당시 지정된 제한업종의 변경에 있어서 구분소유자들로 구성된 관리단에 해당하는 단체의 동의나 기존의 경쟁업종을 영업할 수 있는 점포소유자의 동의를 얻지 못한 경우, 당초 분양계약상 정해진 제한업종에 대한 적법한 변경절차를 거쳤다고 볼 수 없다고 한 사례.

[대법원 2020. 1. 16. 선고 2018다41801 판결]

구 유통산업발전법(2017. 10. 31. 법률 제14997호로 개정되기 전의 것, 이하 '구 유통산업발전법'이라 한다)은 구분소유자 전원으로 당연 설립되는 집합건물의 소유 및 관리에 관한 법률(이하 '집합건물법'이라 한다)에서 정한 관리단이 아니라 입점상인의 동의를 받아 설립되는 대규모점포관리자에게 대규모점포의 유지·관리에 관한 일반적인 권한을 부여하면서도, '구분소유와 관련된 사항'에 관해서는 구분소유자 단체인 관리단이 설정한 규약이나 관리단집회의 결의 등 집합건물법의 규정에 따르도록 함으로써 대규모점포의 관리에서 구분소유자와 입점상인의 이해관계를 조절하고 있다. 구 유통산업발전법의 입법 취지, 구 유통산업발전법과 집합건물법의 관계를 고려하면, 대규모점포관리자의 업무에서 제외되는 '구분소유와 관련된 사항'이란 대규모점포의 유지·관리 업무 중 그 업무를 대규모점포개설자나 대규모점포관리자에게 허용하면 구분소유자의 소유권 행사와 충돌하거나 구분소유자의 소유권을 침해할 우려가 있는 사항이라고 해석하여야 한다(대법원 2011. 10. 13. 선고 2007다83427 판결 등 참조).

상가건물이 집합건물법의 규율대상인 집합건물인 경우 분양이 개시되고 입주가 이루어짐으로써 공동관리를 할 필요가 생긴 때에는 그 당시의 미분양된 전유부분의 구분소유자를 포함한 구분소유자 전원을 구성원으로 하는 집합건물법 제23조에서 정한 관리단이 당연히 설립된다. 관리단의 설립 이후에는 집합건물법 제28조에서 정한 관리단 규약을 통해 업종 제한을 새로 설정하거나 변경할 수 있다. 이러한 업종 제한에는 기본적으로 수분양자나 구분소유자에게 해당 업종에 관한 독점적 운영권을 보장하는 의미가 내포되어 있으므로 이를 사후에 변경하기 위해서는 임차인 등 제3자가 아닌 수분양자나 구분소유자 스스로의 합의가 필요하다(대법원 2012. 11. 29. 선고 2011다79258 판결 등 참조).

따라서 상가건물의 업종을 제한하거나 변경하는 업무는 이를 대규모점포개설자나 대규모점포관리자에게 허용하면 구분소유자의 소유권 행사와 충돌하거나 구분소유자의 소유권을 침해할 우려가 있는 '구분소유와 관련된 사항'에 해당하고, 대규모점포 본래의 유지·관리를 위하여 필요한 업무에 포함되지 않는다고 보아야 한다.

03. 업종제한의무 위반에 대한 제재

가. 분양계약 해제

분양회사가 분양계약을 해제할 수 있을 것입니다. 대법원도 아파트 단지 내 상가 점포 분양시 업종을 지정하면서 업종을 변경하고자 할 경우 입점 전에는 분양회사의 사전 서면승인을, 입점 후에는 상가자치관리위원회 및 입주자대표회의의 사전 승인을 받기로 하되 이를 위반한 때에는 입점 후에도 매매계약을 해제할 수 있다고 약정하고 상가 점포를 분양받은 수분양자가 입점 후 분양시 지정된 업종을 무단변경한 사안에서, 무단업종변경금지의무 불이행을 이유로 한 분양회사의 약정해제권의 행사를 유효하다고 인정한 사례가 있습니다(대법원 1996. 8. 23. 선고 95다40557 판결 참조).

나. 영업금지청구

건축회사가 상가를 건축하여 각 점포별로 업종을 지정하여 분양한 경우 그 수분양자나 점포에 관한 수분양자의 지위를 양수한 사람은 특별한 사정이 없는 한 그 상가의 점포 입주자들에 대한 관계에서 상호 간에 명시적이거나 또는 묵시적으로 분양계약에서 약정한 업종제한 등의 의무를 수인하기로 동의하였다고 보아야 할 것이므로, 상호 간의 업종제한에 관한 약정을 준수할 의무가 있습니다. 따라서 점포 수분양자나 그 지위를 양수한 사람 등이 분양계약에서 정한 업종제한약정을 위반할 경우, 이로 인하여 영업상의 이익을 침해당할 처지에 있는 사람은 침해 배제를 위하여 동종 업종의 영업금지를 청구할 권리가 있습니다(대법원 1997. 12. 26. 선고 97다42540 판결, 2002. 8. 23. 선고 2001다46044 판결 등 참조). 그리고 이때 전체 점포 중 일부 점포에 대해서만 업종이 지정된 경우라고 하더라도, 특별한 사정이 없는 한 적어도 업종이 지정된 점포의 수분양자나 그 지위를 양수한 사람들 사이에서는 여전히 같은 법리가 적용된다고 보아야 합니다(대법원 2010. 5. 27. 선고 2007다8044 판결 참조).

업종을 독점적으로 운영하도록 보장하여 소유권을 분양받은 수분양자나 구분소유자는 다른 수분양자 등에 대해 동종영업을 승낙할 수도 있는데, 이는 자신의 영업금지청구권을 상대방에게 행사하지 않겠다는 의사표시로서 업종제한의무의 상대적 면제에 해당합니다. 이는 특정 점포에서의 영업에 대한 것이므로 승낙의 상대방은 물론 그 승계인이 그 특정 점포에서 동종영업을 하는 것도 묵시적으로 승낙한 것으로 보게 됩니다(대법원 2004. 9. 24. 선고 2004다20081 판결 참조).

한편, 업종제한약정 위반을 이유로 한 동종영업금지청구권은 분양계약이나 관리단규약 등에 특별히 달리 정한 것이 있거나 기타 특별한 사정이 없는 한 통상적으로 동일 상권을 이루는 같은 건물 내에 소재하고 있는 모든 상가 점포들에 대하여 주장할 수 있습니다(대법원 2006. 7. 4. 2006마164, 165 결정 참조).

업종제한약정 위반으로 인하여 영업상의 이익을 침해당할 처지에 있는 사람은 이러한 동종영업금지청구권에 기해서 영업금지가처분, 영업금지청구소송, 손해배상청구소송 등을 제기할 수 있습니다.

Q 분양계약서에서 지정업종과 동종 내지 유사한 업종은 개점할 수 없다는 업종제한약정을 하였고, 분양계약에 기한 분양회사의 운영관리규정에 수분양자가 업종을 변경 또는 추가할 경우 문서로써 분양회사의 승인을 받아야 한다고 되어 있는 경우에 수분양자는 분양회사의 승인을 받으면 지정업종과 동종 내지 유사한 업종으로 업종을 변경할 수 있을까요?

A 반드시 그렇지는 않습니다.

분양계약에 기한 분양회사의 운영관리규정에 수분양자가 업종을 변경 또는 추가할 경우 문서로써 분양회사의 승인을 받아야 한다고 되어 있다고 하더라도 지정업종과 동종 내지 유사한 업종은 개점할 수 없다는 분양계약상의 업종제한약정의 취지 등에 비추어 볼 때 이를 수분양자가 분양회사의 승인을 얻어 지정업종과 동종 내지 유사의 업종을 개점할 수 있다거나 분양회사가 그 개점을 자유롭게 승인할 수 있는 것으로 해석할 수는 없기 때문입니다(대법원 2002. 8. 23. 선고 2001다46044 판결 참조). 이에 관하여 분양계약상 분양회사가 기존 수분양자들의 동의 없이 서면승인할 수 있는 품목 변경은 다른 분양자의 기득권을 침해하지 않는 업종이나 품목으로의 변경에 한정되고, 상가활성화 등의 이유로 부득이 일부 수분양자의 업종 및 품목을 기존의 다른 수분양자와 동종 또는 유사한 것으로 변경승인하는 경우에는 그 업종 및 품목에 관하여 기득권이 있는 분양자들의 동의를 얻어야만 된다고 판단한 사례가 있습니다(대법원 2005. 7. 14. 선고 2004다67011 판결 참조).

Q 점포의 수분양자가 분양회사와 분양계약체결 당시 분양계약에서 약정한 업종제한 등의 의무를 수인하기로 동의하였는데, 점포의 영업이 부진하여 이러한 업종제한의무를 지키기 어려운 상황이 된 경우 이러한 사정을 이유로 지정업종과 동종 내지 유사한 업종으로 업종을 변경할 수 있을까요?

A 그렇지 않습니다.

건축회사가 상가를 건축하여 각 점포별로 업종을 지정하여 분양한 경우 그 수분양자나 점포에 관한 수분양자의 지위를 양수한 자는 특별한 사정이 없는 한 그 상가의 점포 입주자들에 대한 관계에서 상호 간에 명시적이거나 또는 묵시적으로 분양계약에서 약정한 업종제한 등의 의무를 수인하기로 동의하였다고 보아야 하므로, 일단 위와 같은 동의를 한 이후 나중에 이와 다른 명시적 의사표시나 행위를 하는 것은 신의칙에 위배되어 허용될 수 없는 것입니다(대법원 2002. 12. 27. 선고 2002다45284 판결 참조).

[판례]

[대법원 2002. 8. 23. 선고 2001다46044 판결]

[1] 건축회사가 상가를 건축하여 각 점포별로 업종을 지정하여 분양한 후에 점포에 관한 수분양자의 지위를 양수한 자는 특별한 사정이 없는 한 그 상가의 점포 입주자들에 대한 관계에서 상호 묵시적으로 분양계약에서 약정한 업종제한 등의 의무를 수인하기로 동의하였다고 봄이 상당하므로, 상호간의 업종제한에 관한 약정을 준수할 의무가 있고, 따라서 점포 수분양자의 지위를 양수한 자 등이 분양계약에서 정한 업종제한약정을 위반할 경우, 이로 인하여 영업상의 이익을 침해당할 처지에 있는 자는 침해 배제를 위하여 동종 업종의 영업금지를 청구할 권리가 있다.

[2] 상가 분양회사와 수분양자들 사이에 체결한 분양계약에 기한 분양회사의 운영관리규정에 수분양자가 업종을 변경 또는 추가할 경우 문서로써 분양회사의 승인을 받아야 한다고 되어 있으나, 지정업종과 동종 내지 유사한 업종은 개점할 수 없다는 분양계약상의 업종제한약정의 취지 등에 비추어 수분양자가 분양회사의 승인을 얻어 지정업종과 동종 내지 유사의 업종을 개점할 수 있다거나 분양회사가 그 개점을 자유롭게 승인할 수 있는 것으로 해석할 수는 없다고 한 사례.

[대법원 2002. 12. 27. 선고 2002다45284 판결]

상가 분양회사가 수분양자에게 특정영업을 정하여 분양한 이유는 수분양자에게 그 업종을 독점적으로 운영하도록 보장함으로써 이를 통하여 분양을 활성화하기 위한 것이고, 수분양자들 역시 지정품목이 보장된다는 전제 아래 분양회사와 계약을 체결한 것이므로, 지정업종에 대한 경업금지의무는 수분양자들에게만 적용되는 것이 아니라 분양회사에게도 적용되어 분양회사 역시 상가활성화를 저해하지 않는 범위 내에서만 다른 수분양자들의 업종변경을 승인할 의무가 있을 뿐 그 개점을 자유롭게 승인할 수 있는 것으로 해석할 수는 없다고 한 원심의 판단을 수긍한 사례.

[대법원 2002. 12. 27. 선고 2002다45284 판결]

건축회사가 상가를 건축하여 각 점포별로 업종을 지정하여 분양한 경우 그 수분양자나 점포에 관한 수분양자의 지위를 양수한 자는 특별한 사정이 없는 한 그 상가의 점포 입주자들에 대한 관계에서 상호간에 명시적이거나 또는 묵시적으로 분양계약에서 약정한 업종제한 등의 의무를 수인하기로 동의하였다고 봄이 상당하므로, 상호간의 업종제한에 관한 약정을 준수할 의무가 있고, 따라서 점포 수분양자나 그 지위를 양수한 자 등이 분양계약에서 정한 업종제한약정을 위반할 경우, 이로 인하여 영업상의 이익을 침해당할 처지에 있는 자는 침해 배제를 위하여 동종 업종의 영업금지를 청구할 권리가 있으며, 일단 위와 같은 동의를 한 이후 나중에 이와 다른 명시적 의사표시나 행위를 하는 것은 신의칙에 위배되어 허용될 수 없다.

제5장

건물명도 제소전화해

01. 의의

제소전화해는 민사분쟁이 소송으로 발전하는 것을 방지하기 위해서 소제기 전에 지방법원 단독판사 앞에서 화해를 성립시키는 절차를 말합니다. 제소전화해는 민사분쟁의 해결을 위한 제도이나, 실제로는 이미 당사자 간에 성립된 계약내용을 법원의 조서에 기재하여 공증의 효과를 얻는 동시에 집행권원을 얻기 위한 목적으로 이용되고 있습니다. 특히 임대인이 임대차계약의 종료를 대비하여 건물명도를 위한 집행권원을 미리 확보해 두기 위하여 임대차계약 체결 무렵에 신청하는 경우가 가장 많습니다.

02. 관할법원

민사소송법 제385조 제1항에 따르면, 제소전화해사건은 상대방의 보통재판적이 있는 곳의 지방법원의 토지관할에 속하는데, 실무상으로는 임대차계약서에 관할합의가 되어 있는 경우가 많고, 그렇지 않더라도 임대인과 임차인은 아래와 같이 관할합의서를 작성하여 관할합의를 할 수 있습니다.

[서식례]

관 할 합 의 서

사   건   건물명도

신 청 인   동 효 진

피신청인   최 준 현

위 당사자 사이에 제소전화해 신청에 관한 일체의 행위는 ○○지방법원을 제1심의 관할법원으로 할 것을 합의합니다.

20○○.　　.

위 신 청 인 동 효 진 (인)

　　　　　서울 서초구 반포대로30길 81, 16층(서초동, 웅진타워)

위 피신청인 최 준 현 (인)

　　　　　서울 ○○구 ○○로○길

○○지방법원 귀중

03. 제소전화해 신청서

가. 신청취지

신청취지는 필수적 기재사항이며, 그 기재례는 아래와 같습니다.

[기재례]

신 청 취 지
신청인과 피신청인 사이의 위 화해신청사건에 관하여 다음 화해조항 기재와 같은 내용의 화해가 성립되도록 권고하여 주시기 바랍니다.

나. 신청이유

신청이유에는 임대인과 임차인이 체결한 임대차계약 중에서 공증 및 집행력을 얻고 자 하는 이유를 기재합니다. 그 기재례는 아래와 같습니다.

[기재례]

신 청 이 유
신청인 소유의 서울 서초구 서초동 111-11번지 대222㎡의 지상건물 전부를 20 년 월 일 피신청인에게 아래의 화해조항 기재와 같은 조건으로 임대함에 있어서 그 임대내용과 임대기간 만료 후의 명도절차를 확실히 하여 장차 이에 따른 법적분쟁을 미연에 방지하기 위하여 이를 화해로 확정하고자 이건 신청에 이른 것입니다.

다. 화해조항

임대인과 임차인이 체결한 임대차계약 중 공증 및 집행력을 얻고자 하는 부분을 구체적으로 기재하여 화해조항을 작성합니다. 화해조항의 불명확으로 집행불능이 되지 않도록 임대차목적물의 표시가 정확해야 하고, 건물의 일부분에 관한 인도의 경우에는 도면이 첨부되어야 하며, 도면에 거리·벽·구조 등으로 인도 부분이 특정되어야 합니다. 그 기재례는 아래와 같습니다.

[기재례]

화 해 조 항

1. 신청인과 피신청인은 20 년 월   일 신청인 소유의 서울 서초구 서초동 111-11번지 대222㎡의 지상 건물전부에 대하여 다음과 같이 임대차계약을 체결하였음을 확인한다.

   (1) 임대보증금 : 금 ○○○,○○○,○○○원

   (2) 월임대료   : 금 ○,○○○,○○○원

   (3) 임대기간   : 20 년 월   일부터 20 년 월   일까지 ○년간.

2. 피신청인은 본 계약과 동시에 위 보증금을 신청인에게 지급하고, 신청인은 이를 영수하며 임대차기간 만료 후 이를 피신청인에게 반환한다.

3. 신청인의 동의 없이 아래의 사유가 발생할 경우 이건 임대차 계약의 기한의 이익을 상실하고 신청인에게 이건 건물을 즉시 인도하여야 한다.

   (1) 이건 건물을 임대차계약 당시의 목적 이외의 용도로 사용하는 경우.

   (2) 신청인의 서면동의 없이 임대차보증금을 반환청구권의 전부 또는 일부를 담보로 하여 금전을 차용하거나 질권을 설정하는 경우.

(3) 건물의 전부나 일부를 타인에게 양도 또는 전대하거나 점유를 이전하는 경우

(4) 건물의 구조를 변경하는 경우.

(5) 월임대료 및 월관리비의 지급을 2회 이상 연체했을 때

4. 피신청인 또는 그 가족, 종업원이 고의나 과실로 인한 화재 및 목적물의 파손, 기타 손실이 발생할 시에는 피신청인이 모든 책임을 지고 손해를 배상하거나 원상복구 하여야 한다.

5. 피신청인은 신청인에 대하여 영업에 관한 권리금이나 영업권을 주장할 수 없다.

6. 이건 제소전화해는 위 1항 계약이 만료된 후라도 당사자 간의 합의로 계약이 연장 되거나 갱신된 경우에는 그 연장 또는 갱신된 계약이 종료되어 인도가 완료되는 때까지 유효한 것으로 한다.

7. 화해비용은 각자 부담으로 한다.

04. 화해기일

가. 신청서 부본의 송달 및 화해기일 통지

신청서 등이 적법한 것으로 인정되면 법원은 즉시 신청서 등의 부본을 피신청인에게 송달하고(민사소송법 255조 1항, 민사소송규칙 64조 2항 참조), 재판장은 화해기일을 정하여 양쪽 당사자에게 통지합니다.

나. 화해기일 진행 절차

화해기일에 법관은 사건과 당사자를 호명하여 출석을 확인하고, 당사자 본인이 직접 출석한 경우에는 주민등록증 등으로 당사자를 확인합니다. 그리고 임대인의 폭리행위나 탈법행위를 합법화하는 수단으로 제소전화해가 악용되는 것을 방지하기 위해서 임차인의 대리인 선임권을 임대인에게 위임할 수 없도록 하고 있습니다. 이에 임차인의 대리인이 선임되어 있는 경우에는 서울중앙지방법원의 경우 임차인에게 공증인, 그 밖의 공증업무를 보는 사람의 인증을 받은 대리인 위임장을 제출하도록 하고 있고, 그 밖의 법원들의 경우에도 임차인의 인감증명서를 제출하도록 한 후 인감증명서상의 인영과 대리인 위임장상의 인영이 동일한지 여부를 확인하고 있습니다. 임대인 또는 임차인이 화해기일에 불출석한 때에는 다시 기일을 정하여 통지할 수도 있고 또 화해불성립으로 처리할 수도 있는데, 실무상 통상 1회 불출석 시 연기, 2회 불출석 시 화해불성립으로 종결 처리하고 있습니다.

다. 화해조항의 정정

당사자의 의사가 이미 일치하여 임대차계약이 성립된 경우, 법관은 양쪽 당사자에게 그 계약의 진위 여부 및 그 계약내용대로의 화해성립에 관한 의사 유무를 확인하여 화해를 성립시킵니다. 다만, 법관은 화해조항이 강행법규 내지 공서양속에 위반되는 경우 당사자에게 화해조항의 정정을 명하고, 이를 정정하면 화해를 성립시키고 있으며, 그 대표적인 예가 2회 차임연체만으로 임대차목적물을 인도하기로 하는 기한의 이익 상실조항을 상가임대차법 제10조의8에 따라 3기분의 차임연체로 임대차목적물을 인도하기로 정정하는 것입니다.

05. 화해성립

화해가 성립되면 법원사무관등이 화해조서를 작성하게 되고, 이 화해조서가 나중에 강제집행을 할 때 집행권원이 됩니다. 화해조서는 확정판결과 동일한 효력을 갖기 때문에(민사소송법 220조) 준재심에 의하지 않고는 다툴 수가 없습니다(대법원 1992. 11. 27. 선고 92다8521 판결). 이처럼 제소전화해는 확정판결과 동일한 효력이 있고 당사자 사이의 사법상 화해계약이 그 내용을 이루는 것이면 화해는 창설적 효력을 가져 화해가 이루어지면 종전의 법률관계를 바탕으로 한 권리의무관계는 소멸하게 됩니다. 그러나 제소전화해의 이러한 창설적 효력은 당사자 간에 다투어졌던 권리관계에만 미치는 것이지 당사자가 다툰 사실이 없었던 사항은 물론 화해의 전제로서 서로 양해하고 있는 사항에 관하여는 미치지 않는 것입니다. 따라서 제소전화해가 있다고 하더라도 화해의 대상이 되지 않은 종전의 다른 법률관계까지 소멸하는 것은 아닙니다(대법원 1997. 1. 24. 선고 95다32273 판결, 대법원 2001. 4. 27. 선고 99다17319 판결 등 참조).

부록1

상가건물 임대차
권리금계약서

상가건물 임대차 권리금계약서

임차인(이름 또는 법인명 기재)과 신규임차인이 되려는 자(이름 또는 법인명 기재)는 아래와 같이 권리금 계약을 체결한다.

※ 임차인은 권리금을 지급받는 사람을, 신규임차인이 되려는 자(이하 「신규임차인」이라 한다)는 권리금을 지급하는 사람을 의미한다.

[임대차목적물인 상가건물의 표시]

소 재 지		상 호	
임대면적		전용면적	
업 종		허가(등록)번호	

[임차인의 임대차계약 현황]

임대차 관 계	임차보증금		월 차 임	
	관 리 비		부가가치세	별도( ), 포함( )
	계약기간	년 월 일부터 년 월 일까지(월)		

[계약내용]

제1조(권리금의 지급) 신규임차인은 임차인에게 다음과 같이 권리금을 지급한다.

총 권리금	금 원정(₩)	
계 약 금	금	원정은 계약시에 지급하고 영수함. 영수자((인))
중 도 금	금	년 월 일에 지급한다.
잔 금	금	년 월 일에 지급한다.
	※ 잔금지급일까지 임대인과 신규임차인 사이에 임대차계약이 체결되지 않는 경우 임대차계약 체결일을 잔금지급일로 본다.	

제2조(임차인의 의무) ① 임차인은 신규임차인을 임대인에게 주선하여야 하며, 임대인과 신규임차인 간에 임대차계약이 체결될 수 있도록 협력하여야 한다.

② 임차인은 신규임차인이 정상적인 영업을 개시할 수 있도록 전화가입권의 이전, 사업등록의 폐지 등에 협력하여야 한다.

③ 임차인은 신규임차인이 잔금을 지급할 때까지 권리금의 대가로 아래 유형·무형의 재산적 가치를 이전한다.

유형의 재산적 가치	영업시설 · 비품 등
무형의 재산적 가치	거래처, 신용, 영업상의 노하우, 상가건물의 위치에 따른 영업상의 이점 등

※ 필요한 경우 이전 대상 목록을 별지로 첨부할 수 있다.

④ 임차인은 신규임차인에게 제3항의 재산적 가치를 이전할 때까지 선량한 관리자로서의 주의의무를 다하여 제3항의 재산적 가치를 유지 · 관리하여야 한다.

⑤ 임차인은 본 계약체결 후 신규임차인이 잔금을 지급할 때까지 임차목적물상 권리관계, 보증금, 월차임 등 임대차계약 내용이 변경된 경우 또는 영업정지 및 취소, 임차목적물에 대한 철거명령 등 영업을 지속할 수 없는 사유가 발생한 경우 이를 즉시 신규임차인에게 고지하여야 한다.

제3조(임대차계약과의 관계) 임대인의 계약거절, 무리한 임대조건 변경, 목적물의 훼손 등 임차인과 신규임차인의 책임 없는 사유로 임대차계약이 체결되지 못하는 경우 본 계약은 무효로 하며, 임차인은 지급받은 계약금 등을 신규임차인에게 즉시 반환하여야 한다.

제4조(계약의 해제 및 손해배상) ① 신규임차인이 중도금(중도금 약정이 없을 때는 잔금)을 지급하기 전까지 임차인은 계약금의 2배를 배상하고, 신규임차인은 계약금을 포기하고 본 계약을 해제할 수 있다.

② 임차인 또는 신규임차인이 본 계약상의 내용을 이행하지 않는 경우 그 상대방은 계약상의 채무를 이행하지 않은 자에 대해서 서면으로 최고하고 계약을 해제할 수 있다.

③ 본 계약체결 이후 임차인의 영업기간 중 발생한 사유로 인한 영업정지 및 취소, 임차목적물에 대한 철거명령 등으로 인하여 신규임차인이 영업을 개시하지 못하거나 영업을 지속할 수 없는 중대한 하자가 발생한 경우에는 신규임차인은 계약을 해제하거나 임차인에게 손해배상을 청구할 수 있다. 계약을 해제하는 경우에도 손해배상을 청구할 수 있다.

④ 계약의 해제 및 손해배상에 관하여는 이 계약서에 정함이 없는 경우 「민법」의 규정에 따른다.

[특약사항]

본 계약을 증명하기 위하여 계약 당사자가 이의 없음을 확인하고 각각 서명 또는 날인한다.

년   월   일

임차인	주소						(인)
	성명		주민등록번호		전화		
대리인	주소						
	성명		주민등록번호		전화		
신규 임차인	주소						(인)
	성명		주민등록번호		전화		
대리인	주소						
	성명		주민등록번호		전화		

부록2

상가건물 임대차 표준계약서

상가건물 임대차 표준계약서

임대인(이름 또는 법인명 기재)과 임차인(이름 또는 법인명 기재)은 아래와 같이 임대차 계약을 체결한다

[임차 상가건물의 표시]

소재지				
토지	지목		면적	㎡
건물	구조·용도		면적	㎡
임차할부분			면적	㎡

[계약내용]

제1조(보증금과 차임) 위 상가건물의 임대차에 관하여 임대인과 임차인은 합의에 의하여 보증금 및 차임을 아래와 같이 지급하기로 한다.

보증금	금		원정(₩)		
	금	원정(₩)은 계약시에 지급하고 수령함. 수령인 (인)			
계약금					
중도금	금	원정(₩)은 ____년 ____월 ____일에 지급하며			
잔금	금	원정(₩)은 ____년 ____월 ____일에 지급한다			
차임(월세)	금 원정(₩)은 매월 일에 지급한다. 부가세 □ 불포함 □ 포함 (입금계좌:)				
환산보증금	금		원정(₩)		

제2조(임대차기간) 임대인은 임차 상가건물을 임대차 목적대로 사용·수익할 수 있는 상태로 ____년 ____월 ____일까지 임차인에게 인도하고, 임대차기간은 인도일로부터 ____년 ____월 ____일까지로 한다.

제3조(임차목적) 임차인은 임차 상가건물을 _____(업종)을 위한 용도로 사용한다.

제4조(사용·관리·수선) ① 임차인은 임대인의 동의 없이 임차 상가건물의 구조·용도 변경 및 전대나 임차권 양도를 할 수 없다.

② 임대인은 계약 존속 중 임차 상가건물을 사용·수익에 필요한 상태로 유지하여야 하고, 임차인은 임대인이 임차 상가건물의 보존에 필요한 행위를 하는 때 이를 거절하지 못한다.

③ 임차인이 임대인의 부담에 속하는 수선비용을 지출한 때에는 임대인에게 그 상환을 청구할 수 있다.

제5조(계약의 해제) 임차인이 임대인에게 중도금(중도금이 없을 때는 잔금)을 지급하기 전까지, 임대인은 계약금의 배액을 상환하고, 임차인은 계약금을 포기하고 계약을 해제할 수 있다.

제6조(채무불이행과 손해배상) 당사자 일방이 채무를 이행하지 아니하는 때에는 상대방은 상당한 기간을 정하여 그 이행을 최고하고 계약을 해제할 수 있으며, 그로 인한 손해배상을 청구할 수 있다. 다만, 채무자가 미리 이행하지 아니할 의사를 표시한 경우의 계약해제는 최고를 요하지 아니한다.

제7조(계약의 해지) ① 임차인은 본인의 과실 없이 임차 상가건물의 일부가 멸실 기타 사유로 인하여 임대차의 목적대로 사용, 수익할 수 없는 때에는 임차인은 그 부분의 비율에 의한 차임의 감액을 청구할 수 있다. 이 경우에 그 잔존부분만으로 임차의 목적을 달성할 수 없는 때에는 임차인은 계약을 해지할 수 있다.

② 임대인은 임차인이 3기의 차임액에 달하도록 차임을 연체하거나, 제4조 제1항을 위반한 경우 계약을 해지할 수 있다.

제8조(계약의 종료와 권리금회수기회 보호) ① 계약이 종료된 경우에 임차인은 임차 상가건물을 원상회복하여 임대인에게 반환하고, 이와 동시에 임대인은 보증금을 임차인에게 반환하여야 한다.

② 임대인은 임대차기간이 끝나기 3개월 전부터 임대차 종료 시까지 「상가건물임대차보호법」 제10조의4제1항 각 호의 어느 하나에 해당하는 행위를 함으로써 권리금 계약에 따라 임차인이 주선한 신규임차인이 되려는 자로부터 권리금을 지급받는 것을 방해하여서는 아니 된다. 다만, 「상가건물임대차보호법」 제10조제1항 각 호의 어느 하나에 해당하는 사유가 있는 경우에는 그러하지 아니하다.

③ 임대인이 제2항을 위반하여 임차인에게 손해를 발생하게 한 때에는 그 손해를 배상할 책임이 있다. 이 경우 그 손해배상액은 신규임차인이 임차인에게 지급하기로 한 권리금과 임대차 종료 당시의 권리금 중 낮은 금액을 넘지 못한다.

④ 임차인은 임대인에게 신규임차인이 되려는 자의 보증금 및 차임을 지급할 자력 또는 그 밖에 임차인으로서의 의무를 이행할 의사 및 능력에 관하여 자신이 알고 있는 정보를 제공하여야 한다.

제9조(재건축 등 계획과 갱신거절) 임대인이 계약 체결 당시 공사시기 및 소요기간 등을 포함한 철거 또는 재건축 계획을 임차인에게 구체적으로 고지하고 그 계획에 따르는 경우, 임대인은 임차인이 상가건물임대차보호법 제10조 제1항 제7호에 따라 계약갱신을 요구하더라도 계약갱신의 요구를 거절할 수 있다.

제10조(비용의 정산) ① 임차인은 계약이 종료된 경우 공과금과 관리비를 정산하여야 한다.

② 임차인은 이미 납부한 관리비 중 장기수선충당금을 소유자에게 반환 청구할 수 있다. 다만, 임차 상가건물에 관한 장기수선충당금을 정산하는 주체가 소유자가 아닌 경우에는 그 자에게 청구할 수 있다.

제11조(중개보수 등) 중개보수는 거래 가액의 ＿＿＿＿％인 ＿＿＿＿＿＿원(부가세 □ 불포함 □ 포

함)으로 임대인과 임차인이 각각 부담한다. 다만, 개업공인중개사의 고의 또는 과실로 인하여 중개의 뢰인간의 거래행위가 무효 · 취소 또는 해제된 경우에는 그러하지 아니하다.

제12조(중개대상물 확인·설명서 교부) 개업공인중개사는 중개대상물 확인·설명서를 작성하고 업무 보증관계증서(공제증서 등) 사본을 첨부하여 임대인과 임차인에게 각각 교부한다.

[특약사항]

① 입주 전 수리 및 개량, ② 임대차기간 중 수리 및 개량, ③ 임차 상가건물 인테리어, ④ 관리비의 지급 주체, 시기 및 범위, ⑤ 귀책사유 있는 채무불이행 시 손해배상액예정 등에 관하여 임대인과 임차인 은 특약할 수 있습니다

본 계약을 증명하기 위하여 계약 당사자가 이의 없음을 확인하고 각각 서명·날인 후 임대인, 임차인, 개업공인중개사는 매 장마다 간인하여, 각각 1통씩 보관한다.   년   월   일

임대인	주소						서명 또는 날인㊞
	주민등록번호 (법인등록번호)		전화		성명 (회사명)		
	대리인	주소		주민등록 번호		성명	
임차인	주소						서명 또는 날인㊞
	주민등록번호 (법인등록번호)		전화		성명 (회사명)		
	대리인	주소		주민등록 번호		성명	
개업공인중개사	사무소소재지			사무소소재지			
	사무소명칭			사무소명칭			
	대표	서명 및 날인	㊞	대표	서명 및 날인		㊞
	등록번호		전화	등록번호		전화	
	소속공인중개사	서명 및 날인	㊞	소속공인중개사	서명 및 날인		㊞

부록3

상가건물 임대차보호법

상가건물 임대차보호법(약칭: 상가임대차법)

[시행 2022. 1. 4.] [법률 제18675호, 2022. 1. 4., 일부개정]

법무부(법무심의관실) 02-2110-3164
국토교통부(부동산산업과) 044-201-3412, 3418

제1조(목적) 이 법은 상가건물 임대차에 관하여 「민법」에 대한 특례를 규정하여 국민 경제생활의 안정을 보장함을 목적으로 한다.

[전문개정 2009. 1. 30.]

제2조(적용범위) ① 이 법은 상가건물(제3조제1항에 따른 사업자등록의 대상이 되는 건물을 말한다)의 임대차(임대차 목적물의 주된 부분을 영업용으로 사용하는 경우를 포함한다)에 대하여 적용한다. 다만, 제14조의2에 따른 상가건물임대차위원회의 심의를 거쳐 대통령령으로 정하는 보증금액을 초과하는 임대차에 대하여는 그러하지 아니하다. 〈개정 2020. 7. 31.〉

② 제1항 단서에 따른 보증금액을 정할 때에는 해당 지역의 경제 여건 및 임대차 목적물의 규모 등을 고려하여 지역별로 구분하여 규정하되, 보증금 외에 차임이 있는 경우에는 그 차임액에 「은행법」에 따른 은행의 대출금리 등을 고려하여 대통령령으로 정하는 비율을 곱하여 환산한 금액을 포함하여야 한다. 〈개정 2010. 5. 17.〉

③ 제1항 단서에도 불구하고 제3조, 제10조제1항, 제2항, 제3항 본문, 제10조의2부터 제10조의9까지의 규정, 제11조의2 및 제19조는 제1항 단서에 따른 보증금액을 초과하는 임대차에 대하여도 적용한다. 〈신설 2013. 8. 13., 2015. 5. 13., 2020. 9. 29., 2022. 1. 4.〉

[전문개정 2009. 1. 30.]

제3조(대항력 등) ① 임대차는 그 등기가 없는 경우에도 임차인이 건물의 인도와 「부가가치세법」 제8조, 「소득세법」 제168조 또는 「법인세법」 제111조에 따른 사업자등록을 신청하면 그 다음 날부터 제3자에 대하여 효력이 생긴다. 〈개정 2013. 6. 7.〉

② 임차건물의 양수인(그 밖에 임대할 권리를 승계한 자를 포함한다)은 임대인의 지위를 승계한 것으로 본다.

③ 이 법에 따라 임대차의 목적이 된 건물이 매매 또는 경매의 목적물이 된 경우에는 「민법」 제575조제1항·제3항 및 제578조를 준용한다.

④ 제3항의 경우에는 「민법」 제536조를 준용한다.

[전문개정 2009. 1. 30.]

제4조(확정일자 부여 및 임대차정보의 제공 등) ① 제5조제2항의 확정일자는 상가건물의 소재지 관할 세무서장이 부여한다.

② 관할 세무서장은 해당 상가건물의 소재지, 확정일자 부여일, 차임 및 보증금 등을 기재한 확정일자부를 작성하여야 한다. 이 경우 전산정보처리조직을 이용할 수 있다.

③ 상가건물의 임대차에 이해관계가 있는 자는 관할 세무서장에게 해당 상가건물의 확정일자 부여일, 차임 및 보증금 등 정보의 제공을 요청할 수 있다. 이 경우 요청을 받은 관할 세무서장은 정당한 사유 없이 이를 거부할 수 없다.

④ 임대차계약을 체결하려는 자는 임대인의 동의를 받아 관할 세무서장에게 제3항에 따른 정보제공을 요청할 수 있다.

⑤ 확정일자부에 기재하여야 할 사항, 상가건물의 임대차에 이해관계가 있는 자의 범위, 관할 세무서장에게 요청할 수 있는 정보의 범위 및 그 밖에 확정일자 부여사무와 정보제공 등에 필요한 사항은 대통령령으로 정한다.

[전문개정 2015. 5. 13.]

제5조(보증금의 회수) ① 임차인이 임차건물에 대하여 보증금반환청구소송의 확정판결, 그 밖에 이에 준하는 집행권원에 의하여 경매를 신청하는 경우에는 「민사집행법」 제41조에도 불구하고 반대의무의 이행이나 이행의 제공을 집행개시의 요건으로 하지 아니한다.

② 제3조제1항의 대항요건을 갖추고 관할 세무서장으로부터 임대차계약서상의 확정일자를 받은 임차인은 「민사집행법」에 따른 경매 또는 「국세징수법」에 따른 공매 시 임차건물(임대인 소유의 대지를 포함한다)의 환가대금에서 후순위권리자나 그 밖의 채권자보다 우선하여 보증금을 변제받을 권리가 있다.

③ 임차인은 임차건물을 양수인에게 인도하지 아니하면 제2항에 따른 보증금을 받을 수 없다.

④ 제2항 또는 제7항에 따른 우선변제의 순위와 보증금에 대하여 이의가 있는 이해관계인은 경매법원 또는 체납처분청에 이의를 신청할 수 있다. 〈개정 2013. 8. 13.〉

⑤ 제4항에 따라 경매법원에 이의를 신청하는 경우에는 「민사집행법」 제152조부터 제161조까지의 규정을 준용한다.

⑥ 제4항에 따라 이의신청을 받은 체납처분청은 이해관계인이 이의신청일부터 7일 이내에 임차인 또는 제7항에 따라 우선변제권을 승계한 금융기관 등을 상대로 소(訴)를 제기한 것을 증명한 때에는 그 소송이 종결될 때까지 이의가 신청된 범위에서 임차인 또는 제7항에 따라 우선변제권을 승계한 금융기관 등에 대한 보증금의 변제를 유보(留保)하고 남은 금액을 배분하여야 한다. 이 경우 유보된 보증금은 소송 결과에 따라 배분한다. 〈개정 2013. 8. 13.〉

⑦ 다음 각 호의 금융기관 등이 제2항, 제6조제5항 또는 제7조제1항에 따른 우선변제권을 취득한

임차인의 보증금반환채권을 계약으로 양수한 경우에는 양수한 금액의 범위에서 우선변제권을 승계한다. 〈신설 2013. 8. 13., 2016. 5. 29.〉

1. 「은행법」에 따른 은행

2. 「중소기업은행법」에 따른 중소기업은행

3. 「한국산업은행법」에 따른 한국산업은행

4. 「농업협동조합법」에 따른 농협은행

5. 「수산업협동조합법」에 따른 수협은행

6. 「우체국예금 · 보험에 관한 법률」에 따른 체신관서

7. 「보험업법」 제4조제1항제2호라목의 보증보험을 보험종목으로 허가받은 보험회사

8. 그 밖에 제1호부터 제7호까지에 준하는 것으로서 대통령령으로 정하는 기관

⑧ 제7항에 따라 우선변제권을 승계한 금융기관 등(이하 "금융기관등"이라 한다)은 다음 각 호의 어느 하나에 해당하는 경우에는 우선변제권을 행사할 수 없다. 〈신설 2013. 8. 13.〉

1. 임차인이 제3조제1항의 대항요건을 상실한 경우

2. 제6조제5항에 따른 임차권등기가 말소된 경우

3. 「민법」 제621조에 따른 임대차등기가 말소된 경우

⑨ 금융기관등은 우선변제권을 행사하기 위하여 임차인을 대리하거나 대위하여 임대차를 해지할 수 없다. 〈신설 2013. 8. 13.〉

[전문개정 2009. 1. 30.]

제6조(임차권등기명령) ① 임대차가 종료된 후 보증금이 반환되지 아니한 경우 임차인은 임차건물의 소재지를 관할하는 지방법원, 지방법원지원 또는 시 · 군법원에 임차권등기명령을 신청할 수 있다. 〈개정 2013. 8. 13.〉

② 임차권등기명령을 신청할 때에는 다음 각 호의 사항을 기재하여야 하며, 신청 이유 및 임차권등기의 원인이 된 사실을 소명하여야 한다.

1. 신청 취지 및 이유

2. 임대차의 목적인 건물(임대차의 목적이 건물의 일부분인 경우에는 그 부분의 도면을 첨부한다)

3. 임차권등기의 원인이 된 사실(임차인이 제3조제1항에 따른 대항력을 취득하였거나 제5조제2항에 따른 우선변제권을 취득한 경우에는 그 사실)

4. 그 밖에 대법원규칙으로 정하는 사항

③ 임차권등기명령의 신청에 대한 재판, 임차권등기명령의 결정에 대한 임대인의 이의신청 및 그에 대한 재판, 임차권등기명령의 취소신청 및 그에 대한 재판 또는 임차권등기명령의 집행 등에 관하여는 「민사집행법」 제280조제1항, 제281조, 제283조, 제285조, 제286조, 제288조제1항 · 제2항 본

문, 제289조, 제290조제2항 중 제288조제1항에 대한 부분, 제291조, 제293조를 준용한다. 이 경우 "가압류"는 "임차권등기"로, "채권자"는 "임차인"으로, "채무자"는 "임대인"으로 본다.

④ 임차권등기명령신청을 기각하는 결정에 대하여 임차인은 항고할 수 있다.

⑤ 임차권등기명령의 집행에 따른 임차권등기를 마치면 임차인은 제3조제1항에 따른 대항력과 제5조제2항에 따른 우선변제권을 취득한다. 다만, 임차인이 임차권등기 이전에 이미 대항력 또는 우선변제권을 취득한 경우에는 그 대항력 또는 우선변제권이 그대로 유지되며, 임차권등기 이후에는 제3조제1항의 대항요건을 상실하더라도 이미 취득한 대항력 또는 우선변제권을 상실하지 아니한다.

⑥ 임차권등기명령의 집행에 따른 임차권등기를 마친 건물(임대차의 목적이 건물의 일부분인 경우에는 그 부분으로 한정한다)을 그 이후에 임차한 임차인은 제14조에 따른 우선변제를 받을 권리가 없다.

⑦ 임차권등기의 촉탁, 등기관의 임차권등기 기입 등 임차권등기명령의 시행에 관하여 필요한 사항은 대법원규칙으로 정한다.

⑧ 임차인은 제1항에 따른 임차권등기명령의 신청 및 그에 따른 임차권등기와 관련하여 든 비용을 임대인에게 청구할 수 있다.

⑨ 금융기관등은 임차인을 대위하여 제1항의 임차권등기명령을 신청할 수 있다. 이 경우 제3항·제4항 및 제8항의 "임차인"은 "금융기관등"으로 본다. 〈신설 2013. 8. 13.〉
[전문개정 2009. 1. 30.]

제7조(「민법」에 따른 임대차등기의 효력 등) ① 「민법」 제621조에 따른 건물임대차등기의 효력에 관하여는 제6조제5항 및 제6항을 준용한다.

② 임차인이 대항력 또는 우선변제권을 갖추고 「민법」 제621조제1항에 따라 임대인의 협력을 얻어 임대차등기를 신청하는 경우에는 신청서에 「부동산등기법」 제74조제1호부터 제6호까지의 사항 외에 다음 각 호의 사항을 기재하여야 하며, 이를 증명할 수 있는 서면(임대차의 목적이 건물의 일부분인 경우에는 그 부분의 도면을 포함한다)을 첨부하여야 한다. 〈개정 2011. 4. 12., 2020. 2. 4.〉

1. 사업자등록을 신청한 날

2. 임차건물을 점유한 날

3. 임대차계약서상의 확정일자를 받은 날
[전문개정 2009. 1. 30.]

제8조(경매에 의한 임차권의 소멸) 임차권은 임차건물에 대하여 「민사집행법」에 따른 경매가 실시된 경우에는 그 임차건물이 매각되면 소멸한다. 다만, 보증금이 전액 변제되지 아니한 대항력이 있는 임차권은 그러하지 아니하다.
[전문개정 2009. 1. 30.]

제9조(임대차기간 등) ① 기간을 정하지 아니하거나 기간을 1년 미만으로 정한 임대차는 그 기간을 1

년으로 본다. 다만, 임차인은 1년 미만으로 정한 기간이 유효함을 주장할 수 있다.

② 임대차가 종료한 경우에도 임차인이 보증금을 돌려받을 때까지는 임대차 관계는 존속하는 것으로 본다.

[전문개정 2009. 1. 30.]

제10조(계약갱신 요구 등) ① 임대인은 임차인이 임대차기간이 만료되기 6개월 전부터 1개월 전까지 사이에 계약갱신을 요구할 경우 정당한 사유 없이 거절하지 못한다. 다만, 다음 각 호의 어느 하나의 경우에는 그러하지 아니하다. 〈개정 2013. 8. 13.〉

1. 임차인이 3기의 차임액에 해당하는 금액에 이르도록 차임을 연체한 사실이 있는 경우

2. 임차인이 거짓이나 그 밖의 부정한 방법으로 임차한 경우

3. 서로 합의하여 임대인이 임차인에게 상당한 보상을 제공한 경우

4. 임차인이 임대인의 동의 없이 목적 건물의 전부 또는 일부를 전대(轉貸)한 경우

5. 임차인이 임차한 건물의 전부 또는 일부를 고의나 중대한 과실로 파손한 경우

6. 임차한 건물의 전부 또는 일부가 멸실되어 임대차의 목적을 달성하지 못할 경우

7. 임대인이 다음 각 목의 어느 하나에 해당하는 사유로 목적 건물의 전부 또는 대부분을 철거하거나 재건축하기 위하여 목적 건물의 점유를 회복할 필요가 있는 경우

   가. 임대차계약 체결 당시 공사시기 및 소요기간 등을 포함한 철거 또는 재건축 계획을 임차인에게 구체적으로 고지하고 그 계획에 따르는 경우

   나. 건물이 노후·훼손 또는 일부 멸실되는 등 안전사고의 우려가 있는 경우

   다. 다른 법령에 따라 철거 또는 재건축이 이루어지는 경우

8. 그 밖에 임차인이 임차인으로서의 의무를 현저히 위반하거나 임대차를 계속하기 어려운 중대한 사유가 있는 경우

② 임차인의 계약갱신요구권은 최초의 임대차기간을 포함한 전체 임대차기간이 10년을 초과하지 아니하는 범위에서만 행사할 수 있다. 〈개정 2018. 10. 16.〉

③ 갱신되는 임대차는 전 임대차와 동일한 조건으로 다시 계약된 것으로 본다. 다만, 차임과 보증금은 제11조에 따른 범위에서 증감할 수 있다.

④ 임대인이 제1항의 기간 이내에 임차인에게 갱신 거절의 통지 또는 조건 변경의 통지를 하지 아니한 경우에는 그 기간이 만료된 때에 전 임대차와 동일한 조건으로 다시 임대차한 것으로 본다. 이 경우에 임대차의 존속기간은 1년으로 본다. 〈개정 2009. 5. 8.〉

⑤ 제4항의 경우 임차인은 언제든지 임대인에게 계약해지의 통고를 할 수 있고, 임대인이 통고를 받은 날부터 3개월이 지나면 효력이 발생한다.

[전문개정 2009. 1. 30.]

제10조의2(계약갱신의 특례) 제2조제1항 단서에 따른 보증금액을 초과하는 임대차의 계약갱신의 경우에는 당사자는 상가건물에 관한 조세, 공과금, 주변 상가건물의 차임 및 보증금, 그 밖의 부담이나 경제사정의 변동 등을 고려하여 차임과 보증금의 증감을 청구할 수 있다.

[본조신설 2013. 8. 13.]

제10조의3(권리금의 정의 등) ① 권리금이란 임대차 목적물인 상가건물에서 영업을 하는 자 또는 영업을 하려는 자가 영업시설·비품, 거래처, 신용, 영업상의 노하우, 상가건물의 위치에 따른 영업상의 이점 등 유형·무형의 재산적 가치의 양도 또는 이용대가로서 임대인, 임차인에게 보증금과 차임 이외에 지급하는 금전 등의 대가를 말한다.

② 권리금 계약이란 신규임차인이 되려는 자가 임차인에게 권리금을 지급하기로 하는 계약을 말한다.

[본조신설 2015. 5. 13.]

제10조의4(권리금 회수기회 보호 등) ① 임대인은 임대차기간이 끝나기 6개월 전부터 임대차 종료 시까지 다음 각 호의 어느 하나에 해당하는 행위를 함으로써 권리금 계약에 따라 임차인이 주선한 신규임차인이 되려는 자로부터 권리금을 지급받는 것을 방해하여서는 아니 된다. 다만, 제10조제1항 각 호의 어느 하나에 해당하는 사유가 있는 경우에는 그러하지 아니하다. 〈개정 2018. 10. 16.〉

1. 임차인이 주선한 신규임차인이 되려는 자에게 권리금을 요구하거나 임차인이 주선한 신규임차인이 되려는 자로부터 권리금을 수수하는 행위

2. 임차인이 주선한 신규임차인이 되려는 자로 하여금 임차인에게 권리금을 지급하지 못하게 하는 행위

3. 임차인이 주선한 신규임차인이 되려는 자에게 상가건물에 관한 조세, 공과금, 주변 상가건물의 차임 및 보증금, 그 밖의 부담에 따른 금액에 비추어 현저히 고액의 차임과 보증금을 요구하는 행위

4. 그 밖에 정당한 사유 없이 임대인이 임차인이 주선한 신규임차인이 되려는 자와 임대차계약의 체결을 거절하는 행위

② 다음 각 호의 어느 하나에 해당하는 경우에는 제1항제4호의 정당한 사유가 있는 것으로 본다.

1. 임차인이 주선한 신규임차인이 되려는 자가 보증금 또는 차임을 지급할 자력이 없는 경우

2. 임차인이 주선한 신규임차인이 되려는 자가 임차인으로서의 의무를 위반할 우려가 있거나 그 밖에 임대차를 유지하기 어려운 상당한 사유가 있는 경우

3. 임대차 목적물인 상가건물을 1년 6개월 이상 영리목적으로 사용하지 아니한 경우

4. 임대인이 선택한 신규임차인이 임차인과 권리금 계약을 체결하고 그 권리금을 지급한 경우

③ 임대인이 제1항을 위반하여 임차인에게 손해를 발생하게 한 때에는 그 손해를 배상할 책임이 있다. 이 경우 그 손해배상액은 신규임차인이 임차인에게 지급하기로 한 권리금과 임대차 종료 당시의 권리금 중 낮은 금액을 넘지 못한다.

④ 제3항에 따라 임대인에게 손해배상을 청구할 권리는 임대차가 종료한 날부터 3년 이내에 행사하지 아니하면 시효의 완성으로 소멸한다.

⑤ 임차인은 임대인에게 임차인이 주선한 신규임차인이 되려는 자의 보증금 및 차임을 지급할 자력 또는 그 밖에 임차인으로서의 의무를 이행할 의사 및 능력에 관하여 자신이 알고 있는 정보를 제공하여야 한다.

[본조신설 2015. 5. 13.]

제10조의5(권리금 적용 제외) 제10조의4는 다음 각 호의 어느 하나에 해당하는 상가건물 임대차의 경우에는 적용하지 아니한다. 〈개정 2018. 10. 16.〉

1. 임대차 목적물인 상가건물이 「유통산업발전법」 제2조에 따른 대규모점포 또는 준대규모점포의 일부인 경우(다만, 「전통시장 및 상점가 육성을 위한 특별법」 제2조제1호에 따른 전통시장은 제외한다)

2. 임대차 목적물인 상가건물이 「국유재산법」에 따른 국유재산 또는 「공유재산 및 물품 관리법」에 따른 공유재산인 경우

[본조신설 2015. 5. 13.]

제10조의6(표준권리금계약서의 작성 등) 국토교통부장관은 법무부장관과 협의를 거쳐 임차인과 신규임차인이 되려는 자의 권리금 계약 체결을 위한 표준권리금계약서를 정하여 그 사용을 권장할 수 있다. 〈개정 2020. 7. 31.〉

[본조신설 2015. 5. 13.]

제10조의7(권리금 평가기준의 고시) 국토교통부장관은 권리금에 대한 감정평가의 절차와 방법 등에 관한 기준을 고시할 수 있다.

[본조신설 2015. 5. 13.]

제10조의8(차임연체와 해지) 임차인의 차임연체액이 3기의 차임액에 달하는 때에는 임대인은 계약을 해지할 수 있다.

[본조신설 2015. 5. 13.]

제10조의9(계약 갱신요구 등에 관한 임시 특례) 임차인이 이 법(법률 제17490호 상가건물 임대차보호법 일부개정법률을 말한다) 시행일부터 6개월까지의 기간 동안 연체한 차임액은 제10조제1항제1호, 제10조의4제1항 단서 및 제10조의8의 적용에 있어서는 차임연체액으로 보지 아니한다. 이 경우 연체한 차임액에 대한 임대인의 그 밖의 권리는 영향을 받지 아니한다.

[본조신설 2020. 9. 29.]

제11조(차임 등의 증감청구권) ① 차임 또는 보증금이 임차건물에 관한 조세, 공과금, 그 밖의 부담의 증감이나 「감염병의 예방 및 관리에 관한 법률」 제2조제2호에 따른 제1급감염병 등에 의한 경제사

정의 변동으로 인하여 상당하지 아니하게 된 경우에는 당사자는 장래의 차임 또는 보증금에 대하여 증감을 청구할 수 있다. 그러나 증액의 경우에는 대통령령으로 정하는 기준에 따른 비율을 초과하지 못한다. 〈개정 2020. 9. 29.〉

② 제1항에 따른 증액 청구는 임대차계약 또는 약정한 차임 등의 증액이 있은 후 1년 이내에는 하지 못한다.

③ 「감염병의 예방 및 관리에 관한 법률」 제2조제2호에 따른 제1급감염병에 의한 경제사정의 변동으로 차임 등이 감액된 후 임대인이 제1항에 따라 증액을 청구하는 경우에는 증액된 차임 등이 감액 전 차임 등의 금액에 달할 때까지는 같은 항 단서를 적용하지 아니한다. 〈신설 2020. 9. 29.〉

[전문개정 2009. 1. 30.]

제11조의2(폐업으로 인한 임차인의 해지권) ① 임차인은 「감염병의 예방 및 관리에 관한 법률」 제49조제1항제2호에 따른 집합 제한 또는 금지 조치(같은 항 제2호의2에 따라 운영시간을 제한한 조치를 포함한다)를 총 3개월 이상 받음으로써 발생한 경제사정의 중대한 변동으로 폐업한 경우에는 임대차계약을 해지할 수 있다.

② 제1항에 따른 해지는 임대인이 계약해지의 통고를 받은 날부터 3개월이 지나면 효력이 발생한다.

[본조신설 2022. 1. 4.]

제12조(월 차임 전환 시 산정률의 제한) 보증금의 전부 또는 일부를 월 단위의 차임으로 전환하는 경우에는 그 전환되는 금액에 다음 각 호 중 낮은 비율을 곱한 월 차임의 범위를 초과할 수 없다. 〈개정 2010. 5. 17., 2013. 8. 13.〉

1. 「은행법」에 따른 은행의 대출금리 및 해당 지역의 경제 여건 등을 고려하여 대통령령으로 정하는 비율

2. 한국은행에서 공시한 기준금리에 대통령령으로 정하는 배수를 곱한 비율

[전문개정 2009. 1. 30.]

제13조(전대차관계에 대한 적용 등) ① 제10조, 제10조의2, 제10조의8, 제10조의9(제10조 및 제10조의8에 관한 부분으로 한정한다), 제11조 및 제12조는 전대인(轉貸人)과 전차인(轉借人)의 전대차관계에 적용한다. 〈개정 2015. 5. 13., 2020. 9. 29.〉

② 임대인의 동의를 받고 전대차계약을 체결한 전차인은 임차인의 계약갱신요구권 행사기간 이내에 임차인을 대위(代位)하여 임대인에게 계약갱신요구권을 행사할 수 있다.

[전문개정 2009. 1. 30.]

제14조(보증금 중 일정액의 보호) ① 임차인은 보증금 중 일정액을 다른 담보물권자보다 우선하여 변제받을 권리가 있다. 이 경우 임차인은 건물에 대한 경매신청의 등기 전에 제3조제1항의 요건을 갖추어야 한다.

② 제1항의 경우에 제5조제4항부터 제6항까지의 규정을 준용한다.

③ 제1항에 따라 우선변제를 받을 임차인 및 보증금 중 일정액의 범위와 기준은 임대건물가액(임대인 소유의 대지가액을 포함한다)의 2분의 1 범위에서 해당 지역의 경제 여건, 보증금 및 차임 등을 고려하여 제14조의2에 따른 상가건물임대차위원회의 심의를 거쳐 대통령령으로 정한다. 〈개정 2013. 8. 13., 2020. 7. 31.〉

[전문개정 2009. 1. 30.]

제14조의2(상가건물임대차위원회) ① 상가건물 임대차에 관한 다음 각 호의 사항을 심의하기 위하여 법무부에 상가건물임대차위원회(이하 "위원회"라 한다)를 둔다.

1. 제2조제1항 단서에 따른 보증금액
2. 제14조에 따라 우선변제를 받을 임차인 및 보증금 중 일정액의 범위와 기준

② 위원회는 위원장 1명을 포함한 10명 이상 15명 이하의 위원으로 성별을 고려하여 구성한다.

③ 위원회의 위원장은 법무부차관이 된다.

④ 위원회의 위원은 다음 각 호의 어느 하나에 해당하는 사람 중에서 위원장이 임명하거나 위촉하되, 제1호부터 제6호까지에 해당하는 위원을 각각 1명 이상 임명하거나 위촉하여야 하고, 위원 중 2분의 1 이상은 제1호 · 제2호 또는 제7호에 해당하는 사람을 위촉하여야 한다.

1. 법학 · 경제학 또는 부동산학 등을 전공하고 상가건물 임대차 관련 전문지식을 갖춘 사람으로서 공인된 연구기관에서 조교수 이상 또는 이에 상당하는 직에 5년 이상 재직한 사람
2. 변호사 · 감정평가사 · 공인회계사 · 세무사 또는 공인중개사로서 5년 이상 해당 분야에서 종사하고 상가건물 임대차 관련 업무경험이 풍부한 사람
3. 기획재정부에서 물가 관련 업무를 담당하는 고위공무원단에 속하는 공무원
4. 법무부에서 상가건물 임대차 관련 업무를 담당하는 고위공무원단에 속하는 공무원(이에 상당하는 특정직공무원을 포함한다)
5. 국토교통부에서 상가건물 임대차 관련 업무를 담당하는 고위공무원단에 속하는 공무원
6. 중소벤처기업부에서 소상공인 관련 업무를 담당하는 고위공무원단에 속하는 공무원
7. 그 밖에 상가건물 임대차 관련 학식과 경험이 풍부한 사람으로서 대통령령으로 정하는 사람

⑤ 그 밖에 위원회의 구성 및 운영 등에 필요한 사항은 대통령령으로 정한다.

[본조신설 2020. 7. 31.]

제15조(강행규정) 이 법의 규정에 위반된 약정으로서 임차인에게 불리한 것은 효력이 없다.

[전문개정 2009. 1. 30.]

제16조(일시사용을 위한 임대차) 이 법은 일시사용을 위한 임대차임이 명백한 경우에는 적용하지 아니한다.

[전문개정 2009. 1. 30.]

제17조(미등기전세에의 준용) 목적건물을 등기하지 아니한 전세계약에 관하여 이 법을 준용한다. 이 경우 "전세금"은 "임대차의 보증금"으로 본다.

[전문개정 2009. 1. 30.]

제18조(「소액사건심판법」의 준용) 임차인이 임대인에게 제기하는 보증금반환청구소송에 관하여는 「소액사건심판법」 제6조 · 제7조 · 제10조 및 제11조의2를 준용한다.

[전문개정 2009. 1. 30.]

제19조(표준계약서의 작성 등) 법무부장관은 국토교통부장관과 협의를 거쳐 보증금, 차임액, 임대차기간, 수선비 분담 등의 내용이 기재된 상가건물임대차표준계약서를 정하여 그 사용을 권장할 수 있다. 〈개정 2020. 7. 31.〉

[본조신설 2015. 5. 13.]

제20조(상가건물임대차분쟁조정위원회) ① 이 법의 적용을 받는 상가건물 임대차와 관련된 분쟁을 심의 · 조정하기 위하여 대통령령으로 정하는 바에 따라 「법률구조법」 제8조에 따른 대한법률구조공단의 지부, 「한국토지주택공사법」에 따른 한국토지주택공사의 지사 또는 사무소 및 「한국감정원법」에 따른 한국감정원의 지사 또는 사무소에 상가건물임대차분쟁조정위원회(이하 "조정위원회"라 한다)를 둔다. 특별시 · 광역시 · 특별자치시 · 도 및 특별자치도는 그 지방자치단체의 실정을 고려하여 조정위원회를 둘 수 있다. 〈개정 2020. 7. 31.〉

② 조정위원회는 다음 각 호의 사항을 심의 · 조정한다.

1. 차임 또는 보증금의 증감에 관한 분쟁

2. 임대차 기간에 관한 분쟁

3. 보증금 또는 임차상가건물의 반환에 관한 분쟁

4. 임차상가건물의 유지 · 수선 의무에 관한 분쟁

5. 권리금에 관한 분쟁

6. 그 밖에 대통령령으로 정하는 상가건물 임대차에 관한 분쟁

③ 조정위원회의 사무를 처리하기 위하여 조정위원회에 사무국을 두고, 사무국의 조직 및 인력 등에 필요한 사항은 대통령령으로 정한다.

④ 사무국의 조정위원회 업무담당자는 「주택임대차보호법」 제14조에 따른 주택임대차분쟁조정위원회 사무국의 업무를 제외하고 다른 직위의 업무를 겸직하여서는 아니 된다.

[본조신설 2018. 10. 16.]

제21조(주택임대차분쟁조정위원회 준용) 조정위원회에 대하여는 이 법에 규정한 사항 외에는 주택임대차분쟁조정위원회에 관한 「주택임대차보호법」 제14조부터 제29조까지의 규정을 준용한다. 이

경우 "주택임대차분쟁조정위원회"는 "상가건물임대차분쟁조정위원회"로 본다.

[본조신설 2018. 10. 16.]

제22조(벌칙 적용에서 공무원 의제) 공무원이 아닌 상가건물임대차위원회의 위원 및 상가건물임대차분쟁조정위원회의 위원은 「형법」 제127조, 제129조부터 제132조까지의 규정을 적용할 때에는 공무원으로 본다. 〈개정 2020. 7. 31.〉

[본조신설 2018. 10. 16.]

부칙 〈제18675호, 2022. 1. 4.〉

제1조(시행일) 이 법은 공포한 날부터 시행한다.

제2조(임차인의 해지권에 관한 적용례) 제11조의2의 개정규정은 이 법 시행 당시 존속 중인 임대차에 대해서도 적용한다.

부록4

상가건물 임대차보호법 시행령

상가건물 임대차보호법 시행령 (약칭: 상가임대차법 시행령)

[시행 2020. 12. 10.] [대통령령 제31243호, 2020. 12. 8., 타법개정]

법무부(법무심의관실) 02-2110-3164
국토교통부(부동산산업과) 044-201-3412, 3418

제1조(목적) 이 영은 「상가건물 임대차보호법」에서 위임된 사항과 그 시행에 관하여 필요한 사항을 정하는 것을 목적으로 한다. 〈개정 2008. 8. 21., 2010. 7. 21.〉

제2조(적용범위) ① 「상가건물 임대차보호법」(이하 "법"이라 한다) 제2조제1항 단서에서 "대통령령으로 정하는 보증금액"이란 다음 각 호의 구분에 의한 금액을 말한다. 〈개정 2008. 8. 21., 2010. 7. 21., 2013. 12. 30., 2018. 1. 26., 2019. 4. 2.〉

1. 서울특별시 : 9억원

2. 「수도권정비계획법」에 따른 과밀억제권역(서울특별시는 제외한다) 및 부산광역시: 6억9천만원

3. 광역시(「수도권정비계획법」에 따른 과밀억제권역에 포함된 지역과 군지역, 부산광역시는 제외한다), 세종특별자치시, 파주시, 화성시, 안산시, 용인시, 김포시 및 광주시: 5억4천만원

4. 그 밖의 지역 : 3억7천만원

② 법 제2조제2항의 규정에 의하여 보증금외에 차임이 있는 경우의 차임액은 월 단위의 차임액으로 한다.

③ 법 제2조제2항에서 "대통령령으로 정하는 비율"이라 함은 1분의 100을 말한다. 〈개정 2010. 7. 21.〉

제3조(확정일자부 기재사항 등) ① 상가건물 임대차 계약증서 원본을 소지한 임차인은 법 제4조제1항에 따라 상가건물의 소재지 관할 세무서장에게 확정일자 부여를 신청할 수 있다. 다만, 「부가가치세법」 제8조제3항에 따라 사업자 단위 과세가 적용되는 사업자의 경우 해당 사업자의 본점 또는 주사무소 관할 세무서장에게 확정일자 부여를 신청할 수 있다.

② 확정일자는 제1항에 따라 확정일자 부여의 신청을 받은 세무서장(이하 "관할 세무서장"이라 한다)이 확정일자 번호, 확정일자 부여일 및 관할 세무서장을 상가건물 임대차 계약증서 원본에 표시하고 관인을 찍는 방법으로 부여한다.

③ 관할 세무서장은 임대차계약이 변경되거나 갱신된 경우 임차인의 신청에 따라 새로운 확정일자를 부여한다.

④ 관할 세무서장이 법 제4조제2항에 따라 작성하는 확정일자부에 기재하여야 할 사항은 다음 각 호

와 같다.

1. 확정일자 번호

2. 확정일자 부여일

3. 임대인 · 임차인의 인적사항

   가. 자연인인 경우: 성명, 주민등록번호(외국인은 외국인등록번호)

   나. 법인인 경우: 법인명, 대표자 성명, 법인등록번호

   다. 법인 아닌 단체인 경우: 단체명, 대표자 성명, 사업자등록번호 · 고유번호

4. 임차인의 상호 및 법 제3조제1항에 따른 사업자등록 번호

5. 상가건물의 소재지, 임대차 목적물 및 면적

6. 임대차기간

7. 보증금 · 차임

⑤ 제1항부터 제4항까지에서 규정한 사항 외에 확정일자 부여 사무에 관하여 필요한 사항은 법무부령으로 정한다.

[전문개정 2015. 11. 13.]

제3조의2(이해관계인의 범위) 법 제4조제3항에 따라 정보의 제공을 요청할 수 있는 상가건물의 임대차에 이해관계가 있는 자(이하 "이해관계인"이라 한다)는 다음 각 호의 어느 하나에 해당하는 자로 한다.

1. 해당 상가건물 임대차계약의 임대인 · 임차인

2. 해당 상가건물의 소유자

3. 해당 상가건물 또는 그 대지의 등기부에 기록된 권리자 중 법무부령으로 정하는 자

4. 법 제5조제7항에 따라 우선변제권을 승계한 금융기관 등

5. 제1호부터 제4호까지에서 규정한 자에 준하는 지위 또는 권리를 가지는 자로서 임대차 정보의 제공에 관하여 법원의 판결을 받은 자

[본조신설 2015. 11. 13.]

제3조의3(이해관계인 등이 요청할 수 있는 정보의 범위) ① 제3조의2제1호에 따른 임대차계약의 당사자는 관할 세무서장에게 다음 각 호의 사항이 기재된 서면의 열람 또는 교부를 요청할 수 있다.

1. 임대인 · 임차인의 인적사항(제3조제4항제3호에 따른 정보를 말한다. 다만, 주민등록번호 및 외국인등록번호의 경우에는 앞 6자리에 한정한다)

2. 상가건물의 소재지, 임대차 목적물 및 면적

3. 사업자등록 신청일

4. 보증금 · 차임 및 임대차기간

5. 확정일자 부여일

6. 임대차계약이 변경되거나 갱신된 경우에는 변경 · 갱신된 날짜, 새로운 확정일자 부여일, 변경된 보증금 · 차임 및 임대차기간

7. 그 밖에 법무부령으로 정하는 사항

② 임대차계약의 당사자가 아닌 이해관계인 또는 임대차계약을 체결하려는 자는 관할 세무서장에게 다음 각 호의 사항이 기재된 서면의 열람 또는 교부를 요청할 수 있다.

1. 상가건물의 소재지, 임대차 목적물 및 면적

2. 사업자등록 신청일

3. 보증금 및 차임, 임대차기간

4. 확정일자 부여일

5. 임대차계약이 변경되거나 갱신된 경우에는 변경 · 갱신된 날짜, 새로운 확정일자 부여일, 변경된 보증금 · 차임 및 임대차기간

6. 그 밖에 법무부령으로 정하는 사항

③ 제1항 및 제2항에서 규정한 사항 외에 임대차 정보의 제공 등에 필요한 사항은 법무부령으로 정한다.

[본조신설 2015. 11. 13.]

제4조(차임 등 증액청구의 기준) 법 제11조제1항의 규정에 의한 차임 또는 보증금의 증액청구는 청구당시의 차임 또는 보증금의 100분의 5의 금액을 초과하지 못한다. 〈개정 2008. 8. 21., 2018. 1. 26.〉

제5조(월차임 전환 시 산정률) ① 법 제12조제1호에서 "대통령령으로 정하는 비율"이란 연 1할2푼을 말한다.

② 법 제12조제2호에서 "대통령령으로 정하는 배수"란 4.5배를 말한다.

[전문개정 2013. 12. 30.]

제6조(우선변제를 받을 임차인의 범위) 법 제14조의 규정에 의하여 우선변제를 받을 임차인은 보증금과 차임이 있는 경우 법 제2조제2항의 규정에 의하여 환산한 금액의 합계가 다음 각호의 구분에 의한 금액 이하인 임차인으로 한다. 〈개정 2008. 8. 21., 2010. 7. 21., 2013. 12. 30.〉

1. 서울특별시 : 6천500만원

2. 「수도권정비계획법」에 따른 과밀억제권역(서울특별시는 제외한다) : 5천500만원

3. 광역시(「수도권정비계획법」에 따른 과밀억제권역에 포함된 지역과 군지역은 제외한다), 안산시, 용인시, 김포시 및 광주시: 3천8백만원

4. 그 밖의 지역 : 3천만원

제7조(우선변제를 받을 보증금의 범위 등) ①법 제14조의 규정에 의하여 우선변제를 받을 보증금중 일정액의 범위는 다음 각호의 구분에 의한 금액 이하로 한다. 〈개정 2008. 8. 21., 2010. 7. 21., 2013.

12. 30.〉

1. 서울특별시 : 2천200만원

2. 「수도권정비계획법」에 따른 과밀억제권역(서울특별시는 제외한다) : 1천900만원

3. 광역시(「수도권정비계획법」에 따른 과밀억제권역에 포함된 지역과 군지역은 제외한다), 안산시, 용인시, 김포시 및 광주시: 1천300만원

4. 그 밖의 지역 : 1천만원

② 임차인의 보증금중 일정액이 상가건물의 가액의 2분의 1을 초과하는 경우에는 상가건물의 가액의 2분의 1에 해당하는 금액에 한하여 우선변제권이 있다. 〈개정 2013. 12. 30.〉

③ 하나의 상가건물에 임차인이 2인 이상이고, 그 각 보증금중 일정액의 합산액이 상가건물의 가액의 2분의 1을 초과하는 경우에는 그 각 보증금중 일정액의 합산액에 대한 각 임차인의 보증금중 일정액의 비율로 그 상가건물의 가액의 2분의 1에 해당하는 금액을 분할한 금액을 각 임차인의 보증금중 일정액으로 본다. 〈개정 2013. 12. 30.〉

제7조의2(상가건물임대차위원회의 구성) 법 제14조의2제4항제7호에서 "대통령령으로 정하는 사람"이란 다음 각 호의 어느 하나에 해당하는 사람을 말한다.

1. 특별시 · 광역시 · 특별자치시 · 도 및 특별자치도(이하 "시 · 도"라 한다)에서 상가건물 정책 또는 부동산 관련 업무를 담당하는 주무부서의 실 · 국장

2. 법무사로서 5년 이상 해당 분야에서 종사하고 상가건물 임대차 관련 업무 경험이 풍부한 사람

[본조신설 2020. 10. 20.]

제7조의3(위원의 임기 등) ① 법 제14조의2에 따른 상가건물임대차위원회(이하 "위원회"라 한다)의 위원의 임기는 2년으로 하되, 한 차례만 연임할 수 있다. 다만, 공무원인 위원의 임기는 그 직위에 재직하는 기간으로 한다.

② 위원회의 위원장(이하 "위원장"이라 한다)은 위촉된 위원이 다음 각 호의 어느 하나에 해당하는 경우에는 해당 위원을 해촉할 수 있다.

1. 심신장애로 직무를 수행할 수 없게 된 경우

2. 직무와 관련한 형사사건으로 기소된 경우

3. 직무태만, 품위손상, 그 밖의 사유로 위원으로 적합하지 않다고 인정되는 경우

4. 위원 스스로 직무를 수행하는 것이 곤란하다고 의사를 밝히는 경우

[본조신설 2020. 10. 20.]

제7조의4(위원장의 직무) ① 위원장은 위원회를 대표하고, 위원회의 업무를 총괄한다.

② 위원장이 부득이한 사유로 직무를 수행할 수 없을 때에는 위원장이 미리 지명한 위원이 그 직무를 대행한다.

[본조신설 2020. 10. 20.]

제7조의5(간사) ① 위원회에 간사 1명을 두되, 간사는 상가건물 임대차 관련 업무에 종사하는 법무부 소속의 고위공무원단에 속하는 일반직 공무원(이에 상당하는 특정직·별정직 공무원을 포함한다) 중에서 위원장이 지명한다.

② 간사는 위원회의 운영을 지원하고, 위원회의 회의에 관한 기록과 그 밖에 서류의 작성·보관에 관한 사무를 처리한다.

③ 간사는 위원회에 참석하여 심의사항을 설명하거나 그 밖에 필요한 발언을 할 수 있다.

[본조신설 2020. 10. 20.]

제7조의6(위원회의 회의) ① 위원회의 회의는 매년 1회 개최되는 정기회의와 위원장이 필요하다고 인정하거나 위원 3분의 1 이상이 요구하는 경우에 개최되는 임시회의로 구분하여 운영한다.

② 위원장은 위원회의 회의를 소집하고, 그 의장이 된다.

③ 위원회의 회의는 재적위원 과반수의 출석으로 개의하고, 출석위원 과반수의 찬성으로 의결한다.

④ 위원회의 회의는 비공개로 한다.

⑤ 위원장은 위원이 아닌 사람을 회의에 참석하게 하여 의견을 듣거나 관계 기관·단체 등에 필요한 자료, 의견 제출 등 협조를 요청할 수 있다.

[본조신설 2020. 10. 20.]

제7조의7(실무위원회) ① 위원회에서 심의할 안건의 협의를 효율적으로 지원하기 위하여 위원회에 실무위원회를 둔다.

② 실무위원회는 다음 각 호의 사항을 협의·조정한다.

1. 심의안건 및 이와 관련하여 위원회가 위임한 사항

2. 그 밖에 위원장 및 위원이 실무협의를 요구하는 사항

③ 실무위원회의 위원장은 위원회의 간사가 되고, 실무위원회의 위원은 다음 각 호의 사람 중에서 그 소속기관의 장이 지명하는 사람으로 한다.

1. 기획재정부에서 물가 관련 업무를 담당하는 5급 이상의 국가공무원

2. 법무부에서 상가건물 임대차 관련 업무를 담당하는 5급 이상의 국가공무원

3. 국토교통부에서 상가건물 임대차 관련 업무를 담당하는 5급 이상의 국가공무원

4. 중소벤처기업부에서 소상공인 관련 업무를 담당하는 5급 이상의 국가공무원

5. 시·도에서 소상공인 또는 민생경제 관련 업무를 담당하는 5급 이상의 지방공무원

[본조신설 2020. 10. 20.]

제7조의8(전문위원) ① 위원회의 심의사항에 관한 전문적인 조사·연구업무를 수행하기 위하여 5명 이내의 전문위원을 둘 수 있다.

② 전문위원은 법학, 경제학 또는 부동산학 등에 학식과 경험을 갖춘 사람 중에서 법무부장관이 위촉하고, 임기는 2년으로 한다.

[본조신설 2020. 10. 20.]

제7조의9(수당) 위원회 또는 실무위원회 위원에게는 예산의 범위에서 수당을 지급할 수 있다. 다만, 공무원인 위원이 그 소관 업무와 직접적으로 관련되어 위원회에 출석하는 경우는 제외한다.

[본조신설 2020. 10. 20.]

제7조의10(운영세칙) 이 영에서 규정한 사항 외에 위원회의 운영에 필요한 사항은 법무부장관이 정한다.

[본조신설 2020. 10. 20.]

제8조(상가건물임대차분쟁조정위원회의 설치) 법 제20조제1항에 따른 상가건물임대차분쟁조정위원회(이하 "조정위원회"라 한다)를 두는 「법률구조법」 제8조에 따른 대한법률구조공단(이하 "공단"이라 한다), 「한국토지주택공사법」에 따른 한국토지주택공사(이하 "공사"라 한다) 및 「한국부동산원법」에 따른 한국부동산원(이하 "부동산원"이라 한다)의 지부, 지사 또는 사무소와 그 관할구역은 별표와 같다. 〈개정 2020. 12. 8.〉

[전문개정 2020. 10. 20.]

제9조(조정위원회의 심의·조정 사항) 법 제20조제2항제6호에서 "대통령령으로 정하는 상가건물임대차에 관한 분쟁"이란 다음 각 호의 분쟁을 말한다. 〈개정 2020. 10. 20.〉

1. 임대차계약의 이행 및 임대차계약 내용의 해석에 관한 분쟁
2. 임대차계약 갱신 및 종료에 관한 분쟁
3. 임대차계약의 불이행 등에 따른 손해배상청구에 관한 분쟁
4. 공인중개사 보수 등 비용부담에 관한 분쟁
5. 법 제19조에 따른 상가건물임대차표준계약서의 사용에 관한 분쟁
6. 그 밖에 제1호부터 제5호까지의 규정에 준하는 분쟁으로서 조정위원회의 위원장이 조정이 필요하다고 인정하는 분쟁

[본조신설 2019. 4. 2.]

제10조(공단의 지부 등에 두는 조정위원회의 사무국) ① 법 제20조제3항에 따라 공단, 공사 또는 부동산원의 지부, 지사 또는 사무소에 두는 조정위원회의 사무국(이하 "사무국"이라 한다)에는 사무국장 1명을 각각 두며, 사무국장 밑에 심사관 및 조사관을 각각 둔다. 〈개정 2020. 10. 20., 2020. 12. 8.〉

② 사무국장은 공단 이사장, 공사 사장 및 부동산원 원장이 각각 임명하며, 조정위원회의 위원을 겸직할 수 있다. 〈개정 2020. 10. 20., 2020. 12. 8.〉

③ 심사관 및 조사관은 공단 이사장, 공사 사장 및 부동산원 원장이 각각 임명한다. 〈개정 2020. 10.

20., 2020. 12. 8.〉

④ 사무국장은 사무국의 업무를 총괄하고, 소속 직원을 지휘 · 감독한다.

⑤ 심사관은 다음 각 호의 업무를 담당한다. 〈개정 2020. 10. 20.〉

1. 분쟁조정 신청 사건에 대한 쟁점정리 및 법률적 검토

2. 조사관이 담당하는 업무에 대한 지휘 · 감독

3. 그 밖에 조정위원회의 위원장이 조정위원회의 사무 처리를 위하여 필요하다고 인정하는 업무

⑥ 조사관은 다음 각 호의 업무를 담당한다. 〈개정 2020. 10. 20.〉

1. 분쟁조정 신청의 접수

2. 분쟁조정 신청에 관한 민원의 안내

3. 조정당사자에 대한 송달 및 통지

4. 분쟁의 조정에 필요한 사실조사

5. 그 밖에 조정위원회의 위원장이 조정위원회의 사무 처리를 위하여 필요하다고 인정하는 업무

⑦ 사무국장 및 심사관은 변호사의 자격이 있는 사람으로 한다.

[본조신설 2019. 4. 2.]

[제목개정 2020. 10. 20.]

제11조(시 · 도의 조정위원회 사무국) 시 · 도가 법 제20조제1항 후단에 따라 조정위원회를 두는 경우 사무국의 조직 및 운영 등에 관한 사항은 그 지방자치단체의 실정을 고려하여 해당 지방자치단체의 조례로 정한다. 〈개정 2020. 10. 20.〉

[본조신설 2019. 4. 2.]

제12조(고유식별정보의 처리) 관할 세무서장은 법 제4조에 따른 확정일자 부여에 관한 사무를 수행하기 위하여 불가피한 경우 「개인정보 보호법 시행령」 제19조제1호 및 제4호에 따른 주민등록번호 및 외국인등록번호가 포함된 자료를 처리할 수 있다. 〈개정 2013. 12. 30., 2015. 11. 13.〉

[본조신설 2012. 1. 6.]

[제8조에서 이동 〈2019. 4. 2.〉]

부칙 〈제31243호, 2020. 12. 8.〉 (한국부동산원법 시행령)

제1조(시행일) 이 영은 2020년 12월 10일부터 시행한다.

제2조(다른 법령의 개정) ①부터 ⑲까지 생략

⑳ 상가건물 임대차보호법 시행령 일부를 다음과 같이 개정한다.

제8조 중 "「한국감정원법」에 따른 한국감정원(이하 "감정원"이라 한다)"을 "「한국부동산원법」에 따른 한국부동산원(이하 "부동산원"이라 한다)"으로 한다.

제10조제1항부터 제3항까지 중 "감정원"을 각각 "부동산원"으로 한다.

별표의 기관란 중 "감정원"을 "부동산원"으로 한다.

㉑부터 ㉝까지 생략

|이재헌 변호사의|

상가임대차
분쟁 매뉴얼

ⓒ 이재헌, 2022

초판 1쇄 발행 2022년 9월 26일

지은이   이재헌
펴낸이   이기봉
편집   좋은땅 편집팀
펴낸곳   도서출판 좋은땅
주소   서울특별시 마포구 양화로12길 26 지월드빌딩 (서교동 395-7)
전화   02)374-8616~7
팩스   02)374-8614
이메일   gworldbook@naver.com
홈페이지   www.g-world.co.kr

ISBN   979-11-388-1277-1 (03360)